高等职业教育新形态系列教材·汽车类

汽车文化（第2版）

主　编　王金萍　孙建俊　方增奎

副主编　孙术华　李家斌　王国玲

北京理工大学出版社
BEIJING INSTITUTE OF TECHNOLOGY PRESS

内容简介

《汽车文化》教材将汽车行业企业文化理念、社会主义核心价值观、团队精神、工匠精神、爱国主义精神融入教材内容，引导学生树立正确的世界观、人生观、价值观，是汽车类高等院校相关专业的一门专业基础课教材，也适用于社会学习者，可读性强，对汽车行业人员和汽车爱好者也是不错的读物。

教材涵盖内容宽广，包括八大模块：汽车诞生与发展、汽车结构与性能、汽车设计与造型、汽车创新与未来、经典名车与名人、汽车品牌与车标、汽车时尚与广告和汽车驾驶与礼仪。内容涵盖十八个学习单元：汽车的诞生、汽车工业的发展、汽车基本结构、汽车基本性能、汽车设计与制造、汽车造型与色彩、新能源汽车概述、智能汽车与车联网、世界经典名车、汽车业界名人、欧美汽车品牌与车标、亚洲汽车品牌与车标、汽车运动与展览、汽车模型与收藏、汽车广告与影视、汽车驾驶知识、合理的用车习惯和文明的行车礼仪。

教材内容详实，结构清晰。配备有丰富的教学资源：微视频、课件、教案、习题、拓展阅读等。满足教师和学生的需求，体现了信息技术的优势，起到培养学生职业兴趣和职业认同，传递汽车文化的作用。

图书在版编目（CIP）数据

汽车文化／王金萍，孙建俊，方增奎主编．—2版．--北京：北京理工大学出版社，2022.10（2023.5重印）

ISBN 978-7-5763-1753-4

Ⅰ.①汽…　Ⅱ.①王…②孙…③方…　Ⅲ.①汽车-文化-教材　Ⅳ.①U46-05

中国版本图书馆CIP数据核字（2022）第189619号

出版发行／北京理工大学出版社有限责任公司
社　　址／北京市海淀区中关村南大街5号
邮　　编／100081
电　　话／（010）68914775（总编室）
　　　　　（010）82562903（教材售后服务热线）
　　　　　（010）68944723（其他图书服务热线）
网　　址／http：//www.bitpress.com.cn
经　　销／全国各地新华书店
印　　刷／涿州市新华印刷有限公司
开　　本／787毫米×1092毫米　1/16
印　　张／13.25
字　　数／308千字
版　　次／2022年10月第2版　2023年5月第2次印刷
定　　价／44.00元

责任编辑／封　雪
文案编辑／毛慧佳
责任校对／刘亚男
责任印制／李志强

前　言

“汽车文化”是新能源汽车技术专业群专业平台课程，是高等职业教育汽车技术服务与营销专业国家教学资源库标准课程。本书内容组织合理，图文并茂，通俗易懂，网络教学资源丰富，融知识性、可读性于一体。本书的每个学习单元都提供了习题测试、学习研讨、拓展阅读和微视频等资料，为职业院校学生学习、感受、传播和弘扬汽车文化提供了一个很好的平台，对汽车行业人员及汽车爱好者而言也是一本不错的读物。

编者于2019年编写的《汽车文化》一书，自出版以来，受到众多职业院校师生的欢迎。为贯彻落实党的二十大精神，落实立德树人根本任务，适应当前经济社会对汽车技术服务行业高素质劳动者和技术技能人才的需求，深化产教融合校企合作，推动人才培养模式改革及信息化教学革新，团队成员结合近几年教学改革实践和对党的二十大精神的深刻领悟，对本书内容和组织形式等进行了修订。修订内容如下：

（1）根据汽车文化涵盖的内容，整合八大学习模块：汽车诞生与发展、汽车结构与性能、汽车设计与造型、汽车创新与未来、经典名车与名人、汽车品牌与车标、汽车时尚与广告、汽车驾驶与礼仪。

（2）我国新能源汽车产业进入加速发展阶段，结合中国新能源汽车发展现状，更新混合动力汽车和纯电动汽车等典型案例，紧跟汽车行业企业发展，积极弘扬科技创新和绿色低碳理念。

（3）中国正处于制造业的数字化转型过程中，结合中国智能网联汽车发展，更新车联网关键技术，紧跟车联网产业发展，提升高阶认知能力和创新能力。

（4）根据2022年3月中华人民共和国公安部发布《机动车驾驶人考试内容和方法》修订了驾考内容与合格标准，方便考核学员了解申领机动车驾驶证考试的内容，增强遵纪守法意识，构筑和谐社会。

（5）教材在相应位置以二维码形式插入“微课视频”和“拓展阅读”案例，通过手机终端设备的“扫一扫”功能，即可实现播放，实现随时随地移动学习，充分体现“互联网+教育”的理念。

（6）每个学习单元增加了学习研讨和学习评价环节，创新理论课“教学做”一体的教学模式，提升学生学习主动性和创新性，推动信息化教学革新。

本书由淄博职业学院王金萍、山东劳动职业技术学院孙建俊和泰山职业技术学院方增奎担任主编，由淄博职业学院孙术华、李家斌和王国玲担任副主编，由润华集团股份有限公司张浩，淄博职业学院孙悦、高小转和卜令欣担任编委。全书由淄博职业学院郭振杰担任主审。

在本书的编写过程中，编者参阅了大量国内外专家学者的研究成果和文献资料，再次对相关文献的作者表示衷心的感谢。本书的编撰还得到了润华集团股份有限公司、淄博顺骋汽车贸易有限公司等企业的大力支持和指导，在此一并表示感谢。

由于编者水平有限，且汽车文化涉及的知识面广、时空跨度大、内容更新快，书中难免存在不妥之处，敬请广大读者批评指正，请发送邮件至电子邮箱：425741468@qq.com。

编　者

目　录

模块一

汽车诞生与发展

汽车作为现代交通工具，其普遍性和灵活性是火车、飞机、船舶等无法替代的。汽车的发明、发展和完善经历了漫长的过程，从一种简单的机械逐渐演变成集多学科、高技术的现代化机电产品。另外，汽车产业的发展也带动了交通、能源、冶金、制造、化工、电子等相关产业的发展。

本模块主要介绍汽车诞生与发展，内容包括汽车的诞生以及汽车工业的发展。通过对本模块的学习，学生能够讲述汽车的诞生故事以及各国汽车工业的发展特点，能够具备潜心钻研技术的优良品质和艰苦奋斗的创新创业精神，能够具备民族责任感和历史使命感。通过学习研讨和学习评价的训练，提升学生的组织能力、语言表达能力和信息化技术应用能力。

学习单元一 汽车的诞生

情境导入

汽车自19世纪末诞生以来，已有100多年的历史。1886年，火车司机的儿子卡尔·本茨发明了人类历史上第一辆单缸汽油发动机驱动的三轮汽车，人类从此进入汽车时代；1897年，狄塞尔在德国卡塞尔展出了第一台实用的柴油机；1913年，福特汽车公司发明了流水线作业法，开创了汽车工业的新时代……在汽车的诞生、成长与发展的历史长河中，融入了无数人的智慧和汗水。

学习目标

1. 能够讲述蒸汽汽车的诞生故事；
2. 能够讲述汽油机汽车的诞生故事；
3. 能够讲述柴油机汽车的发明故事；
4. 具备潜心钻研技术的优良品质；
5. 提升材料组织和语言表达能力；
6. 提升信息化技术应用能力。

相关知识

一、蒸汽机的诞生

詹姆斯·瓦特（1736—1819）出生在一个英国造船工人家庭，年轻时就喜欢研究机械，后来到格拉斯哥大学就读。1765年，他制造出第一台蒸汽机；1768年，他制造出第一台装有冷却器的蒸汽机样机，如图1-1-1所示。

图1-1-1　詹姆斯·瓦特和他的蒸汽机样机

蒸汽机的重要性难以估量，自发明后广泛应用于工厂，几乎成为所有机械的动力，也改变了人们的生活方式。此后，许多发明家开始利用瓦特的发明，将蒸汽机应用到机械等各种领域，人类由此进入了“蒸汽机时代”。

出于乘坐和运输的需要，自行式的“车”开始引起发明家们的重视。1763 年，法国陆军军官古诺（1725—1804）敏感地觉察到了这一变化，开始研发蒸汽汽车。1769 年，古诺制成了世界上第一辆具有实用价值的蒸汽汽车。它由一辆木制三轮炮弹运输车改装而成。古诺在车的前面放置了一个容积为 50 L 的梨形大锅炉，在锅炉后边放了两个容积为 11 加仑①的气缸，如图 1-1-2 所示。锅炉里产生的蒸汽被送入气缸，驱动气缸中的活塞上下运动，活塞带动前轮转动，而且前轮还负责转向。由于前轮上压着很重的锅炉，没有任何助力装置的方向操纵杆使用起来显得非常费力。正是由于操纵杆使用起来太费力，这辆车在路试时才不断发生事故。

图 1-1-2　古诺的蒸汽汽车

二、内燃机的诞生

活塞式内燃机起源于荷兰物理学家惠更斯用火药爆炸获取动力的研究，但由于火药的燃烧难以控制，未获成功。1794 年，英国人斯特里特提出从燃料的燃烧中获取动力，并且第一次提出了燃料与空气混合的概念。1801 年，法国化学家菲利浦·勒本使用煤干馏得到的煤气和氢气作为燃料制成一台发动机。1833 年，英国人赖特提出了直接利用燃烧压力推动活塞做功的想法。

1860 年，在比利时出生的法国发明家勒努瓦制造出了第一台实用的内燃机。

1862 年 2 月，奥托制造出一台四冲程发动机工作样机。但他把这台新发动机投入使用的过程中时遇到了困难，特别是在点火装置方面，于是发动机便被搁置一旁。随后，他又发明了“常压发动机”，即一种革新的二冲程发动机，用煤气作为动力。

1864 年，德国人尼古拉斯·奥托（1832—1891）与企业家兼工程师朗津合作建立了世界上第一家内燃机制造厂，专门从事内燃机的开发。1866 年，尼古拉斯·奥托提出了内燃机工作的最佳循环方式：进气—压缩—做功—排气，即著名的奥托循环。1866 年，奥托研制出在动力史上具有划时代意义的“往复式四冲程内燃机”，并于 1867 年在巴黎万国博览

① 1 加仑（英制）≈4.5 升。

会上获得金奖（图1-1-3）。1872年，奥托在德国建立道依茨发动机公司；1876年，他的发明获得专利并开始成批投入生产。德国曾于1952年和1964年发行了两次有关奥托与奥托循环的邮票来纪念这位伟大的发明者。

图1-1-3　尼古拉斯·奥托和他的第一台往复式四冲程内燃机

三、现代汽车的诞生

（一）汽油机的诞生

1886年，卡尔·本茨将煤气发动机改进为汽油发动机，并将其安装在一辆三轮车上，从此，世界上第一辆汽车诞生了（图1-1-4）。但由于技术的问题，本茨的汽车总是抛锚，被别人冷嘲热讽为“散发着臭气的怪物”，从而导致怕出洋相的本茨甚至不敢在公共场合驾驶它。1888年，本茨的妻子贝尔塔·林格尔开着奔驰1号（图1-1-5）行驶了100 km，经受住了考验，于是，大批客户开始向本茨订购汽车。

图1-1-4　卡尔·本茨的奔驰1号

图1-1-5　卡尔·本茨的妻子和两个儿子

1883年，戴姆勒和迈巴赫制造出首部戴姆勒卧式发动机，然后他们把卧式发动机改装成尽可能小的立式发动机。戴姆勒给它取名为“立钟”。1885年8月，戴姆勒将功率为1.1马力①的“立钟”发动机装到了一辆木制双轮自行车上，造成了世界上第一辆摩托车。1886年，为庆祝妻子的43岁生日，戴姆勒买了一辆美国造的四轮大马车。他和迈巴赫在这辆大马车的前轮上安装了转向装置，又在后轮上安装了驱动装置，把一台改进的立式发动机安装在

① 1马力≈0.7千瓦。

车身中部，于是，第一辆四轮汽车就这样诞生了。后来，这辆车被称为戴姆勒 1 号，如图 1-1-6 所示。1890 年，戴姆勒在斯图加特建立了戴姆勒汽车公司，开始生产汽车。

图 1-1-6　戴姆勒 1 号

（二）柴油机的发明

与致力于改造奥托发动机的本茨和戴姆勒不同，鲁道夫·狄塞尔想完全舍去发动机中的点火系统，靠压缩空气发热，喷入燃料后自燃做功。由于这种方式完全区别于吸入燃气混合气点燃做功的方式，后人称狄塞尔的原理为“压缩式内燃机”原理。其使用柴油作为燃料。相对于汽油来说，柴油性质非常稳定，比较难以点燃，而一旦点燃就会冒出大量黑烟，而它又不能像煤油那样可用来照明。但柴油稳定的特性却恰恰适合于压燃式内燃机，在压缩比非常高的情况下，柴油也不会发生爆震现象，这正是狄塞尔所需要的。

经过潜心研究，狄塞尔终于在 1892 年试制成了第一台压缩式内燃机，也就是柴油机，如图 1-1-7 所示。

图 1-1-7　狄塞尔和他的压缩式内燃机

学习研讨

背景描述	红旗是中国一汽直接运营的高端汽车品牌，1958 年 8 月，中华人民共和国第一辆高级轿车，即红旗牌轿车诞生了。它见证了一个与中华人民共和国汽车工业相伴而生的民族汽车品牌的高光时刻，也见证了一汽人自主自强的工业精神
讨论主题	中国一汽红旗轿车的诞生与发展
成果展示	小组采用 PPT 等方式展示成果

学习评价

内容组织	素养提升			评价结果
内容全面且组织有条理：详细讲述中国一汽的诞生和红旗轿车的发展（以典型车型为例）	语言通顺简洁、思路清晰、重点突出	熟练运用 PPT、视频、动画等信息化技术手段	很好体现团队协作和自力更生等精神	优秀□
内容比较全面且组织比较有条理：较详细讲述中国一汽的诞生和红旗轿车的发展	语言较通顺简洁、思路较清晰、重点突出	较熟练运用 PPT、视频、动画等信息化技术手段	较好体现团队协作和自力更生等精神	良好□
内容不全面且组织条理不清，简单讲述中国一汽的诞生和红旗轿车的发展	不能够很好组织语言、思路不清晰	不能熟练运用视频、动画等信息化技术手段	不能很好体现团队协作和自力更生等精神	一般□

习题测试

1. 1765 年，英国的（　　）制造出第一台蒸汽机，带领人类进入“蒸汽机时代”。

A. 瓦特　　B. 古诺　　C. 奥托

2. 1886 年，（　　）发明的汽车获得了专利批准，这是世界上第一辆三轮汽车。

A. 本茨　　B. 迈巴赫　　C. 戴姆勒

3. 1885 年，世界上第一辆摩托车诞生了，所以（　　）又被称为“摩托车之父”。

A. 本茨　　B. 迈巴赫　　C. 戴姆勒

4. 1886 年，（　　）用四轮大马车改造出了世界上第一辆四轮汽车。

A. 戴姆勒　　B. 迈巴赫　　C. 本茨

5. 1892 年，（　　）在德国卡塞尔展出了第一台压缩式内燃机，也就是柴油机。

A. 戴姆勒　　B. 狄塞尔　　C. 本茨

拓展阅读

1959 年年初，中国一汽开始突击生产红旗牌轿车，标志着中国汽车工业的技术水平站上了新的台阶。2018 年 1 月 8 日，中国一汽发布新红旗品牌战略，确定以“中国式新高尚精致主义”为品牌理念。2018 年 10 月 23 日，红旗品牌成为第五届世界互联网大会钻石合作伙伴。

扫描下方二维码，了解更多中国一汽相关知识。

新中国第一辆“解放牌”汽车　　一汽红旗与中国大阅兵

学习单元二 汽车工业的发展

情境导入

欧洲汽车以精细的做工、典雅而新潮的独特的造型和大胆采用先进技术而闻名。美国福特汽车公司的高性能自动化生产线标志着现代汽车工业形成了。自从成为全球最大的汽车市场以来，中国汽车自主品牌走向高端化的脚步从未停止。截至 2022 年 9 月，中国汽车销量从占全球总数的 24% 提升至占全球总数的 32%，实现了出口销量翻倍的目标。多元化的市场主体和更加充分的市场竞争推动着中国汽车产业核心竞争力的提升。

学习目标

1. 能够讲述美国汽车工业发展的特点；
2. 能够讲述德国汽车工业发展的特点；
3. 能够讲述日本汽车工业发展的特点；
4. 能够讲述中国汽车工业发展历程；
5. 具有艰苦奋斗的创新创业精神；
6. 激发民族责任感和历史使命感；
7. 提升材料组织和语言表达能力；
8. 提升信息化技术应用能力。

相关知识

一、美国汽车工业发展

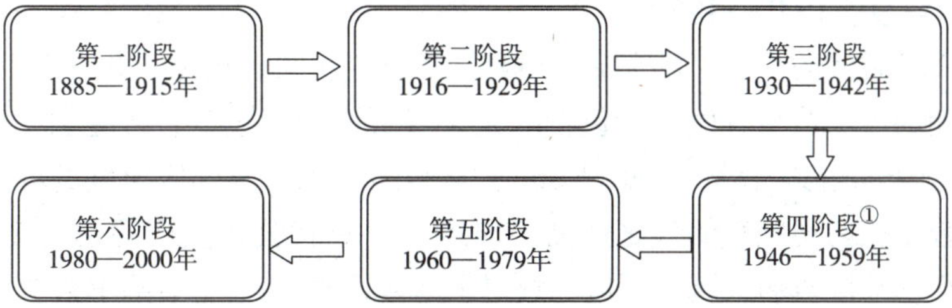

① 第二次世界大战（1939—1945 年）时，美国由于战争离本土较远，没有及早参战。1941 年，由于日本偷袭珍珠港给美国造成了严重损失，美国才开始参与第二次世界大战。所以 1943—1945 年，美国汽车工业的发展并不明显，相关资料中没有记载。

（一）第一阶段：1885—1915 年

1886 年，卡尔·本茨发明了世界上第一辆以汽油为动力的三轮汽车。直至 1893 之后，汽车开始大量生产，人类进入汽车时代。1908 年，福特推出一款外观时髦、质量上乘的“T 型车”，其低廉的价格使汽车作为一种实用工具走入了寻常百姓家。1913 年，亨利·福特发明了汽车制造流水线，标志着现代工业生产体系的诞生。如图 1-2-1 所示。1908 年，全球第一大汽车生产厂商通用汽车公司成立，使汽车的销量越来越高。1916 年，美国汽车销量首次突破 100 万辆，到 1920 年，已经突破 200 万辆。

图 1-2-1　福特 T 型汽车和福特流水线

（二）第二阶段：1916—1929 年

越来越多的中产阶级拥有汽车，而汽车的造型已经成为汽车制造过程中的重要步骤。通用汽车公司便率先成立艺术与色彩生产部门。成立于 1902 年的凯迪拉克汽车公司一向以机械部件优良著称。当时，美国各汽车公司为适应消费者的需求，已经能够生产有 8 缸发动机的跑车，时速可达 115 英里①。1925 年，美国第三大汽车制造厂商克莱斯勒汽车公司成立。

（三）第三阶段：1930—1942 年

利用空气动力原理，汽车的发动机设计在这个时期出现很大的进步。然而，第二次世界大战让汽车制造厂商投入军事车辆及机械的制造，汽车外观并无明显改变，几乎无造型可言的吉普车完全是基于实际需要出现的。例如，Packard 汽车公司共制造出 7 种时速可达 100 英里的高性能 Packard Speed Star 汽车，是当时豪华汽车的代表车型。

（四）第四阶段：1946—1959 年

随着喷气飞机时代的来临，汽车造型也趋向更低、更长、更宽，并在车后加上了大大的尾翅。这个时期的汽车造型有两大特色：一是车身具有防撞设计；二是具有尾翅。20 世纪 50 年代，美国制造的最具特色的汽车是家庭式旅行车，象征着郊区家庭的美好生活。此时，福特雷鸟汽车曾是该公司跑车的代言产品。1955 年，福特公司生产的雷鸟 8 缸双人座敞篷跑车，车顶是活动纤维玻璃，其华丽造型获得了高度评价，后因其结构轻巧，又被人们喻为私人车的象征，如图 1-2-2 所示。

---

① 1 英里≈1.6 千米。

图 1-2-2　1955 年款福特雷鸟跑车

（五）第五阶段：1960—1979 年

消费者抛弃以往强调大而美的汽车造型，转而欣赏传统而又保守的造型，因此以甲壳虫为代表的小型汽车大为流行。1964 年，福特野马跑车率先掀起小型车的革命（图 1-2-3）。还有，捷豹 XKE 跑车第一次在 1961 年的纽约国际汽车展览上亮相时，立刻引起了轰动。这款双人座双门敞篷跑车时速高达 150 英里，而它创新的独立后悬挂系统使其在当年的车展上备受欢迎，如图 1-2-4 所示。

图 1-2-3　1964 年款福特野马跑车

图 1-2-4　1961 年款捷豹 XKE 跑车

（六）第六阶段：1980—2000 年

从 20 世纪 80 年代开始，美国汽车工业几乎难以招架日本汽车工业的凌厉攻势，日本的本田、日产、三菱和富士公司相继在美国设厂。美国汽车工业为与日本汽车进行竞争，又不断推出小型箱式车（Minivan）的客货两用轻型汽车，只是车厢后部增加了可以放置物品的空间，驾驶时的感觉与普通小汽车类似。除此之外，四门轿车、双门轿车、跑车也都被设计成流线型，一改之前的直线型设计。

二、德国汽车工业发展

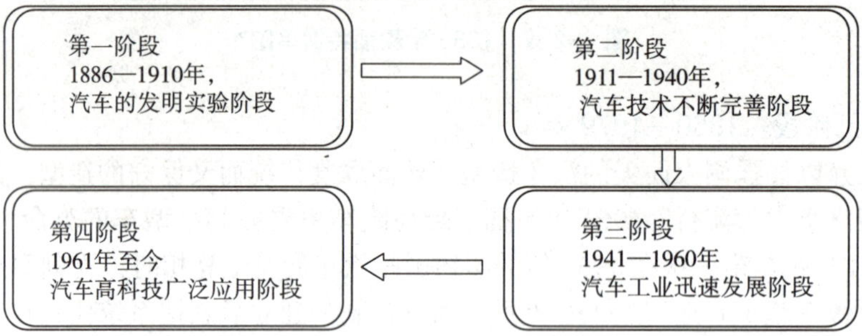

（一）第一阶段：汽车的发明实验阶段（1886—1910 年）

19 世纪 70 年代，西方第二次工业革命浪潮兴起，德国抓住了从 1871 年德意志第二帝国统一后的几十年时间，即在短短 30 年里走完了英国人用了 100 多年才走完的工业化道路，跻身世界工业化强国。

德国汽车工业的发展

（二）第二阶段：汽车技术不断完善阶段（1911—1940 年）

截至第一次世界大战前，德国汽车工业已基本形成了一个独立的工业部门。战争结束后，德国仅用了 10 年的时间就大大超过了战前的繁荣。1923—1929 年被称为德国汽车工业“黄金般的 20 年代”。截至第二次世界大战爆发前，很多汽车公司均已形成了一定的生产规模。

（三）第三阶段：汽车工业迅速发展阶段（1941—1960 年）

进入 20 世纪 50 年代，德国的汽车工业真正进入了迅速发展时期。在整个第二次世界大战期间，德国的汽车工业都在为战争服务。第二次世界大战结束后，德国的汽车工厂都被盟军接管，各种工业的发展都受到了限制。随着国内汽车的快速普及和汽车出口竞争能力的不断提高，汽车产量大幅度增加，以大众公司生产的“甲壳虫”为代表的汽车的诞生，标志着德国汽车工业开始进入飞速发展阶段。

（四）第四阶段：汽车高科技广泛应用阶段（1961 年至今）

从 20 世纪 60 年代开始，德国的汽车工业继续以较高速度增长。从 20 世纪 90 年代后期起，全球汽车业发生的最重要的事件莫过于资产重组与联合兼并的大浪潮。这一时期的德国汽车业发生的比较引人注目和产生较大反响的重组及联合兼并事件主要有奔驰与克莱斯勒的合并；大众与宝马收购劳斯莱斯、宾利等。目前德国的汽车公司主要有奔驰、大众、宝马和欧宝等。

三、日本汽车工业发展①

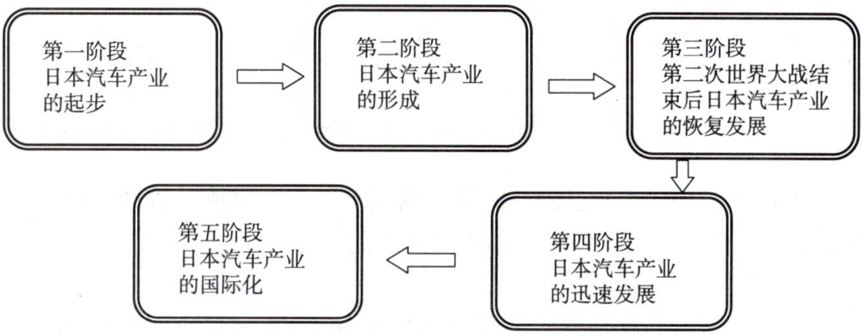

（一）第一阶段：日本汽车产业的起步

1904 年，吉田真太郎成立了东京汽车制造厂，即日本第一家汽车生产厂。当时的日本汽车产业主要是以进口为主，汽车的制造水平远落后于美国、德国等，汽车的发动机等主要零部件都依赖于进口。日本军方的需求以及政府出台的关于汽车产业的政策促进了日本汽车产业的发展。

（二）第二阶段：日本汽车产业的形成

1924 年，福特汽车公司在横滨成立了子公司福特日本。1926 年，通用汽车公司在大阪成立了日本通用汽车公司。这两大汽车公司的介入成为日本汽车产业发展史上具有划时代意义的事件。1933 年，丰田喜一郎创办了丰田自动织机制造所汽车部。1937 年 8 月，汽车部正式独立出来，成立了丰田汽车公司。

（三）第三阶段：第二次世界大战后日本汽车产业的恢复发展

第二次世界大战结束后，日本宣布无条件投降（1945 年 8 月），要发展工业只能寄托于民用工业。但是由于日本自然资源贫乏，不可能像美国那样建立一个独立的国内市场，必须走“贸易立国”的道路。日本政府出台了一系列产业振兴政策。20 世纪 50 年代，日本汽车工业依靠自身力量，逐渐摆脱了困境，形成了完整的工业体系。

（四）第四阶段：日本汽车产业的迅速发展

1965 年，名古屋—神户高速公路的开通，使日本步入了交通高速时代，也掀起了日本汽车普及的狂潮。随后，由于受到市场需求的刺激，日本汽车工业迅猛发展。

（五）第五阶段：日本汽车产业的国际化

20 世纪 80 年代，日本汽车工业进入以资本输出为主的国际化扩张阶段。1980 年，日本汽车产量达到 1 104 万辆，超过美国成为世界最大的汽车生产国和出口国。自 1997 年 8 月起，为摆脱危机，拯救日本汽车产业，各汽车企业开始增加研发方面的投入，致力于开发混合动力、燃料电池等新型环保车。从此，日本汽车产业逐渐复苏。

① 由于相关资料上没有准确的时间分段，此处不标注每个阶段的起止时间点。

四、中国汽车工业发展

第一阶段（1956—1984年）自主造车 → 第二阶段（1984—1997年）借船出海 → 第三阶段（1997年至今）自主创新

1956年7月14日，中国人自己制造的第一辆汽车——“解放”牌载货汽车（图1-2-5）从长春一汽总装线上盛装下线，中国汽车工业从此起步。

（一）第一阶段：自主造车（1956—1984年）

起步初期的中国汽车工业是按照苏联模式发展起来的，但是，中国汽车工业很快就在社会的政治大潮中随波逐流，飘摇起伏。1953年7月15日，毛泽东亲笔题名的第一汽车制造厂在吉林省长春市动工兴建（图1-2-6），中央动员、全国支援、参与建设者奋力拼搏，努力实现党中央提出的“力争三年建成长春汽车厂和出汽车、出人才、出经验”的目标。

1965年，国家出于经济安全等因素的考虑，在湖北十堰筹建中国二汽（即东风汽车集团有限公司）。但二汽的建立并没有解决现有经济模式带给中国汽车工业的制约。直到1970年，全国汽车产量才突破10万辆，1980年才突破20万辆。

图1-2-5　第一辆“解放”牌载货汽车

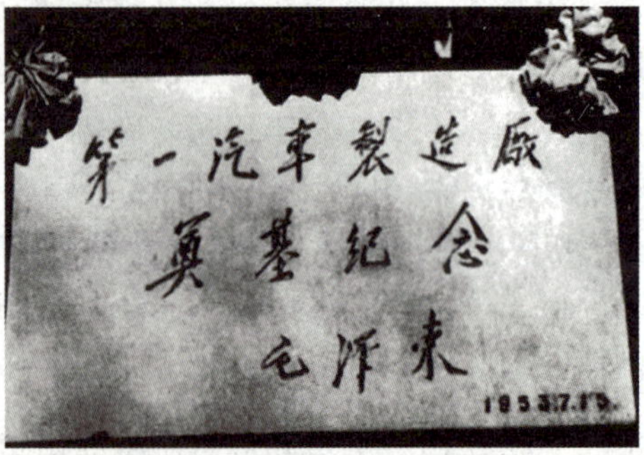

图1-2-6　毛主席亲笔题词

在这一时期，中国的轿车工业也出现过短暂的繁荣。1958年，长春一汽相继生产了“东风”（图1-2-7）和“红旗”两款轿车。同年，北京汽车制造厂研制的“井冈山”轿车、上海汽车装配厂生产的“凤凰”轿车（图1-2-8），作为庆祝中华人民共和国建立10周年的礼物而相继问世。但是，轿车产业的发展并没有因此蓬勃发展起来，而是由于种种原因被迫停滞。1958—1983年，中国轿车年产量才突破5 000辆，而在这段时间，中国汽车工业基本只能算处于“卡车工业时代”。

1978年以后，中国汽车工业迎来新的发展契机。中央政府开始鼓励民族汽车厂商与国外汽车巨头接触。1978年，通用汽车公司董事长墨菲先生来中国考察汽车工业。随后，中国派专业人员赴德、美、日等汽车工业发达的国家考察汽车相关技术，并开始与这些国家商谈合资事宜。中国汽车工业从此开始与世界汽车工业接轨。

图 1-2-7 1958 年“东风”轿车

图 1-2-8 1958 年“凤凰”轿车

（二）第二阶段：借船出海（1984—1997 年）

1984 年以前，技术、资金、人才等很多的发展“瓶颈”制约了中国汽车工业的发展，因此，“利用外资来发展我国汽车工业”这个提议被提上了日程。1984 年 1 月，中国汽车工业的第一个中外合资企业——北京吉普汽车有限公司诞生。有了先行者，中国汽车工业很快就进入了第一轮的合资高潮。1985 年 3 月，中德合资轿车生产企业——上海大众汽车有限公司成立。上海大众的成立意味着真正意义上的现代汽车工业时代已经来临。1985 年，南京汽车集团有限公司引入意大利菲亚特汽车公司生产的依维柯汽车，广州汽车集团股份有限公司与法国标志汽车公司合作，汽车工业得到了进一步发展。

到 1994 年，轿车的产量已经超过 25 万辆，上海大众这个单一轿车生产企业逐渐超越了一汽、二汽，成为中国轿车企业的“领头羊”。

1987 年，国家在缜密研究了中国未来轿车工业的发展道路之后，确定了“三大三小”的总体格局，轿车工业开始向规模化方向发展。1990 年，上海汽车工业总公司成立。

1994 年是中国汽车史上十分值得纪念的一年，在这一年，有关部门出台了《汽车产业发展政策》。国家开始对汽车产业的发展方向进行了重新定位，其中最重要的决策是把汽车和家庭联系起来。家庭轿车市场孕育多年的潜能被无限放大，富裕起来的中国人对汽车产生了强烈的购买欲，这标志着中国汽车工业的春天来了。

（三）第三阶段：自主创新（1997 年至今）

在合资汽车品牌的重重包围下，中国本土汽车品牌艰难崛起了。

1997 年 3 月，奇瑞汽车公司（以下简称“奇瑞”）在安徽芜湖成立。奇瑞始终坚持自主创新，将目光投向了汽车发动机的研发与制造。在投入大量人力、物力以及资金后，奇瑞自主研发的第一代发动机终于在 2003 年正式下线。奇瑞自主研发的发动机标志着中国在新一代高性能汽车发动机领域实现了“零”的突破，也开创了研发和制造自主品牌发动机的先河，这标志着奇瑞成功抢占了国内汽车市场。

2001 年，在中国加入世界贸易组织的前夜，吉利汽车集团（以下简称“吉利”）入选车辆生产企业及产品名录，也成为中国首家获得轿车生产资格的民营企业。有了政策的扶持，吉利开始加速发展。2010 年，吉利从福特汽车公司手中购得沃尔沃轿车业务，这表示吉利与沃尔沃展开了深层次的技术合作。

中国汽车工业在这个阶段取得了比较明显的进步，如奇瑞、吉利、比亚迪等自主汽车品牌的表现十分出色。

2006年，在北京召开的全国科技大会上首次提出要加强自主创新，建设创新型国家。随后制定的《“十一五”科学技术发展规划》更是提到“掌握汽车设计与制造的核心技术，实现自主品牌产品产业化”。至此，汽车工业的自主创新已正式上升到国家战略层面。

从2009年起，中国汽车产销连续13年位列全球首位，汽车保有量不断增长，截至2022年6月，已经达到3.1亿辆。其中，新能源汽车保有量达到1001万辆，已连续7年位列世界首位。世界上最先进的技术纷纷向中国聚集，研发体系建设、产业供应链培育、衍生业务拓展等领域得到了全面发展。“双碳”目标的推进，将会促使我国从汽车大国迈向汽车强国，还会推动汽车产业发展方式的转变，尤其是推动以新能源汽车为代表的新产业、新业态、新模式的发展，从而增强汽车产业的国际竞争力。

学习研讨

背景描述	我国在成为全球最大汽车产销国之后，自主汽车品牌正在智能、电动变革浪潮下突围。从市场消费结构来看，乘用车仍是我国汽车行业主流消费车型，而电动化、智能化、网联化和共享化是未来汽车行业的发展方向及趋势。对于广大汽车企业来说，推出顺应时代的产品，自然能够得到市场的认可，甚至在未来的竞争中都能够抢占先机
讨论主题	汽车“新四化”给中国汽车自主品牌带来了怎样的新发展机遇
成果展示	小组采用PPT等方式展示成果

学习评价

内容组织	素养提升			评价结果
内容全面且组织有条理：详细解释汽车“新四化”的内涵并分析新四化给中国汽车自主品牌（举例）带来的新发展机遇	语言通顺简洁、思路清晰、重点突出	熟练运用PPT、视频、动画等信息化技术手段	很好体现科技创新精神以及民族责任感和历史使命等	优秀□
内容较全面且组织比较有条理：解释汽车“新四化”的内涵及给中国自主品牌（举例）带来的新发展机遇等	语言较通顺简洁、思路较清晰、重点突出	较熟练运用PPT、视频、动画等信息化技术手段	较好体现科技创新精神以及民族责任感和历史使命等	良好□
内容不全面且组织条理不清：简单解释汽车“新四化”的内涵及给中国自主品牌带来的新发展机遇等	不能够很好组织语言、思路不清晰	不能熟练运用视频、动画等信息化技术手段	不能较好体现科技创新精神及民族责任感和历史使命等	一般□

习题测试

1. 1908 年，福特汽车公司生产的（　　）汽车诞生。

A. 福特 T 型　　B. 福特 A 型　　C. 凯迪拉克

2.（　　）汽车公司率先成立了艺术与色彩生产部门。

A. 通用　　B. 福特　　C. 凯迪拉克

3. 1925 年，美国第三大汽车制造厂商（　　）汽车公司成立。

A. 通用　　B. 福特　　C. 克莱斯勒

4. 1946—1959 年，汽车造型趋向更低、更长、更宽。这个时期的汽车造型有两大特色，一个是（　　）；另一个是（　　）。

A. 车身具有防撞设计　　B. 具有尾翅的流行

C. 甲壳虫型

5. 1956 年，中国人自己制造的第一辆（　　）从长春一汽总装线上盛装下线，这标志着中国汽车工业从此起步。

A. “解放”牌载货汽车　　B. “红旗”牌轿车

C. “东风”牌轿车

6. 中国自主品牌汽车包括（　　）。

A. 比亚迪　　B. 奇瑞

C. 长城　　D. 红旗

拓展阅读

汽车工业正在经历史上最大的变革，而由此产生的产品、技术、服务、模式等的全面升级，也使汽车行业竞争的复杂程度日益增加。这就要求汽车和相关产业链参与者需要以不同的形式，通过优势互补、联合研发等方式加速产业创新。由此，各种不同形式的“生态圈”逐步成为汽车企业参与竞争的主要模式。2020 年 12 月，中国汽车工业协会联合 20 多家初创成员成立了 SDV 工作组，其成立目的是协同整车厂、零部件企业，推动智能汽车软硬件接口标准化，降低智能汽车研发的复杂度，做强智能汽车产业链。

未来，汽车工业将广泛采用平台化战略、模块化生产、全球采购等方式，而零部件制造在汽车产业链中的地位将得到提升，国际竞争将由制造链向服务链延伸。这一系列变化可能会彻底改变世界汽车工业发展的格局。

扫描下方二维码，了解更多中国汽车企业发展相关知识。

比亚迪—新能源汽车领导者　　吉利汽车—造每个人的精品车

模块二

汽车结构与性能

汽车主要用于载运人员和(或)货物，以及牵引载运人员和(或)货物。汽车结构复杂，由两万多个零件部件组成。分析汽车运动规律，研究汽车主要使用性能及其结构之间的内在联系，了解汽车主要使用性能的各种影响因素，指出合理使用汽车的基本途径，可以给人们带来舒适、愉悦的享受。

本模块主要介绍汽车结构与性能，内容包括汽车基本结构以及汽车基本性能。通过对本模块的学习，学生能够熟知发动机、底盘、电气设备和车身的基本结构及作用，能够熟知汽车动力性、经济性、制动性评价指标，会运用科学方法合理提升汽车使用性能，能够在工作中秉持严谨细致的工作态度，能够积极践行安全责任观。通过学习研讨和学习评价的训练，提升学生的组织能力、语言表达能力和信息化技术应用能力。

学习单元一 汽车基本结构

情境导入

汽车作为一种现代交通工具，已经与人们的生活密不可分。随着汽车在日常生活中的日益普及，人们也十分希望了解各种汽车知识。

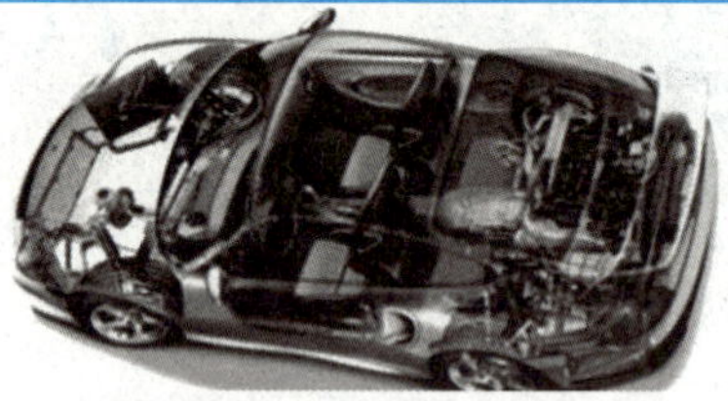

学习目标

1. 能够熟知发动机结构及各总成作用；
2. 能够熟知底盘结构及各总成作用；
3. 能够熟知电气设备的组成及特点；
4. 能够熟知汽车车身结构特点；
5. 秉持严谨细致的工作态度；
6. 践行节能环保的新发展理念；
7. 提升材料组织和语言表达能力；
8. 提升信息化技术应用能力。

相关知识

一、汽车总体组成

一辆普通汽车约由两万个零件组合而成，当汽车运行时，超过 1 500 个零件同步运转。汽车是一件技术密集度相对较高的产品。但无论是简单的还是复杂的汽车，通常由四个部分组成：车身、底盘、电气系统和发动机，如图 2-1-1 所示。

（1）车身：车身安装在底盘的车架上，供驾驶员、乘客乘坐或装载货物使用。轿车和客车的车身一般是整体结构，货车的车身一般由驾驶室和货厢两部分组成。

（2）底盘：底盘的作用是支撑、安装汽车发动机及其各部件、总成，形成汽车的整体造型，并接收发动机的动力，使汽车产生运动，保证正常行驶。底盘由传动系统、行驶系统、转向系统和制动系统四部分组成。

（3）电气系统：电气系统由电源、用电设备及全车电路和配电装置三部分组成。其中，

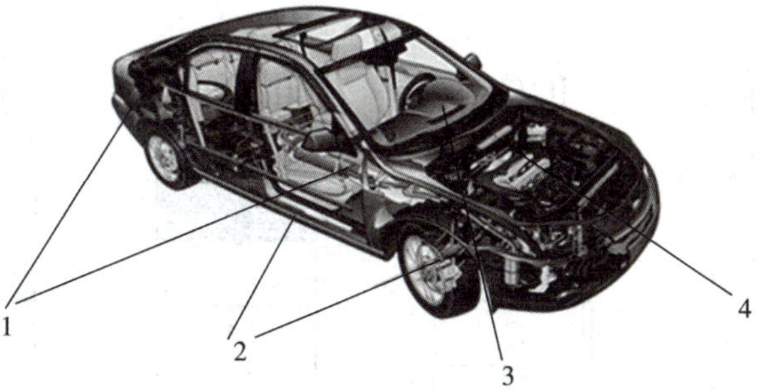

图 2-1-1 汽车总体组成

1—车身；2—底盘；3—电气系统；4—发动机

电源包括蓄电池和发电机；用电设备包括发动机的起动系统、点火系统（汽油机）、照明系统、信号装置、仪表及报警装置、辅助电器和汽车电子控制系统等。

（4）发动机：发动机是汽车的动力装置，其作用是使燃料燃烧产生动力，然后通过底盘的传动系统驱动车轮使汽车行驶。

二、发动机的分类和工作原理

（一）发动机的分类

发动机是汽车的“心脏”，包括内燃机（汽油发动机等）、外燃机（斯特林发动机、蒸汽机等）、电动机等。其中，车用内燃机根据其将热能转变为机械能的主要构件的形式，可分为活塞式内燃机和燃气轮机两大类。前者又可按活塞运动方式分为往复活塞式和旋转活塞式两种。往复活塞式内燃机在汽车上应用最为广泛。发动机可按下述方式分类。

（1）对于往复活塞式发动机，可根据每个工作循环所需活塞行程数来分类：活塞往复四个单程完成一个工作循环的，称为四冲程发动机；活塞往复两个单程便完成一个工作循环的，则称为二冲程发动机。

（2）根据所用燃料种类区分，常见的发动机有汽油发动机（简称汽油机）和柴油发动机（简称柴油机）。其中，汽油机一般是先使汽油和空气生成可燃混合气，再用电火花点燃，因此又称为强制点火式或点燃式发动机；柴油机所使用的燃料是轻柴油，一般是通过喷油泵和喷油器将柴油直接喷入发动机气缸，与在气缸内经压缩后的空气均匀混合，使之在高温下自燃。因此，这种发动机又称为压燃式发动机。

（3）根据冷却方式的不同，发动机可分为水冷式和风冷式两种。

（4）发动机还可按其气缸数分类：仅有一个气缸的称为单缸发动机；有两个以上气缸的称为多缸发动机。多缸发动机还可根据气缸的排列型式分为直列多缸发动机和 V 型直列多缸发动机等。

（5）发动机的气缸进气压力一般略低于周围大气压力，但也可利用专门装置（增压器）使进气压力增高到周围大气压力以上。后者称为增压发动机；相应地，前者称为非增压发动机。

（二）四冲程汽油发动机的工作原理

四冲程汽油发动机的一个工作循环包括四个活塞冲程，即进气冲程、压缩冲程、做功冲程（膨胀冲程）和排气冲程，如图 2-1-2 所示。

（1）进气冲程：发动机进气门开启，排气门关闭，活塞从上止点向下止点移动，活塞

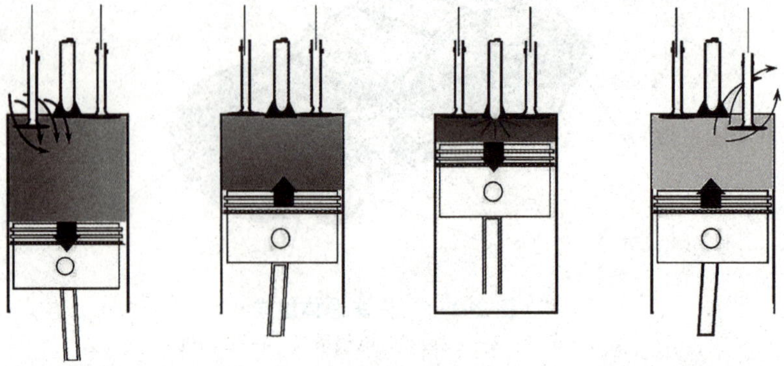

（a）　（b）　（c）　（d）

图 2-1-2　四冲程汽油发动机的工作原理示意

（a）进气冲程；（b）压缩冲程；（c）做功冲程；（d）排气冲程

上方的容积增大，从而气缸内的压力降低到大气压力以下，即在气缸内产生真空吸力。这样，可燃混合气便经进气管和进气门被吸入气缸。

（2）压缩冲程：为使吸入气缸的可燃混合气能迅速燃烧，必须在燃烧前将其压缩。在压缩冲程中，进、排气门全部关闭，曲轴推动活塞从下止点向上止点移动，把可燃混合气压至燃烧室。

（3）做功冲程：压缩冲程终了时，进、排气门仍关闭，火花塞发出电火花点燃混合气，迫使活塞迅速下行，经连杆推动曲轴旋转而做功。

（4）排气冲程：可燃混合气燃烧后生成的废气必须从气缸中排出，以便开始下一个进气行程。当做功冲程终了时，排气门开启，靠废气的压力进行自由排气，活塞到达下止点再向上移动时，继续将废气强制排到空气中。

四冲程柴油机和汽油机一样，每个工作循环也经历进气、压缩、做功、排气四个冲程。它与汽油机的不同之处在于：在进气冲程时，柴油机吸入的是新鲜空气，在压缩冲程接近终了时，柴油经喷油器喷入气缸，在很短的时间内与压缩后的高温空气混合后便立即自行燃烧。因此，柴油机燃烧对空气温度有一定要求，这也是柴油机在低温地区或冬季难以起动的原因之一。

三、发动机的基本构造

汽油机由两大机构（曲柄连杆机构和配气机构）和五大系统燃料供给系统、润滑系统、冷却系统、点火系统和起动系统组成。柴油机由两大机构（曲柄连杆机构和配气机构）和四大系统（燃料供给系统、润滑系统、冷却系统和起动系统）组成。柴油机不需要点火系统。

汽车发动机构造

（一）曲柄连杆机构

曲柄连杆机构（图 2-1-3）是发动机实现工作循环、完成能量转换的主要运动零件。做功时，活塞承受燃气压力在气缸内做直线运动，通过连杆转换成曲轴的旋转运动，并从曲轴对外输出动力。

（二）配气机构

配气机构的功用是根据发动机的工作顺序和工作过程，定时开启和关闭进气门和排气门，使可燃混合气或空气进入气缸，并使废气从气缸内排出，实现换气过程。汽车大多采用顶置气门式配气机构，如图 2-1-4 所示。

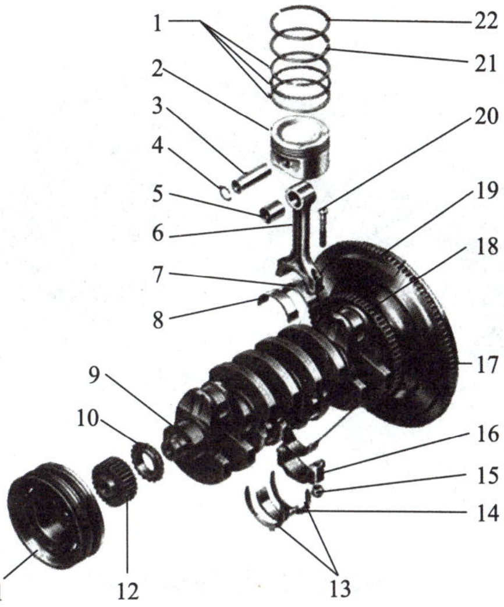

图 2-1-3 曲柄连杆机构

1—油环；2—活塞；3—活塞销；4—卡环；5—连杆小头轴瓦；6—连杆；7—连杆大头上轴瓦；8—主轴承上轴瓦；9—曲轴；10—曲轴链轮；11—带轮；12—曲轴正时齿带轮；13—止推片；14—主轴承下轴瓦；15—连杆螺母；16—连杆盖；17—连杆大头下轴瓦；18—转速传感器脉冲轮；19—飞轮；20—连杆螺栓；21—第二道气环；22—第一道气环

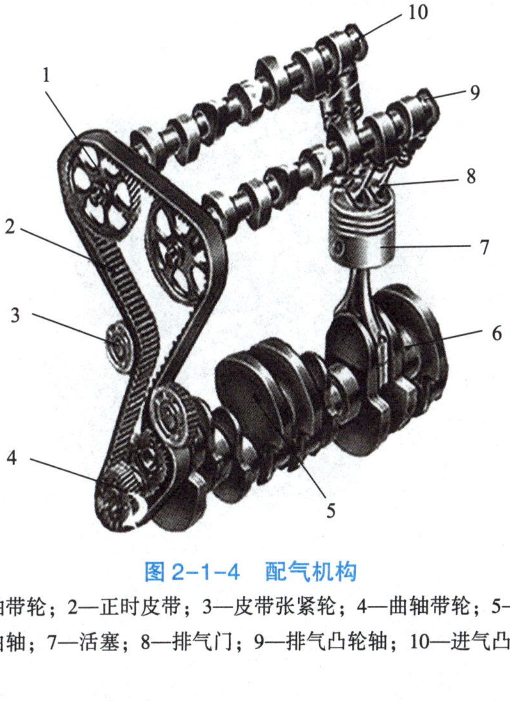

图 2-1-4 配气机构

1—进气凸轮轴带轮；2—正时皮带；3—皮带张紧轮；4—曲轴带轮；5—曲轴平衡块；6—曲轴；7—活塞；8—排气门；9—排气凸轮轴；10—进气凸轮轴

（三）燃料供给系统

汽油机燃料供给系统的功能是根据发动机的要求配制出一定数量和浓度的混合气，将其送入气缸，并将燃烧后的废气从气缸内排到空气中；柴油机燃料供给系统的功用是把柴油和空气分别送入气缸，在燃烧室内形成混合气并燃烧，最后将燃烧后的废气排出，如图 2-1-5 所示。

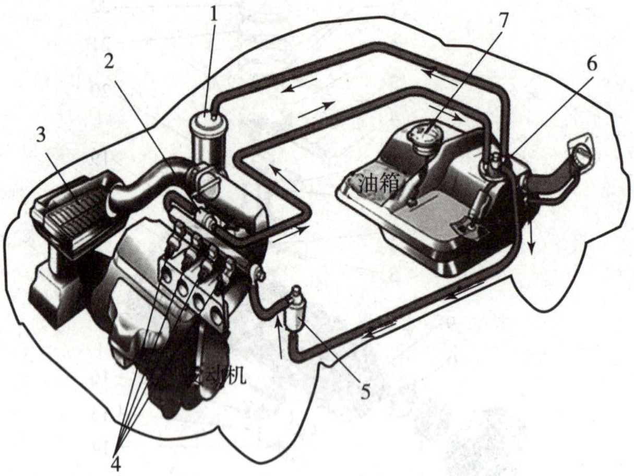

图 2-1-5　燃料供给系统

1—燃油蒸气回收罐；2—燃油压力调节器及回油管；3—空气滤芯；4—喷油嘴；5—燃油滤清器；6—燃油泵；7—油量传感器

（四）润滑系统

润滑系统的功用是向做相对运动的零件表面输送定量的清洁润滑油，以实现液体摩擦，减小摩擦阻力，减轻机件的磨损，并对零件表面进行清洗和冷却。润滑系统通常由气缸盖油道、机油滤清器、机油泵等组成，如图 2-1-6 所示。

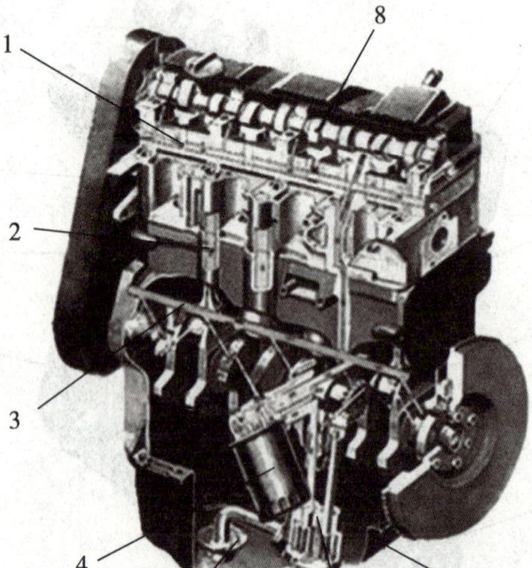

图 2-1-6　润滑油路（纵向）

1—气缸盖油道；2—回油孔；3—主油道；4—机油滤清器；5—集滤器；6—机油泵；7—油底壳；8—凸轮轴

（五）冷却系统

冷却系统的功能是将受热零件吸收的部分热量及时散发出去，保证发动机在最适宜的温度状态下工作。水冷发动机的冷却系统通常由电动风扇、气缸体水套、水泵和节温器等组成，如图 2-1-7 所示。

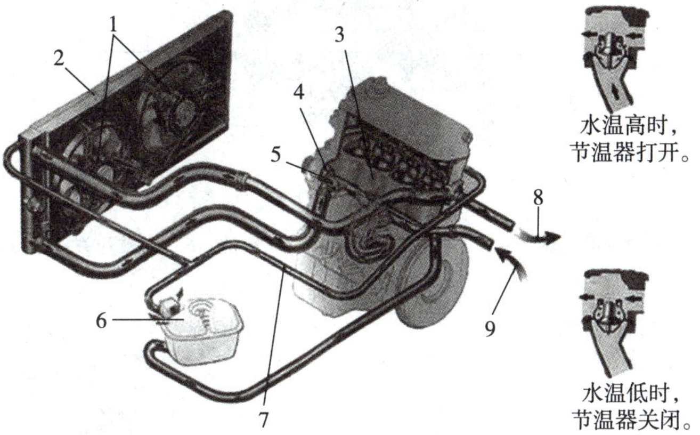

图 2-1-7　冷却系统

1—电动风扇；2—散热器；3—气缸体水套；4—水泵；5—节温器；
6—冷却液膨胀箱；7—发动机水套排气管；8—接热交换器；9—接暖风装置

（六）点火系统

在汽油机中，气缸内的可燃混合气是靠电火花点燃的，因此汽油机的气缸盖上安装了火花塞，火花塞的头部伸入燃烧室内。能够按时在火花塞电极间产生电火花的全部设备称为点火系统，如图 2-1-8 所示。

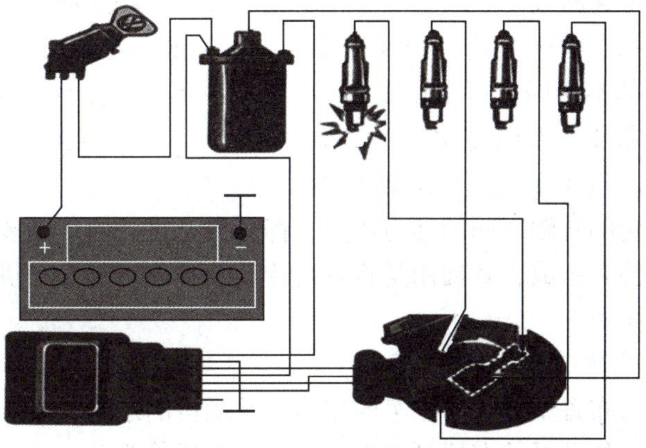

图 2-1-8　点火系统

（七）起动系统

若要使发动机由静止状态过渡到工作状态，必须先用外力转动发动机的曲轴，使活塞做往复运动，气缸内的可燃混合气燃烧膨胀做功，推动活塞向下运动使曲轴旋转，这样发动机才能自行运转，工作循环才能自动进行。因此，曲轴在外力作用下开始转动到发动机开始自动地怠速运转的全过程，称为发动机的起动。完成汽车起动过程所需要的装置，称为发动机的起动系统，如图 2-1-9 所示。

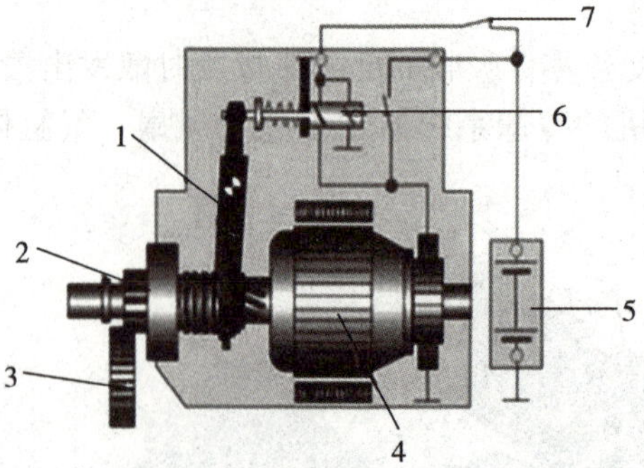

图 2-1-9　起动系统

1—拨叉杆；2—单向器；3—飞轮；4—电枢；5—蓄电池；6—电磁开关；7—点火开关

四、汽车底盘基本结构

（一）传动系统

1. 传动系统的功用

汽车传动系统的基本功能是将发动机发出的动力传给驱动车轮，其传递路线如图 2-1-10 所示。离合器固定在发动机飞轮后端面，并与变速器相连，处于常啮合状态。在汽车起步、换挡以及对汽车进行制动之前，驾驶员便踩下离合器踏板，使离合器分离，从而切断发动机与驱动轮之间的动力传递路线。

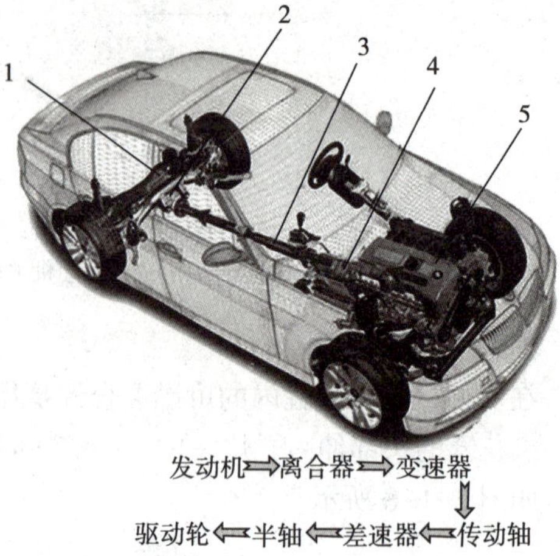

图 2-1-10　汽车动力传递路线

1—后驱动桥；2—后差速器；3—传动轴；4—变速器；5—发动机

变速箱上设有空挡、若干个前进挡及一个倒挡，各挡的传动比都不相同，可以满足汽车在不同行驶状况下的需要。万向传动装置位于变速器和驱动桥之间。汽车上任何一对轴线相交且相对位置经常变化的转轴之间的动力传递，都需要通过万向传动装置。驱动桥由主减速器、差速器、半轴和桥壳组成，其功用是将万向传动装置传来的发动机转矩传给驱动轮，并实现降低转速和增大扭矩。

2. 传动系统的布置型式

传动系统的组成与布置型式随着汽车的用途、发动机的结构和安装位置的不同而有所区别。汽车上广泛采用的传动系统布置型式有发动机前置后轮驱动（FR）、发动机前置前轮驱动（FF）、发动机后置后轮驱动（RR）、发动机中置后轮驱动（MR）及四轮驱动（4WD）、越野汽车传动系统等。

（二）行驶系统

汽车行驶系统的功用是接收由发动机经传动系统传来的转矩，并通过驱动轮与路面间的附着作用而产生路面对汽车的牵引力，以保证整车正常行驶。此外，汽车行驶系统还承受外界对汽车的各种作用力（包括重力）以及相应的地面反力，并尽可能地缓和不平路面对车身造成的冲击和震动，从而保证汽车可以平稳行驶。汽车行驶系统的组成如图 2-1-11 所示。

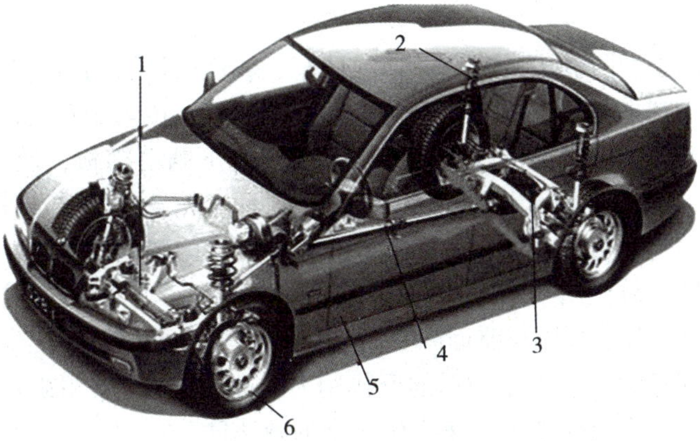

图 2-1-11　汽车行驶系统的组成

1—从动桥；2—悬架；3—驱动桥；4—传动轴；5—车架；6—车轮

绝大多数汽车行驶在比较坚实的道路上，其行驶系统中直接与路面接触的部分是车轮，因此称为轮式行驶系统。除轮式行驶系统的结构型式外，还有半履带式、全履带式、车轮—履带式等几种。轮式汽车行驶系统通常由车架、车桥、悬架、车轮和轮胎组成。

（三）转向系统

汽车转向系统是用来改变或保持车辆行驶方向的机构。按转向能源的不同，可分为机械转向系统和动力转向系统两大类。其中，机械转向系统由转向操纵机构、转向器和转向传动机构三大部分组成。它以驾驶员的体力作为转向能源，所有传力件都是机械的。动力转向系统是兼用驾驶员体力和发动机动力为转向能源的转向系统。在正常情况下，汽车转向所需的能量只有一小部分来自驾驶员，大部分由发动机通过转向加力装置提供；但当转向加力装置失效时，驾驶员可以独立承担汽车的转向任务，如图 2-1-12 所示。

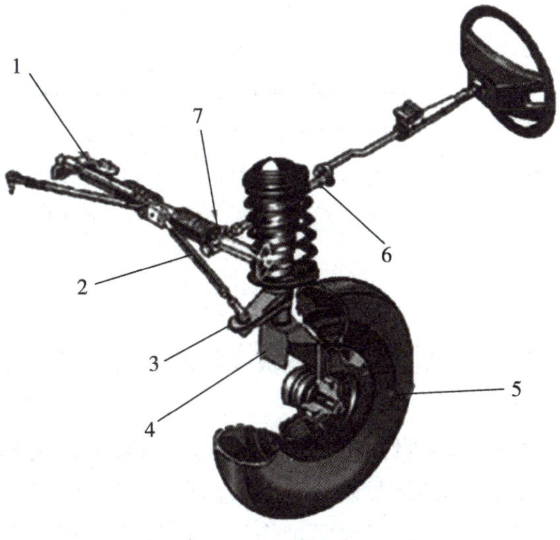

图 2-1-12　汽车转向系统

1—减震器；2—横拉杆；3—转向节臂；4—转向节；5—转向轮；6—转向轴；7—机械转向器

（四）制动系统

制动系统的作用是使行驶中的汽车减速或停车，或使已停驶的汽车静止。

制动系统由四个基本部分组成：供能装置、控制装置、传动装置和制动器。以一般的液压制动系统为例，要使行驶中的汽车减速，驾驶员应踩下制动踏板，通过推杆和主缸活塞，使主缸内的油液在一定压力下流入制动轮缸，并通过两个轮缸活塞推动使两制动蹄绕支承销转动，制动蹄的上端向两边分开而以其摩擦片压紧在制动鼓的内圆面上。这样，不旋转的制动蹄就对旋转着的制动鼓作用一个摩擦力矩 M_{μ}，其方向与车轮旋转方向相反。制动鼓将该力矩 M_{μ} 传到车轮后，由于车轮与路面间有附着作用，车轮便对路面产生一个向前的周缘力 F_{μ}，而此时地面也对车轮产生一个向后的反作用力，即制动力 F_B。制动力 F_B 由车轮经车桥和悬架传给车架及车身，迫使整个汽车产生一定的减速度。

当放开制动踏板时，回位弹簧即将制动蹄拉回原位，摩擦力矩 M_{μ} 和制动力 F_B 消失，制动作用终止，如图 2-1-13 所示。

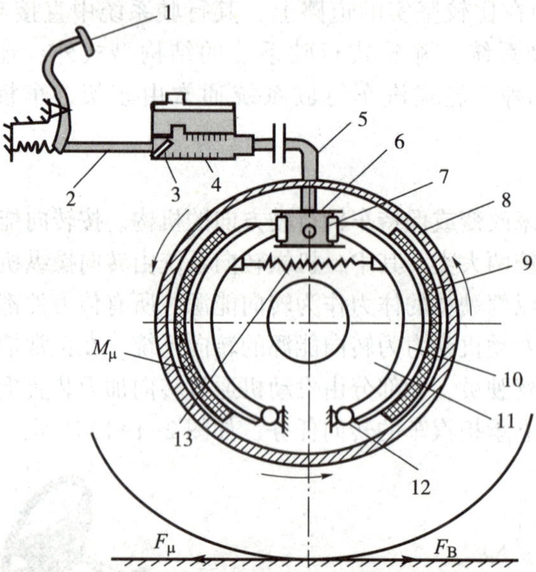

图 2-1-13　制动系统的工作原理示意

1—制动踏板；2—推杆；3—主缸活塞；4—制动主缸；5—油管；6—制动轮缸；7—轮缸活塞；8—制动鼓；9—摩擦片；10—制动蹄；11—制动底板；12—支承销；13—制动蹄回位弹簧

五、汽车车身

汽车车身的作用主要是保护驾驶员以及构成良好的空气力学环境。汽车车身结构从形式上主要分为非承载式和承载式两种。

非承载式车身的汽车有刚性车架，车身本体悬置于车架上，用弹性元件连接。车架的振动通过弹性元件传到车身上，大部分振动被减弱或消除，发生碰撞时车架能吸收大部分冲击力，在不平坦的路面上行驶时对车身起到保护作用。这种非承载式车身比较笨重，具有质量大，汽车质心高，高速行驶稳定性差等特点。

承载式车身的汽车没有刚性车架，只是加强了车头、侧围、车尾、底板等部位，车身和底架共同组成了车身本体的刚性空间结构，如图 2-1-14 所示。这种承载式车身除了其固有的乘载功能外，还要直接承受各种负荷。这种形式的车身具有较大的抗弯曲和抗扭转的刚度，质量小，高度低，汽车质心低，装配简单，高速行驶稳定性较好。

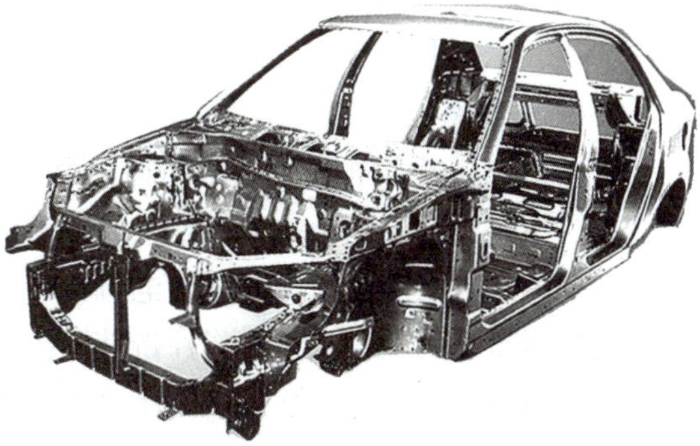

图 2-1-14　承载式车身

汽车发生碰撞时，要尽量保护车内人员的安全，所以在碰撞中，驾乘室的变形越小越好，可以让一部分机构先溃缩，吸收一部分碰撞能量，从而减少传递到驾乘室的撞击力。车身正面碰撞吸能区域示意如图 2-1-15 所示。

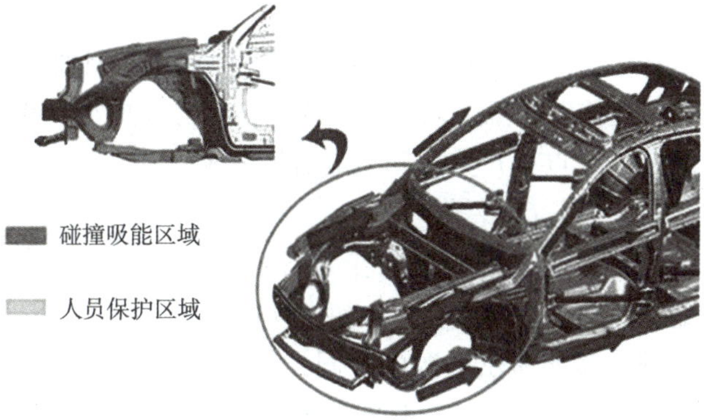

图 2-1-15　车身正面碰撞吸能区域示意

六、汽车电气系统

（一）汽车电气系统的特点

汽车电气系统主要有以下四个特点。

（1）单线制和负极搭铁：汽车电路的单线制，通常是指汽车电气设备的正极用导线连接（又称为火线），负极用导线与车架或车身金属部分连接（又称为搭铁线）。蓄电池负极搭铁的汽车电路，称为负搭铁。

（2）采用低压直流电路：汽车电路电源采用 12 V 或 24 V 直流电源；汽车用电设备采用与电源电压一致的直流电气设备。

（3）汽车电源设备和用电设备采用并联连接。

（4）各电子控制系统相对独立运行：发动机电子控制系统、防抱死制动系统、安全气囊系统等电子控制系统均按照工作原理相对独立运行。

（二）汽车电气系统的组成

汽车电气系统包括电源系统、起动系统、点火系统、照明和信号装置、仪表和显示装置、辅助电器设备，以及电子燃油喷射系统、防抱死制动系统、安全气囊等电子控制系统。

1. 电源系统

电源系统包括蓄电池（汽车的辅助电源）、发电机和电压调节器（汽车的主电源）。发动机不工作时，蓄电池为汽车供电，而发动机工作时向起动机供电。当发动机转速达到某一值后，发电机开始给汽车供电。发电机在向用电设备供电的同时，也给蓄电池充电。电压调节器的作用是在发电机工作时，保持其输出电压的稳定。

蓄电池是一种化学电源，既能将电能转化为化学能储存，也能通过其内部的化学反应向用电设备供电，是一个可逆的低压直流电源。蓄电池由极板、隔板、电解液、外壳、极桩等组成。

发电机是汽车的主电源，其功能是在发动机正常运转时（怠速以上）向所有用电设备（起动机除外）供电，也给蓄电池充电。交流发电机由转子、定子、整流器、前后端盖等组成。

2. 起动系统

起动系统的作用是将蓄电池的电能转化成机械能，供给发动机曲轴转动转矩，使发动机达到必需的起动转速，以便使发动机进入自行运转状态，之后便立即停止工作。起动系统由蓄电池、起动机、起动开关（点火开关）和继电器等组成。

3. 点火系统

（1）点火系统的作用是将汽车的低压电变为高压电（20~30 kV），并适时将其送到点火缸火花塞，击穿火花塞间隙，点燃混合气，使发动机做功。

（2）点火系统的分类。按照所供电源的不同，点火系统可分为蓄电池点火系统和磁电机点火系统；按照控制方式的不同，点火系统可分为传统点火系统、普通电子点火系统和微机控制点火系统；按储存点火能量的方式的不同，点火系统可分为电感储能式和电容储能式；按点火信号产生的方式不同，点火系统可分为磁感应式、霍尔效应式、光电式和电磁振荡式。

（3）发动机对点火系统的要求。能产生足以击穿火花塞间隙的高电压（击穿电压），即满载低速（8~10 kV）、起动（19 kV）、正常点火（15 kV 以上）、设计电压（30 kV）；火花应具有一定的能量（50~100 mJ）；点火时间应适应发动机的工况（最佳点火时间），即大火（一缸点火时刻）、小火（点火顺序）、最佳提前角。

4. 照明和信号装置

照明和信号装置主要包括组合前照灯、组合尾灯、牌照灯、制动灯、倒车灯等，这些照明和信号装置对车辆行驶安全起着重要的作用，如图 2-1-16 所示。

5. 仪表和显示装置

仪表显示汽车行驶过程中的各种动态指标，有助于驾驶员随时了解各系统的工作情况，从而保证汽车安全可靠地行驶。数字电路的仪表具有指示精度高、重复性好、分度均匀、响应速度快、可靠性好和通用性好的优点。汽车仪表盘指示灯及其对应的含义见表 2-1-1。

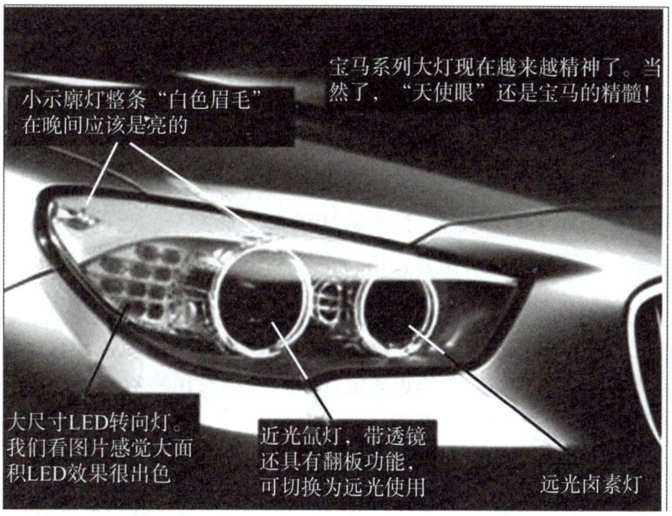

图 2-1-16　宝马组合灯具

表 2-1-1　汽车仪表盘指示灯

序号	仪表指示灯	仪表指示灯含义
1		ABS 指示灯：该指示灯用来显示 ABS 的工作状况。当打开钥匙门，车辆开始自检时，ABS 指示灯会点亮数秒，随后熄灭。如果未点亮或者车辆起动后仍不熄灭，则表明 ABS 出现故障
2		EPC 指示灯：常见于大众品牌车型中。打开钥匙门，车辆开始自检时，EPC 灯会点亮数秒，随后熄灭。若车辆起动后仍不熄灭，则说明车辆机械与电子系统出现故障
3		O/D 挡指示灯：该指示灯用来显示自动挡汽车的 O/D（超速）挡的工作状态。O/D 挡指示灯闪亮，说明 O/D 挡已锁止，此时加速能力提升，但会增加油耗
4		安全带指示灯：该指示灯用来显示安全带是否处于锁止状态。该指示灯点亮，则说明安全带没有及时扣紧。当安全带被及时扣紧后，该指示灯自动熄灭
5		电瓶指示灯：该指示灯用来显示电瓶使用状态。打开钥匙门，车辆开始自检时，该指示灯点亮，车辆起动后自动熄灭。如果起动后电瓶指示灯常亮，说明该电瓶出现了使用问题，需要更换
6		机油指示灯：该指示灯用来显示发动机内机油的压力状况。打开钥匙门，车辆开始自检时，指示灯点亮，车辆起动后熄灭。该指示灯常亮，说明该车发动机机油压力低于规定标准，需要维修
7		油量指示灯：该指示灯用来显示车辆内储油量的多少。当钥匙门打开，车辆开始自检时，该指示灯会被短时间点亮，随后熄灭。车辆起动后，该指示灯点亮，说明车内油量已不足

续表

序号	仪表指示灯	仪表指示灯含义
8		车门指示灯：该指示灯用来显示车辆各车门状况。任意车门未关上，或者未关好时，该指示灯都会点亮相应的车门指示灯，提示车主车门未关好；当车门关闭或关好时，相应车门指示灯熄灭
9		气囊指示灯：该指示灯用来显示安全气囊的工作状态。当打开钥匙门，车辆开始自检时，该指示灯自动点亮数秒后熄灭。如果该指示灯常亮，则说明安全气囊出现故障
10		制动盘指示灯：该指示灯是用来显示车辆制动盘磨损的状况。一般情况下，该指示灯为熄灭状态。当制动盘出现故障或磨损过度时，该指示灯点亮，修复后就会熄灭
11		手刹指示灯：该指示灯用来显示车辆手刹的状态。平时为熄灭状态。当手刹被拉起后，该指示灯自动点亮。当手刹被放下时，该指示灯自动熄灭。有的车型在行驶中若未放下手刹，则会响起警告音
12		水温指示灯：该指示灯用来显示发动机内冷却液的温度。钥匙门打开，车辆自检时，该指示灯会点亮数秒，然后熄灭。该指示灯常亮，则说明冷却液温度超过规定值，需立刻暂停行驶。水温正常后就会熄灭
13		发动机指示灯：该指示灯用来显示车辆发动机的工作状况。当打开钥匙门，车辆开始自检时，该指示灯点亮，然后自动熄灭。若该指示灯常亮，则说明车辆的发动机出现了机械故障，需要维修
14		转向灯指示灯：该指示灯是用来显示车辆转向灯所在的位置，通常为熄灭状态。当车主点亮该指示灯时，其会同时点亮相应方向的转向指示灯。转向灯熄灭后，该指示灯自动熄灭
15		远光指示灯：该指示灯用来显示车辆远光灯的状态。通常情况下，该指示灯为熄灭状态。当车主点亮远光灯时，该指示灯会同时亮起，以提示车主，车辆的远光灯处于开启状态
16		玻璃水指示灯：该指示灯用来显示车辆所装玻璃清洁液的多少，平时为熄灭状态。该指示灯点亮时，说明车辆所装载玻璃清洁液已不足，需添加玻璃清洁液。添加玻璃清洁液后，该指示灯熄灭
17		雾灯指示灯：该指示灯用来显示前后雾灯的工作状况。当前后雾灯点亮时，该指示灯就会点亮。关闭雾灯后，该指示灯熄灭
18		示宽指示灯：该指示灯用来显示车辆示廓灯的工作状态，平时为熄灭状态。当示廓灯打开时，该指示灯随即点亮。当大灯打开时，该指示灯自动熄灭
19		内循环指示灯：该指示灯用来显示车辆空调系统的工作状态，平时为熄灭状态。当点亮内循环按钮，车辆关闭外循环，空调系统进入内循环状态时，该指示灯自动点亮

续表

序号	仪表指示灯	仪表指示灯含义
20		VSC 指示灯：该指示灯用来显示车辆 VSC（电子车身稳定系统）的工作状态，多出现在日系车上。当该指示灯点亮时，说明 VSC 系统已被关闭
21		TCS 指示灯：该指示灯用来显示车辆 TCS（牵引力控制系统）的工作状态，多出现在日系车上。当该指示灯点亮时，说明 TCS 系统已被关闭

6. 辅助电气设备

现代汽车上安装了各种各样的辅助电气设备，以满足乘员的不同需求。汽车主要辅助电气设备有汽车报警装置，起动预热装置，风窗刮水、清洗、除霜装置，电动座椅，电动门窗和汽车防盗装置等，其主要向舒适、娱乐、保障安全等方向发展。

学习研讨

背景描述	汽车是技术密度高的产品，而发动机是汽车的心脏，决定着汽车的动力性、经济性、稳定性和环保性，是汽车上最为重要的总成。一辆汽车产品的好坏多半由其发动机所决定，一台省油、动力强劲的发动机离不开先进的发动机技术，如可变气门正时 VVT、停缸技术、分层燃烧技术等
讨论主题	汽油机的高压缸内直喷技术是如何提供均匀的燃料分配，实现环保节能的
成果展示	小组采用 PPT 等方式展示成果

学习评价

内容组织	素养提升			评价结果
内容全面且组织有条理：详细解释汽油机缸内直喷技术并能举例分析此技术是如何实现环保节能的	语言通顺简洁、思路清晰、重点突出	熟练运用 PPT、视频、动画等信息化技术手段	很好体现科学严谨的工作态度和环保节能的理念	优秀□
内容较全面且组织比较有条理：较详细解释汽油机缸内直喷技术并能分析此技术是如何实现环保节能的	语言较通顺简洁、思路较清晰、重点突出	较熟练运用 PPT、视频、动画等信息化技术手段	较好体现科学严谨的工作态度和环保节能的理念	良好□

续表

内容组织	素养提升			评价结果
内容不全面且组织条理不清：简单解释汽油机缸内直喷技术并简单分析此技术是如何实现环保节能的	不能够很好组织语言、思路不清晰	不能熟练运用视频、动画等信息化技术手段	没有很好体现科学严谨的工作态度和环保节能的理念	一般□

习题测试

1. 现代汽车一般由（　　　　）、（　　　　）、车身、电气设备四部分组成。

2. 汽油发动机一般由（　　　　）、配气机构、燃料供给系统、（　　　　）、冷却系统、点火系统和（　　　　）组成。柴油发动机没有（　　　　）。

3. 汽车底盘由（　　　　）、行驶系统、（　　　　）、（　　　　）四部分组成。

4. 汽车电源包括（　　　　）、（　　　　）。

5. 汽车上广泛采用传动系统布置形式有（　　）和四轮驱动等。

A. FR　　B. FF　　C. RR　　D. MR

6. 汽车电气系统的特点包括（　　）。

A. 单线制　　B. 负极搭铁　　C. 并联连接　　D 低压直流

拓展阅读

FSI（Fuel Stratified Injection）即汽油分层喷射（燃烧）。汽油发动机和柴油发动机均采用缸内直喷技术，所需要的燃油是按精确需求量在指定时刻到达指定位置的。FSI 共有三种工作模式：分层充气模式、均质稀混合气模式和均质混合气模式。

(1) 分层充气模式：只有混合好的气雾被点火燃烧；混合好的气雾周围的气体起隔离作用；缸壁热损耗小，提高了热效率，点火时刻范围窄。

(2) 均质稀混合气模式：燃烧发生在整个燃烧室内，可自由选择点火时刻。

(3) 均质混合气模式：喷油、混合气形成和燃烧与均质稀混合气模式一样。

扫描下方二维码，了解更多汽车技术相关知识。

一汽红旗打造最强“中国心脏”

汽车主动悬挂新技术

学习单元二 汽车基本性能

情境导入

汽车是一种应用范围极广的重要运输工具。汽车的完善程度需要结合具体的使用条件，综合地采用一系列使用性能来评价。汽车的使用性能是指汽车能适应使用条件，发挥最大工作效率的能力。

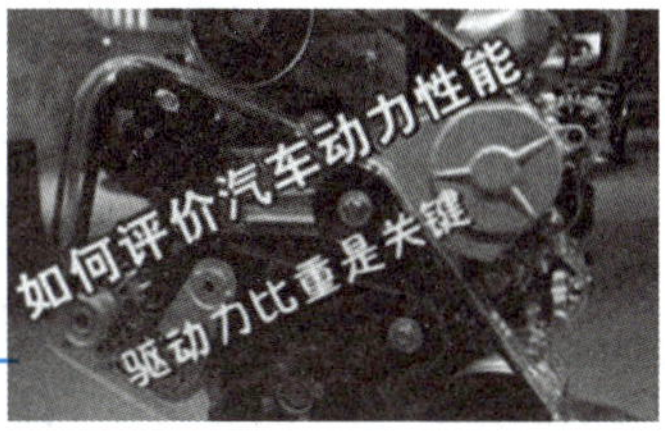

学习目标

1. 能够熟知汽车动力性评价指标并分析其影响因素；
2. 能够熟知汽车经济性评价指标并分析其影响因素；
3. 能够熟知汽车制动性评价指标并分析其影响因素；
4. 会运用科学方法合理提升汽车使用性能；
5. 积极践行安全生产责任观；
6. 提升材料组织和语言表达能力；
7. 提升信息化技术应用能力。

相关知识

一、汽车动力性

汽车动力性是指汽车在良好的路面上直线行驶时，由汽车受到的纵向外力决定的所能达到的平均行驶速度。汽车是一种高效率的运输工具，运输效率的高低在很大程度上取决于其动力性的强弱。动力性是汽车各种性能中最基本、最重要的性能。

（一）汽车的动力性指标

1. 汽车的最高车速

汽车的最高车速是指在水平良好路面（混凝土或沥青）上汽车能达到的最高行驶速度。此时汽车应为满载，且油门全开。

2. 汽车的加速时间

加速时间表示汽车的加速能力，它对汽车的平均车速有很大影响，也和行驶的安全性有关。例如，在超车和闪避时，加速时间对轿车而言尤为重要。其常用的评价指标有原地起步加速时间和超车加速时间。

（1）原地起步加速时间是指汽车从静止状态下，由第一挡起步，并以最大加速度逐步换到高挡后达到某一预定的距离或车速所需要的时间。

（2）超车加速时间是指汽车用最高挡或次高挡，由某一中速全力加速到某一高速所需要的时间。

3. 汽车的最大爬坡度

汽车的最大爬坡度是指汽车满载，即用最低挡在良好路面上能爬上的最大坡度，以此来表示一辆汽车的爬坡能力。由于货车在各种地区的各种道路上行驶，而越野汽车要在坏路或者无路条件下行驶，所以最大爬坡度是货车和越野汽车性能好坏的一个重要指标。控制这一指标，可以保证各种车辆的动力性相差不致太悬殊，以维持各种路面上各种车辆的畅通无阻。

（二）汽车行驶的驱动力与行驶阻力

1. 汽车驱动力

在汽车行驶中，发动机发出的有效转矩 T_{tq}，经过变速器、传动轴、主减速器后，由半轴传给驱动车轮。如果变速器传动比为 i_g、主减速器传动比为 i_o、传动系统的传动效率为 η_t，则传到驱动车轮的驱动力矩为

$$T_t = T_{tq} \cdot i_g \cdot i_o \cdot \eta_t$$

此时作用于驱动轮上的转矩 T_t产生对地面的圆周力 F_0，则地面对驱动车轮的反作用力 F_t为驱动汽车的外力，而这个外力就称为汽车的驱动力（其中，r 为车轮滚动半径）。其数值为

$$F_t = (T_{tq} \cdot i_g \cdot i_o \cdot \eta_t)/r$$

2. 汽车的行驶阻力

汽车在水平道路上等速行驶时必须克服来自地面的滚动阻力 F_f、空气阻力 F_w；在坡道上上坡行驶时还必须克服坡度阻力 F_i。而且，汽车加速行驶时还需要克服加速阻力 F_j，因此汽车行驶的总阻力包括

$$\sum F = F_f + F_w + F_i + F_j$$

其中，滚动阻力和空气阻力是在任何行驶条件下均存在的，而坡度阻力和加速阻力仅在一定行驶条件下存在，如在水平道路上等速行驶时就没有坡度阻力和加速阻力。

1）滚动阻力

车轮滚动时，轮胎与路面的接触区域产生法向、切向的相互作用力以及相应的轮胎和支承路面的变形，轮胎和支承路面的相对刚度决定了变形的特点。当弹性轮胎在硬路面（混凝土路、沥青路）上滚动时，轮胎的变形是主要的，此时由于轮胎内部摩擦而造成弹性迟滞损失，导致轮胎变形时不能完全回收它做的功。这种弹性迟滞损失造成了滚动阻力。

在实际中，滚动阻力不会直接应用，而是用滚动阻力系数 f 来表征滚动阻力的大小，在轮胎所受的法向力等条件相等的情况下，滚动阻力系数 f 越大，滚动阻力也越大。影响滚动阻力系数 f 的因素较多，如路面的种类、行驶车速以及轮胎的构造、材料、气压等。

（1）路面种类及其状态对滚动阻力系数的影响。

表 2-2-1 列出了车速为 50 km/h、汽车在各种路面上行驶时的车轮滚动阻力系数。其主要受路面种类及其状态的影响。

表 2-2-1　滚动阻力系数

路面类型	滚动阻力系数	路面类型	滚动阻力系数
良好的沥青或混凝土路面	0.010~0.018	压紧土路（雨后的）	0.050~0.150
一般的沥青或混凝土路面	0.018~0.020	泥泞土路（雨季或解冻期）	0.100~0.250
碎石路面	0.020~0.025	干砂	0.100~0.300
良好的卵石路面	0.025~0.030	湿砂	0.060~0.150
坑洼的卵石路面	0.035~0.050	结冰路面	0.015~0.030
压紧土路（干燥的）	0.025~0.035	压紧的雪道	0.030~0.050

（2）轮胎的结构和材质对滚动阻力系数的影响。

子午线轮胎与普通斜交轮胎相比，具有较低的滚动阻力系数。减小帘布层可使胎体减薄，从而可相应降低滚动阻力系数。因此，使用高强力黏胶帘布、合成纤维帘布或钢丝帘布等，均可在保证轮胎强度的情况下减少帘布层数。

（3）汽车行驶速度对滚动阻力系数的影响。

当车速超过 100 km/h 时，滚动阻力系数变化不大；当车速为 100 km/h 时，滚动阻力系数随车速提高而增大较快；当车速高到一定数值后，轮胎出现驻波现象，轮胎周缘不是圆形，而是明显的波浪状，滚动阻力系数迅速增大。

（4）轮胎气压对滚动阻力系数的影响。

在硬路面上行驶的汽车，轮胎气压低时，变形较大，滚动阻力系数相应增大。随着轮胎气压增高，硬路面上的滚动阻力系数逐渐减小。

汽车在软路面上行驶，气压低，轮胎变形大，使轮胎与地面接触面积增大，单位面积压力下降，地面变形小，使滚动阻力系数相应减小。

2）空气阻力

汽车直线行驶时受到的空气作用力在行驶方向的分力称为空气阻力。

空气阻力分为压力阻力与摩擦阻力两部分。作用在汽车外形表面上的法向压力的合力在行驶方向的分力，称为压力阻力；摩擦阻力是空气的黏性在车身表面产生的切向力的合力在行驶方向的分力。

压力阻力又分为四部分：形状阻力、干扰阻力、内循环阻力和诱导阻力。在一般轿车中，这几部分阻力的大致比例为：形状阻力占 58%，干扰阻力占 14%，内循环阻力占 12%，诱导阻力占 7%，摩擦阻力占 9%。

3）坡道阻力（只有在上坡的时候有）

汽车上坡时，其总重力沿路面方向的分力形成的阻力称为上坡阻力，其数值取决于汽车的总重力和路面的纵向坡度。

4）加速阻力（只有在加速的时候有）

汽车在加速行驶时，要克服其质量加速运动时的惯性力，即加速阻力 F_j。加速阻力包括平移质量的惯性力和旋转质量的惯性力偶矩。为了便于计算，通常把旋转质量的惯性力偶矩转化为平移质量的惯性力。

（三）汽车的行驶条件

汽车的行驶方程式

$$F_t = F_f + F_w + F_i + F_j$$

可以看出，驱动力 F_t 必须大于滚动阻力 F_f、空气阻力 F_w 和坡度阻力 F_i 之和，才能让汽车加速行驶。若驱动力小于这三个阻力之和，则汽车无法起动，而正在行驶的汽车也将减速直至停车。因此，汽车行驶的第一个条件即汽车行驶的驱动条件为

$$F_t \geqslant F_f + F_w + F_i$$

附着力是路面对驱动车轮切向反力的极限值，在硬路面上，它与驱动轮法向反作用力成正比：

$$F_\varphi = F_z\varphi$$

式中：F_z——地面作用在驱动轮上的法向反作用力。

附着系数 φ 与路面种类、车轮运动状况、胎压及花纹有关，行驶车速对附着系数也存在影响，在一般动力性分析中，只取附着系数的平均值，见表2-2-2。

表2-2-2　轮胎与路面间的附着系数

路面	普通轮胎	高压轮胎
干燥的沥青或混凝土路面	0.70~0.80	0.50~0.70
潮湿的混凝土路面	0.50	0.40
潮湿的沥青路面	0.45~0.6	0.35
碎石路面（干）	0.60~0.70	0.50~0.60
碎石路面（潮湿）	0.40~0.50	0.30~0.40
土路（干）	0.50~0.60	0.40~0.50
土路（湿）	0.30~0.40	0.20~0.40
土路（泥）	0.15~0.25	0.15~0.25
雪路（松软）	0.20~0.35	0.20~0.35
雪路（压实）	0.20~0.35	0.12~0.20
冰路面	0.10~0.20	0.08~0.15

驱动条件并不是汽车行驶的充分条件，实际上，驱动力是受附着力限制的。增加发动机转矩及增大传动比，可以增大驱动力。但是驱动力若达到路面可能给出的最大切向力即附着力时，驱动轮会出现滑转现象，汽车不能前进。因此，汽车行驶应满足的第二个条件——附着条件（对于后轮驱动的汽车）为

$$F_t \leqslant F_z\varphi$$

由此可以得出汽车行驶的驱动附着条件为

$$F_f + F_w + F_i \leqslant F_t \leqslant F_z\varphi$$

（四）汽车功率平衡图

汽车行驶时不仅存在着驱动力与行驶阻力之间的平衡关系，而且也存在着发动机功率与行驶的阻力功率之间的平衡关系，即发动机的有效功率始终等于机械传动损失与所有运动阻力所消耗的功率。

汽车的功率平衡关系也可以用图解法表示，纵坐标表示功率，横坐标表示车速。将发动机功率和汽车的阻力功率对应于车速的关系曲线绘在坐标上，即得到功率平衡图，如图 2-2-1所示。

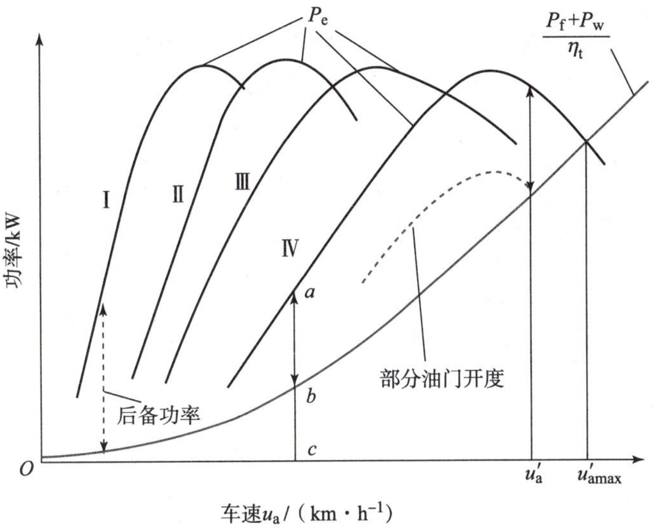

图 2-2-1 汽车功率平衡图

1. 汽车后备功率

在功率平衡图上，各挡功率曲线表示汽车在该挡上不同车速时可能发出的功率。总阻力功率曲线表示在平直良好的路面上，以不同车速等速行驶时所需要的功率。两者之间的功率差值为后备功率。

在一般情况下，维持汽车等速行驶所需的发动机功率并不大，发动机节气门开度较小，当需要爬坡或加速时，驾驶员加大节气门开度，汽车的全部或部分后备功率发挥作用。因此，汽车的后备功率越大，汽车的动力性越好。利用后备功率可以确定汽车的爬坡度或加速度。所以后备功率反映的是汽车爬坡性能和加速性能。

2. 负荷率

利用功率平衡图还可以研究汽车行驶时发动机的负荷率，即在一定工况下，克服阻力所需发动机发出功率和该工况下发动机能够发出的最大功率的比值。通常可以通过发动机的负荷率来分析汽车的经济性。

（五）影响汽车动力性的主要因素

1. 发动机参数的影响

1）发动机最大功率的影响

发动机功率越大，汽车的动力性越好。设计中，发动机最大功率的选择必须保证汽车预期的最高车速。最高车速越高，要求的发动机功率越大，其后备功率也就越大，加速能力和爬坡能力必然较好。但发动机功率也不宜过大，否则在常用条件下，若发动机负荷率过低，将会增加油耗。

2）发动机最大转矩

发动机的最大转矩越大，当 i_o、i_g 一定时，最大动力因数也就越大，汽车的加速能力和上坡能力随之增强。

3）发动机外特性曲线的形状

两台发动机的外特性曲线形状不同，但其最大功率和相对应的转速可能相等。假定汽车的总质量、流线型、传动比均为已知，为了便于比较，并假定总阻力功率曲线与两台发动机功率曲线交于最大功率点，则后备功率较大的外特性曲线所代表的汽车具有较大的加速能力和上坡能力，因此动力性较好，而且汽车具有较低的临界车速，换挡次数减少，有利于提高汽车的平均行驶速度。

2. 主减速器传动比 i_o 的影响

主减速器的传动比 i_o 不同，汽车功率平衡图上发动机功率曲线的位置也就不同（图 2-2-2），与水平路面行驶阻力功率曲线的交点所确定的最高车速也不同。

主减速器的传动比 i_o 不同，汽车的后备功率也不同。i_o 增大，发动机功率曲线左移，汽车的后备功率增大，动力性加强，但燃油经济性较差；i_o 减小，发动机功率曲线右移，汽车的后备功率减小，但发动机功率利用率高，燃油经济性较好。

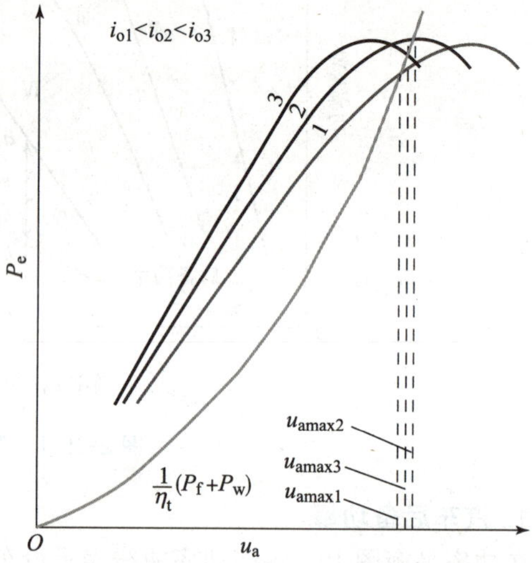

图 2-2-2 i_o 不同，发动机功率曲线位置不同

3. 传动系统挡数的影响

变速器挡数增加时，发动机在接近最大功率工况下工作的机会增加，发动机的平均功率利用率高，后备功率增大，有利于汽车加速或上坡，提高了汽车中速行驶时的动力性。

4. 汽车外形的影响

因为空气阻力和车速平方成正比，克服空气阻力所消耗的功率和车速的立方成正比。因此，汽车的外形是否是流线型对汽车的最高车速影响很大。流线型外形对高速汽车的动力性、经济性影响十分显著，但对汽车的爬坡能力和低速时的加速性能影响不大。

5. 汽车质量的影响

汽车总质量增加时，动力因数 D① 将随之下降，而道路阻力和加速阻力随之增大，故汽车的动力性将随汽车总质量的增加而变差，最高行驶速度和上坡能力也会降低。

6. 轮胎尺寸与型式的影响

汽车的驱动力与滚动阻力以及附着力都受轮胎的尺寸与型式的影响，故轮胎的选用与汽车动力性的关系十分密切。汽车的驱动力与驱动轮的半径成反比，汽车的行驶速度与驱动轮半径成正比。轮胎花纹对附着性能有显著影响，因此，合理选用轮胎花纹与型式对汽车的动力性具有重要意义。

---

① 动力因数 D 是指与汽车质量及车身型式无关的、评价汽车动力性能的参数，是剩余牵引力（总牵引力减空气阻力）和汽车总质量之比。

7. 汽车行驶条件的影响

汽车行驶条件影响动力性的主要因素有气候条件、高原山区和道路条件。

二、汽车的燃油经济性

（一）汽车燃油经济性的评价指标

在汽车行驶过程中，因燃油消耗所需的费用约占行驶总成本的40%，因此提高汽车的燃料经济性，可以减少汽车的燃料消耗，降低汽车消耗成本。汽车的燃油经济性是指汽车以最小的燃料消耗完成单位运输工作量的能力。汽车燃油经济性的评价指标主要有以下三种。

1. 单位行驶里程的燃油消耗量

当燃油按照质量计算时，燃油消耗量的单位为kg/100 km；当按照容积计算时，燃油消耗量的单位为L/100 km。

单位行驶里程的燃油消耗量只考虑了行驶里程，没有考虑车型与载重量的差别，所以只能用于比较同类汽车或者同一辆汽车的燃油经济性。其数值越小，汽车燃油经济性越好。

2. 单位运输工作量的燃油消耗量

若燃油按照质量计算，则该指标单位对于载重汽车为kg/(100 t · km)，对于客车为kg/(1 000 人 · km)；若燃油按照容积计算，则该指标单位对于载重汽车为L/(100 t · km)，对于客车为L/(1 000 人 · km)。

该指标可以用来比较不同类型、不同装载质量汽车的燃油经济性。其数值越小，汽车燃油经济性就越好。

3. 消耗单位燃油所行驶的里程

美国采用消耗单位燃油所行驶的里程的评价方法，单位为mile/USgal，是指每消耗一加仑燃油能行驶的英里数（1 mile = 1.61 km，1 USgal = 4.55 L）。其数值越大，汽车燃油经济性越好。

（二）汽车燃油经济性的影响因素

发动机的燃油消耗率，一方面取决于发动机的种类、设计制造水平；另一方面又与汽车行驶时发动机的负荷率有关。下面分别从汽车结构和使用两个方面讨论影响汽车燃油经济性的因素。

1. 汽车结构因素

1）发动机方面

（1）发动机的种类。

电控燃油喷射发动机的燃油喷射控制是根据运行工况确定控制策略，利用从传感器获得的信息，计算出需要的喷油量，在设定的喷油时刻通过控制喷油器实现燃油喷射，燃油经济性好。目前比较先进的汽油机缸内直喷稀薄燃烧，采用二次喷射技术，利用较浓的混合气引燃气缸内的稀薄混合气，从而实现气缸内的稀薄燃烧，进一步降低发动机的油耗。

（2）发动机的压缩比。

发动机的压缩比提高、热效率增加，从而提高发动机的动力性和经济性，发动机油耗率有所降低。但提高到一定程度后，汽油机压缩比会发生爆燃，并且会增加NO_x的排放量，所以对于压缩比的提高程度有一定限制。

（3）选用小排量发动机、提高发动机的负荷率。

由发动机的负荷特性可知，在转速一定的条件下，负荷率在80%~90%时，有效耗油率最低。发动机在中等转速、较高负荷率下工作时，其燃料经济性较好。因此，在保证动力性足够的前提下，汽车上不宜装用大功率的发动机，以提高发动机的功率利用率，降低汽车的燃油消耗量。

（4）改善发动机的燃烧过程。

为了改善汽油机的燃烧过程，主要趋向是采用稀薄混合气分层燃烧，其空燃比可超过18%。分层燃烧既能显著提高燃油经济性，又可以降低排放污染。

2）传动系统的影响

（1）变速器的影响。

变速器可分为手动机械式变速器（MT）、自动液力变速器（AT）和无级变速器（CVT）、双离合变速器（DSG）。其中，双离合变速器效率高、机械损耗小、控制比精确，比同等级手动机械式变速器省油。

在一定的行驶条件下，变速器应尽量采用较高的挡位，这样发动机的负荷率较高，有效燃料消耗率较低，汽车的燃油经济性较好。

（2）主减速器传动比的影响。

主减速器传动比较小时，在相同的道路条件和车速下，可以降低发动机的燃料消耗率，有利于提高汽车的燃料经济性。

（3）传动系统的机械效率。

传动系统的机械效率越高，传动过程中的功率损失越小，汽车的燃料消耗率也随之降低。

3）汽车质量的影响

汽车质量会影响滚动阻力、上坡阻力和加速阻力，因此会影响燃油经济性。降低汽车质量是降低油耗最有效的措施之一。

在减小汽车质量方面采取的措施主要有采用高强度轻质材料，如高强度低合金钢、铝合金、塑料、树脂和各种强化纤维等材料来制造汽车零件；改进汽车结构，如采用前轮驱动、承载式车身等；使各种零件薄壁化和小型化。汽车的轻量化、小型化也是汽车工业的发展方向之一。

4）汽车外形与轮胎

流线型的车身外形可以减小空气阻力系数，特别是对高速行驶的汽车有显著的节油效果。例如，某汽车空气阻力系数由0.5下降至0.3，可使油耗降低22%左右。

大家公认的子午线轮胎的综合性能较好，尤其是其滚动阻力小，与一般斜交胎相比，可节油6%~8%。

2. 汽车使用因素的影响

1）汽车的技术状况

为了保持汽车的技术状况良好，必须正确遵守保修规范。正确保养发动机、底盘和轮胎，选择质量好的燃料和润滑油，保持正常的胎压等，都可以提高发动机性能并降低汽车的行驶阻力，从而降低汽车的燃料消耗量。

2）驾驶操作技术水平

（1）发动机的起动升温。

冬季刚起动发动机时，机油需要经过一段时间才能润滑各个部件，所以车辆预热是有必要的，可以原地怠速 2～5 min 或者怠速慢行 1～2 km，先让发动机热起来，再慢慢均匀加速行驶。若长时间原地怠速，不仅会增加油耗，还会污染环境。

（2）汽车起步加速。

试验表明，发动机水温上升到 40 ℃以上再起步，具有较好的节油效果。机体温度低时燃料雾化不良，燃烧不完全；此外机油黏度大，摩擦损失功率增加，因而特别耗油。冬季汽车起步后可根据气温适当延长低挡行驶时间，直到水温和各总成温度上升至正常后，方可进入正常行驶。

（3）汽车行驶速度。

汽车满载在良好路面上行驶时，存在一个使等速燃料消耗最小的车速，即技术经济车速。车速高于或低于经济车速，均会使汽车等速油耗增加。不同车型的经济车速可通过试验获得。

（4）加速踏板的使用。

汽车行驶时，加速踏板要轻踏，柔和控制，减少加速泵供油的机会且避免空踩加速踏板。试验表明，每空踩一次加速踏板，就要耗油 3～5 mL。

3）运行条件的影响

汽车的运行条件包括气候、地理位置和道路条件等，这些条件对汽车燃料经济性的影响很大。

三、汽车制动性

为了保障汽车的行驶安全和汽车的动力性得以发挥，汽车必须具有良好的制动性。对于行车制动而言，汽车的制动性能是指汽车行驶时，能在短距离内停车且维持行驶方向稳定，以及在下长坡时能维持较低车速的能力。

汽车的制动性是汽车的主要性能之一。制动性直接关系到交通安全，重大交通事故往往与制动距离太长、紧急制动时发生侧滑等情况有关，因此制动性是汽车安全行驶的重要保障。

制动性的评价指标

（一）制动性的评价指标

1. 制动效能

制动效能包括制动减速度、制动距离、制动时间及制动力等。制动效能是指在良好路面上，汽车以一定初速度制动到停车的制动距离或制动时汽车的减速度。它是制动性能最基本的评价指标。

2. 制动效能的恒定性

汽车在高速行驶或下长坡连续制动时制动效能保持的程度，称为抗热衰退形象。此外，汽车在涉水行驶后，制动器还存在水衰退（即当汽车涉水时，水进入制动器，短时间内制动效能降低）的问题。

3. 制动时的方向稳定性

制动时的方向稳定性是指制动时汽车按照驾驶员给定方向行驶的能力，即制动时是否发生制动跑偏、侧滑、失去转向能力等。

（二）制动时车轮的受力

1. 制动器制动力

制动器制动力是指在轮胎周缘克服制动器摩擦力矩 T_{μ} 所需要的力，如图 2-2-3 所示。制动器制动力 F_{μ} 取决于制动器型式、尺寸、摩擦系数、车轮半径，且与制动系统油压或气压成正比。

$$F_{\mu}=T_{\mu}/r$$

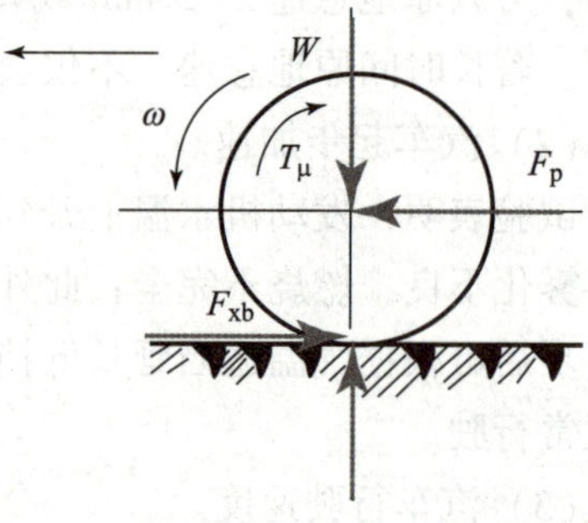

图 2-2-3　车轮在制动时的受力情况

2. 地面制动力

地面制动力是使汽车制动而减速行驶的外力。地面制动力 F_{xb} 取决于两个摩擦副的摩擦力：一个是制动器摩擦副间的摩擦力，另一个是轮胎与地面间的附着力，如图 2-2-3 所示。

$$F_{xb}=\frac{T_{\mu}}{r}=F_p$$

式中，F_p——单位制动泵推力。

3. 制动器制动力、地面制动力、附着力之间的关系

如图 2-2-4 所示，由制动器制动力 F_{μ}、地面制动力 F_{xb} 及附着力 F_{φ} 三者之间的关系可以看出，制动器制动力可以随着制动系统油压的增大而增大，而地面制动力在达到与附着力相等的值后，就不再增加了。此时，若想提高地面制动力，以使汽车具有更大的制动效能，只能提高附着系数。

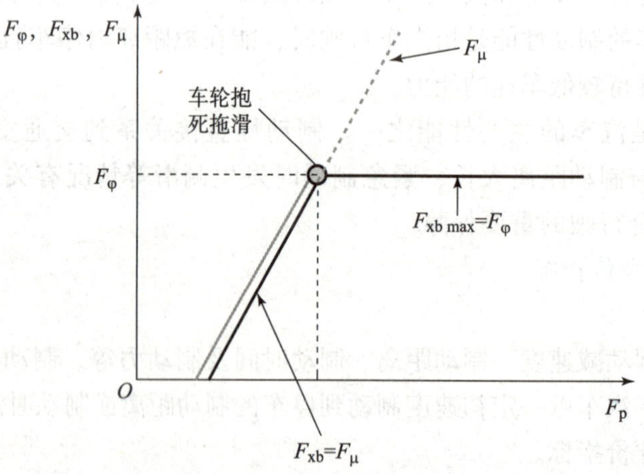

图 2-2-4　制动过程中制动器制动力、地面制动力、附着力间的关系

由此可见，汽车的地面制动力首先取决于制动器制动力，但同时又受地面附着条件的限制。所以，只有在本身具有足够的制动器制动力，而地面又能提供较高的附着力时，汽车才能获得足够的地面制动力。

（三）汽车的制动效能及其恒定性

1. 制动距离

制动距离是汽车在一定的初速度下，从驾驶员急踩制动踏板开始，到汽车完全停住为止所驶过的距离。它是衡量一款车制动性能的关键性参数之一。制动距离的长短与行驶的速度、制动力、附着系数有关。制动距离越小，汽车的制动性能就越好。由于制动距离比较直观，因此已成为广泛采用的评价制动效能的指标。

在汽车行驶时，驾驶员发现紧急情况直至踩下制动踏板发生制动作用之前的这段时间称为反应时间。在反应时间内，车辆行驶的距离称为反应距离。此距离的长短取决于行驶速度和反应时间，行驶速度越高或反应时间越长，反应距离就越长。反应时间又与驾驶员的灵敏程度、技术熟练状况有直接关系。通常的反应时间为 0.75~1 s。假如车速为 30 km/h，反应时间为 1 s，则反应距离则为 8.33 m。

安全行车常识里有一个保持车距的原则，即保持车距为车速的千分之一，如车速为 50 km/h，保持车距为 50 m；车速为 120 km/h，保持车距为 120 m。对照表 2-2-3 可知，这个车距是非常安全的，而且当车速<100 km/h 时，人们有足够的反应时间，只要在反应时间之内动作了，即便前车突然停住（追尾或撞上障碍物），后车也能刹住，因此可将其称为安全反应时间。

表 2-2-3 车速与安全反应时间、制动距离

车速/($km \cdot h^{-1}$)	安全反应时间/s	制动距离/m	车速/($km \cdot h^{-1}$)	安全反应时间/s	制动距离/m
20	3.2	7.6	70	2.3	43.5
30	3.0	12.7	80	2.1	53.7
40	2.8	19.0	90	2.0	64.9
50	2.7	26.2	100	1.8	77.0
60	2.5	34.4	120	1.4	104.2

2. 制动效能的恒定性

制动效能指标是在冷制动下，即制动器温度在 100℃以下讨论的。汽车在繁重的工作条件下制动（例如长时间下长坡、连续制动）或高速制动时，制动器温度常在 300℃以上，有时甚至达到 700℃。制动器温度上升后，摩擦力矩将显著下降，汽车的制动效能会显著下降，这种现象就称为制动器的热衰退。

抵抗热衰退的能力常用一系列连续制动后，制动效能与冷制动时效能相比的下降程度来表示。制动器的热衰退与制动器的摩擦副材料、制动器结构有关。

一般情况下制动时，石棉摩擦片与制动鼓的摩擦系数为 0.3~0.4，此时摩擦系数是稳定的。在连续强烈制动及高速制动的情况下，摩擦片温度过高，其中的有机物发生分解，产生一些气体和液体，它们在两接触面间形成有润滑作用的薄膜，使摩擦系数降低，从而出现热衰退现象。

制动器的结构型式对抗热衰退的能力有较大的影响。盘式制动器的制动效能没有鼓式的大，但其稳定性较好。在高强度制动时，摩擦系数虽因热衰退而有所下降，但对制动效能的影响不大。

汽车涉水后，由于制动器被水浸湿，制动效能也会降低，这种现象称为制动效能的水衰退。另外，为缓解汽车涉水后出现的水衰退现象，应踩几脚制动踏板，使制动蹄与制动鼓间因摩擦而产生热量，使制动器迅速干燥，以使制动效能恢复正常。

（四）制动时汽车的方向稳定性

汽车制动过程中有时会出现制动跑偏、侧滑等现象，使汽车失去控制而离开规定行驶方向。汽车在制动过程中维持直线行驶或按照预定弯道行驶的能力，称为制动时汽车的方向稳定性。

1. 制动跑偏

制动时，期望汽车按直线方向减速停车，但有时汽车却自动向左或向右偏驶，这种现象称为“制动跑偏”。汽车制动跑偏，则汽车后轮将沿前轮的轨迹运动，如图 2-2-5 所示。

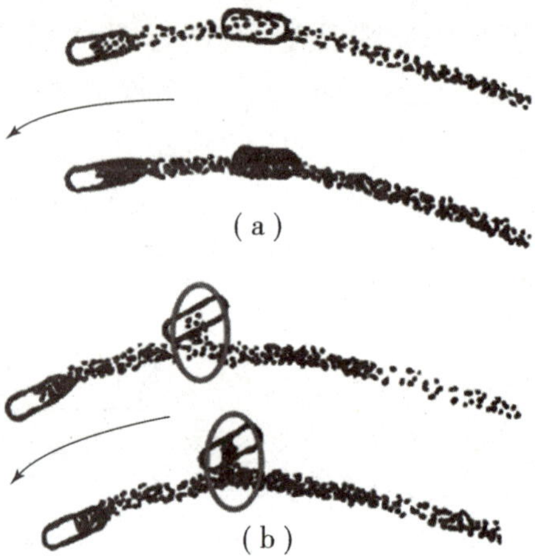

图 2-2-5　制动跑偏轨迹

（a）制动跑偏；（b）制动跑偏引起后轴微侧滑

造成汽车制动时跑偏的原因主要有两个：一是汽车左、右车轮，特别是前轴左、右车轮（转向轮）制动器制动力不相等；二是制动时，悬架导向杆系统与转向系统拉杆在运动学上的不协调（互相干涉）。其中一个原因是制造、调整误差造成的，汽车究竟向左还是向右跑偏，要根据具体的情况而定；而另一个原因是设计造成的，即制动时汽车总是向左（或向右）一方跑偏。

实践证明，前轴左、右制动轮制动力之差超过 5%，后轴左、右制动轮制动力之差超过 10%，将引起制动跑偏。

2. 制动侧滑

侧滑是指制动时汽车一轴的车轮或两轴的车轮发生横向滑动的现象。最危险的是高速制动时后轴发生侧滑，这时汽车常会发生不规则的急剧回转运动，使之部分或者全部失去操控。制动侧滑时前后轮轨迹不重合。

侧滑产生的原因：在制动过程中，地面制动力达到附着极限后，继续增加制动力，车轮将处于抱死拖滑状态，侧向附着系数为零，即该车轮抵抗侧向干扰的能力为零，这时，车轮受到任何一点侧向力都会沿侧向力的方向滑动。

紧急制动过程中常出现轴侧滑的现象。实践证明，后轴侧滑具有很大的危险性，可以使汽车掉头；前轴侧滑对汽车行驶方向的改变不大，但是已经不能用转向盘来控制汽车的行驶方向了。

3. 转向能力的丧失

转向能力的丧失是指汽车在弯道处制动时，汽车不再按照原来的弯道行驶，而是沿着弯道切线方向驶出，以及直线行驶时，转动方向盘，汽车仍按照直线行驶的现象。

当只有前轮抱死或者前轮先抱死时，侧向力系数为零，不能产生任何地面侧向反作用力，此时汽车将丧失转向能力。

因此，从保证汽车方向稳定性的角度出发，首先，不能出现只有后轴车轮抱死或后轴车轮比前轴车轮先抱死的情况，以防后轴侧滑；其次，尽量少出现只有前轴车轮抱死或前后车轮都抱死的情况，以维持汽车的转向能力。最理想的情况就是防止任何车轮抱死，且前、后轮都处于滚动状态。

高性能 ESP（Electronic Stability Program，电子稳定系统）可以减少 80% 由侧滑引起的交通事故，并将严重车祸的数量减少 50%。其通过对从各传感器传来的车辆行驶状态信息进行分析，然后向 ABS 发出纠偏指令，以此来帮助车辆在各种动态下保持最佳的稳定性。

学习研讨

背景描述	汽车安全对于车辆来说，分为主动安全和被动安全两大方面。主动安全就是尽量自如地操纵控制汽车。配备主动安全技术的汽车，当然就有着比较高的避免事故的能力，尤其是在突发情况下能保证汽车安全，能为消费者提供更多的前瞻安全保护。被动安全是指汽车在发生事故以后对车内乘员的保护，如今这一保护的概念已经延伸到车内外所有的人甚至物体
讨论主题	汽车配备的主动安全技术为客户提供了哪些安全保护
成果展示	小组采用 PPT 等方式展示成果

学习评价

内容组织	素养提升			评价结果
内容全面且组织有条理：详细解释主动安全含义并能结合车型说明主动安全技术（七项以上）为客户提供的安全保护	语言通顺简洁、思路清晰、重点突出	熟练运用 PPT、视频、动画等信息化技术手段	很好体现科技创新精神和践行安全生产观理念	优秀□
内容较全面且组织比较有条理：较详细解释主动安全含义并能结合车型说明主动安全技术为客户提供的安全保护	语言较通顺简洁、思路较清晰、重点突出	较熟练运用 PPT、视频、动画等信息化技术手段	较好体现科技创新精神和践行安全生产观理念	良好□
内容不全面且组织条理不清：简单解释主动安全含义并说明主动安全技术为客户提供的安全保护	不能够很好组织语言、思路不清晰	不能熟练运用视频、动画等信息化技术手段	没有很好体现科技创新精神和践行安全生产观理念	一般□

习题测试

1. 汽车等速上坡行驶时的阻力包括（　　）。

A. 滚动阻力　　B. 空气阻力

C. 坡道阻力　　D. 加速阻力

2. 汽车行驶时，滚动阻力系数的影响因素包括（　　）。

A. 路面种类及状态　　B. 轮胎结构和材质

C. 行驶速度　　D. 胎压

3. 汽车动力性评价指标包括（　　）。

A. 最高车速　　B. 加速时间　　C. 最大爬坡度

4. 汽车制动性的评价指标包括（　　）。

A. 制动性能　　B. 制动性能的恒定性

C. 制动性时汽车的方向稳定性

5. 由附着作用所决定的阻碍车轮打滑的路面反力的最大值称为（　　）。

A. 驱动力　　B. 附着力　　C. 制动力

6.（　　）的定义是汽车在某一挡位下能发出的最大功率和该挡位下需要的功率之差。

A. 后备功率　　B. 额定功率　　C. 负荷率

7. 汽车行驶必须满足的条件是（　　）。

A. 驱动条件　　B. 附着条件　　C. 驱动条件+附着条件

拓展阅读

随着电子技术的发展，汽车发动机技术已经发展到了一个非常成熟的阶段。最新V型发动机配上涡轮增压，在同样的油耗下，动力能显著增加。另外，发动机还可以在车载计算机的控制下，在最经济的状态中平稳运转。汽车底盘技术的应用（如ESP、TCS、ABS等）对汽车制动性和碰撞后的安全性都起到了很大的改善作用。

扫描下方二维码，了解更多汽车性能相关知识。

要“刹得住”更要“刹得稳”
制动舒适性评价

VGT技术革命，动力性经济性
双重进化

模块三

汽车设计与造型

事物总在不断发展，汽车亦如此。人们对汽车的诉求随着生产技术的提高而逐渐转变。为适应激烈的市场竞争，世界各大汽车公司纷纷把现代科技融入汽车制造。汽车技术之所以能发生翻天覆地的变化，得益于电子、信息、材料、工艺等多领域的突破性发展。在发展史中，汽车最明显的变化莫过于外观，从最原始的马车造型逐步进化到现在的流线型车身，这些变化并不仅仅是为了美观，还有更重要的意义。

本模块主要介绍汽车设计与造型，内容包括汽车的设计与制造以及汽车的造型与色彩。通过对本模块的学习，学生能够了解汽车设计理念与汽车制造工艺，能够熟知汽车造型演变和汽车色彩的内涵，能够积极弘扬绿色环保理念，能够培养正确的价值观和审美观。通过学习研讨和学习评价的训练，提升学生的组织能力、语言表达能力和信息化技术应用能力。

学习单元一 汽车设计与制造

情境导入

如果一款汽车销量不佳，那么主要原因除了其本身的性能存在缺陷外，还在于外观设计。同样，如果一款汽车的销售量较好，除了其本身的性能不错外，还在于外观设计。那么一款新车型的诞生，是如何经过设计、试验与制造过程，并完美地呈现在我们面前的呢？

学习目标

1. 能够描述汽车设计的步骤；
2. 能够掌握汽车车身安全的设计理念；
3. 能够描述汽车底盘设计的内容；
4. 能够了解汽车车身制造工艺；
5. 能自觉潜心钻研技术、传承工匠精神；
6. 具有精益求精的工作态度；
7. 提升材料组织和语言表达能力；
8. 提升信息化技术应用能力。

一、汽车设计

（一）汽车概念设计

汽车概念设计包括下面四个阶段。

1. 市场调研

汽车设计的第一步是市场调研，是决定新车型成败的关键，是指导后面设计工作的方向和原则，它直接决定你要设计一款什么样的车、所设计车型的定位是什么。一款汽车必须满足以下三个方面的要求，才拥有存在的价值。

（1）满足一部分人的物质和情感需求，这部分人就是车辆的目标客户。因此，应了解你的目标客户群的行为习惯、情感诉求和消费方式等。

（2）满足制造商的要求，要适合制造商的制造能力和技术水平，符合制造商的品牌文化等。

（3）满足市场环境的要求，如当地市场经济水平、法律要求、文化倾向、税务政策和保险政策等。

2. 市场定位

市场调研后必须明确要设计一款什么样的车型，也就是给要设计的新车型进行定位，确定它属于什么类型、什么级别及具有什么突出的特点等。

3. 概念草图

概念草图绘制阶段是个自由奔放、头脑风暴的阶段。汽车设计师们可以将各种大胆的设想和创作灵感，用铅笔或彩笔以线条草图的形式表现出来，而且表达的创意要清晰明了，如图 3-1-1所示。

图 3-1-1　概念草图（观致）

造型设计师根据市场调查和车型定位，将最初的灵感绘在纸上，经过不断修改，再把它展示给主设计师和其他设计人员讨论。以奥迪汽车设计为例，在每个设计项目开始阶段，有 5~10 名设计师分别绘制草图，每个设计师都设计构想大约 4 个模型，针对每款车型的设计草图有 30~50 张。在此阶段，设计师们最关注的并不是造型设计的细节，而是整体形象的视觉化效果。

绘制草图的阶段是个不可逆的初始阶段，在进入后面的实质设计工作后，不能再回头重新寻找设计灵感，更不能重新绘制草图。因此，绘制草图阶段也是汽车灵魂和风格确立的阶段，后面的设计都要以草图为基础进行细化和技术实现。

4. 造型效果图

造型效果图比草图更细致，不仅局部细节更逼真，而且立体感更强，如图 3-1-2 所示。为了让人们看清各部位的细节，造型效果图一般是彩色的。造型效果图包括外观、内饰及色彩三大部分，通常由不同的专业设计师分别进行设计和绘制。汽车的外观和内饰设计风格要求统一，甚至车灯和车身外观的造型风格也要保持一致。

图 3-1-2　造型效果图（观致）

（二）车身设计

对车身设计须注意以下十个要素。

1. 车身大小

在设计车身时，首先要考虑车身大小。汽车的级别定位往往会影响车身的大小。另外，汽车所承载人数的多少，也直接影响着车身大小，比如7座的MPV或SUV，往往要比5座的同级别车型的车身长一截。总体来讲，现在汽车越造越大，每换代一次，车身都要变得更长、更宽。

2. 造型平衡

造型平衡主要是指视觉平衡。车身造型风格不仅前后要统一协调，内外也要统一，这样看着才会自然和谐，也就是达到所谓的平衡。比如新款迷你，它的车身线条充满圆角，前照灯为圆形，内饰仪表等的设计更是“一圆到底”，如图3-1-3所示。

图3-1-3　迷你造型

3. 车身比例

车身比例主要受三大因素影响：一是驾乘室空间；二是行李舱空间；三是发动机位置安排。另外，最小离地间隙、前后保险杠设计和空气动力学特性，也会对车身比例产生较大影响。

黄金分割法在汽车造型设计上应用得十分广泛，通常是指轴距与车身长度之比——1∶1.618，如图3-1-4所示。但随着汽车造型设计风格的不断演变，现在的汽车外形往往比以前更加修长，1∶1.71这一比例在当下也被人们称为黄金比例，深受消费者的喜爱。这些符合美学原理的设计元素不仅使整个车身很协调，还增加了车身整体的辨识度。

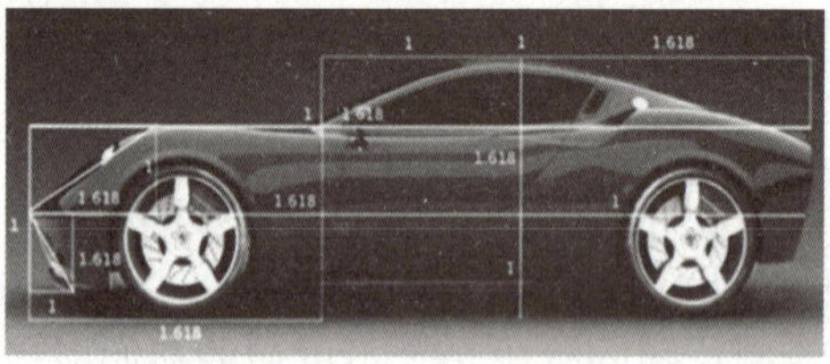

图3-1-4　黄金分割法在汽车上的应用

4. 车轮尺寸与轴距和轮距

根据车型定位及级别划分、车身总质量、驱动方式等，可以先将驱动轮位置和车轮规格确定下来，然后根据驱动方式、驾乘空间的安排以及前后质量分配等，再把非驱动轮（或四驱车的另一对驱动轮）的位置确定下来，即确定轴距长短，如图3-1-5所示。

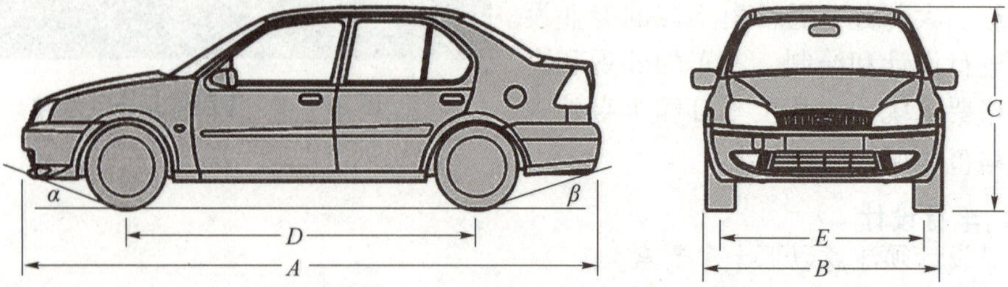

图3-1-5　轮距、轴距的确定

A—总长；*B*—总宽（不含后视镜）；*C*—总高（空载时）；*D*—轴距；*E*—轮距；α—接近角；β—离去角

轮距的大小主要受车身宽度限制。如果对车辆的运动性有较高要求，那么轮距相对要宽一些。一些后轮驱动的跑车还采用前轮距小、后轮距大的设计方式。

5. H 点的确定

在车身内部空间设计中，驾乘人员的位置确定最为重要。因此，设计师用 *H* 点来定位座椅在车中的位置。*H* 点是指人体躯干与大腿的连接点，相当于人体的髋关节，因此也将其称为胯点或臀点。在确定车内布局时，设计师常以此点为基点，然后再布局设计其他位置。当 *H* 点确定后，车内空间布局基本就确定了，如图 3-1-6 所示。

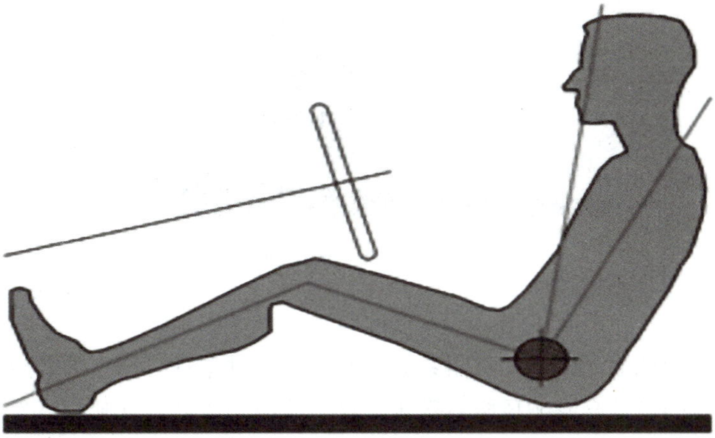

图 3-1-6　*H* 点的确定

6. 计算机效果图

计算机技术在汽车设计中的应用极为重要，借助计算机辅助设计技术，利用绘图软件可在计算机上绘制出非常逼真的三维数据模型。这种三维数据模型的数据可以直接输入五轴铣削加工中心，直接铣削出油泥模型。

7. 油泥模型

传统汽车油泥模型要全部由手工操作，制作一个车身油泥模型大概需要 3 个月。而现在基本采用五轴铣削中心来进行先期制作，制作一个车身油泥模型的工期只有 1 个月左右。一般先制作一个 1∶5 比例的小模型，将小模型放置于风洞中进行测试，测量其风阻系数等空气动力学数据。经过不断修改确认后，才能制作 1∶1 比例的油泥模型，如图 3-1-7所示。

图 3-1-7　制作油泥模型

8. 胶带图

用胶带按 1∶1 的比例将新车的轮廓影像在墙壁或展板上展现出来，或用大型屏幕将新车造型展现在设计人员面前。这样做的目的是让设计人员更形象地体会全尺寸的车身外观造型线条，检查每个线条是否足够合理和优美，直到满意后再将其还原到油泥模型塑造上，如图 3-1-8 所示。

图 3-1-8　胶带图

9. 风洞测试

在风洞中主要测试油泥模型的风阻系数以及空气流过车身时产生的效应，观察哪里会产生紊流、哪个部位的设计会影响风阻系数等。这个阶段是造型设计师与空气动力学专家合作的阶段，他们共同探讨所遇到的车身造型设计问题，共同改进车身造型，使之既符合造型设计师的审美要求，又能达到空气动力学的高要求。

10. 数模构建与工艺设计

油泥模型完成后，便要用三维测量仪器对油泥模型进行测量，测量后生成的数据称为点云（Point Cloud），每一个点均包含三维坐标，工程师根据点云使用曲线软件就可以在计算机上构建汽车外形曲面。

汽车外形数据确立后，即可根据安全性设计的需要，如车前部及后部的吸能结构、车侧面的防撞结构、车顶纵梁和横梁的设计等，使用三维数模软件构建车身部件数模，并进行材料选择、工艺性分析、焊接设计和装配设计等。

（三）车身安全设计

车身的安全设计主要包括以下三项。

1. 车身鸟笼设计

汽车在发生碰撞时，要想最大限度地保护驾乘人员的生命安全，最有效的办法就是避免驾乘室变形。因此，现在的轿车车身都采用类似鸟笼一样的高强度钢材保护，这样不仅不易变形，还可以按设计要求分散并减小传递到驾乘室内的撞击力。

2. 车身吸能设计

为了保护驾乘室在碰撞中不变形，在驾乘室之外的车身结构都可以通过牺牲自己而保护驾乘室，也就是利用自己的溃缩来吸收一部分碰撞能量，从而减少传递到驾乘室中的冲击力。因此，车身前部和后部可采用强度不是很高的钢材，并通过优化结构使其能够及时吸收碰撞能量。

3. 轻量化车身设计

汽车质量不能太大，否则会影响汽车的燃油经济性、操控性、动力性和安全性。

实现车身轻量化设计的主要途径包括：

（1）对强度要求不高的车身部位，可采用质量较轻的薄钢板。

（2）对强度要求较高的车身部位，可采用质量较轻的高强度钢板。

（3）车身上一些不影响安全性的部位，如发动机舱盖、翼子板等，可采用质量较轻的铝材甚至是复合材料。

（4）优化车身钢板内部构造，如仿鸟骨设计，在不降低强度的前提下减轻质量。

（四）动力系统设计

如果把不同的发动机与变速器组合起来，动力系统至少有 4~6 种组合。动力系统设计师们要做的主要工作就是怎样让同一种车身形式适应不同动力系统组合的搭配，让不同动力组合在同一种车型上都能得到最佳性能的发挥。

选择什么样的发动机，要根据车型定位要求。比如，对牵引力和承载能力要求较高的车型，要选择低转速、大转矩的汽油发动机或柴油发动机；对最高车速和加速能力要求较高的车型，要选择高转速、大功率和大转矩的汽油发动机；对豪华舒适性要求较高的车型，要选择发动机噪声低、加速平顺性好的发动机；而对油耗要求较高的家用经济型汽车，要选择排量较小的发动机。

（五）底盘设计

1. 车轮和轮胎的选择

车轮和轮胎的选择必须尽早确定，因为它的外圈直径和宽度直接会影响到车身比例和内部空间。车轮和轮胎的选择一定要考虑车型定位和性能要求两大因素。比如，轻型货车和大型 SUV，最好选择高扁平比的轮胎（轮胎侧壁较高），以保证车辆的承载量；而运动型车辆如跑车等，最好选择宽而扁的轮胎，以增加路感和操控性能。

2. 悬架形式的选择

悬架系统设计中主要有两大诉求：一是保证驾乘人员的乘坐舒适性；二是保证汽车拥有较佳的操控稳定性。但这两方面往往是矛盾的，因此，无论使用哪种悬架，都是根据车型定位选出的妥协方案。

悬架系统设计主要考虑五大因素：承载量、操控性、舒适性、制造成本和空间限制。

不同的车型要选用不同形式的悬架。比如，以载重为主的货车等，往往要采用非独立悬架，左、右车轮以刚性轴连接，以保证底盘的刚性能够承担重物；而强调运动性的跑车等，则要选用左、右车轮能独立运动的多连杆式独立悬架，车辆在快速过弯时能让每个轮胎都紧贴路面，使轮胎与地面的接触面积尽可能大，以保证车辆的动力性和操控性。

3. 转向系统的选择

转向系统是汽车上最重要的安全系统之一，它的性能不仅会影响汽车的操控性，更会影响汽车行驶的稳定性。如果转向系统失灵，那将造成比制动失灵更严重的灾难。转向系统要根据车型定位来进行选择和设计，比如，越野车可能要在坎坷路面上行驶，前轮颠簸非常厉害，为了防止转向盘的振动伤及驾驶员，往往都会选择使用路感比较柔和、模糊的循环球式转向机构；而普通轿车和运动型汽车，则要选择转向力传递直接、路感反馈比较清晰的齿轮齿条式转向机构。

4. 制动系统的选择

制动系统的设计主要受车型性能要求和制造成本的限制。相对而言，盘式制动比鼓式制动性能更好，而且制动盘的直径越大，其制动性能越好。由于通风式或划道式制动盘散热快，性能更好，因此，速度较快的跑车，或质量较大的豪华轿车等，大多采用大直径的通风制动盘作为制动器。但是，制动性能越好的制动系统，其制造成本也越高，因此，一些经济型小轿车的后轮制动系统往往采用鼓式制动器，毕竟这类小型车的速度不是非常快，自身质量也不大，采用鼓式制动器即可满足性能要求，而且制造成本较低。

随着电子技术的进步，现在制动系统上附加了越来越多的辅助功能，如防抱死制动系统、紧急制动辅助系统、加速防滑系统、车身稳定系统等。这些电子辅助系统可以帮助驾驶人更准确地控制车辆的行驶姿态，提高车辆的安全性能，但也会增加制造成本。因此，在设计制动系统时，要根据车型定位来决定是否采用这些主动安全辅助系统。

（六）内饰、人机工程学和电气设计

1. 内饰布局

内饰设计（图3-1-9）的风格和色彩要与外观造型风格统一，要符合车型定位要求和特点。比如，运动型汽车的内饰往往采用纯黑色或深红色，突出质感，内饰造型也要有个性或力量感；而商务座驾的内饰则要庄重、大气、简约；家庭用车的内饰设计要实用，其色彩往往采用温馨的暖色调。内饰设计可分为七大部分，即内饰板、控制功能键和仪表盘、仪表板和中控台、音响和导航、座椅和安全带、加热通风和空调、地面铺设。

（a）　　（b）

图3-1-9　内饰设计

2. 人机工程学设计

人机工程学设计是指使机械装置更好地适应人体各种要求的设计。比如，怎样才能使各种操作杆或操作钮控制、调节得更方便，并且不易出现误操作；再如怎样让各种仪表或标示符号看起来更清楚；怎样让驾驶员轻松驾驶、让乘员舒舒服服地乘坐等。

3. 用电设备与电气线路

汽车上的主要用电设备包括发动机点火系统、各种灯光、空调、影音、仪表和信号显示、风窗刮水器、风窗洗涤器、风窗除霜系统、电动车窗、电动后视镜、电动座椅、防盗装置、中控门锁、电动转向助力和电子主动安全系统等。

汽车上的电气线路主要分两种：一是供电线路，也就是从电源到用电设备的线路，负责为用电设备提供电力；二是电信号传递线路，包括传感器到控制模块之间的信号采集传输线路、控制模块和用电设备之间的控制指令传输线路。

（七）总布置设计

汽车总布置设计通过对整车设计的总体规划来确立车身、底盘、动力总成等系统之间的位置和连接关系，以保证最终设计的汽车能够满足最初的设计任务要求，如图 3-1-10 所示。

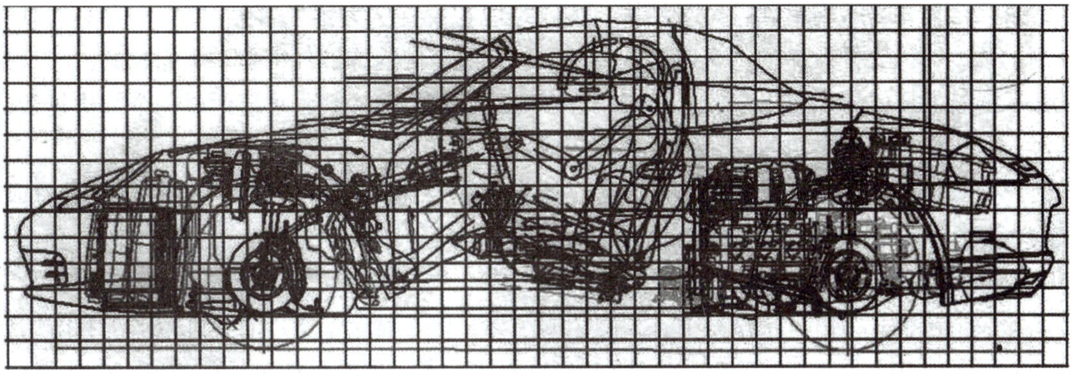

图 3-1-10　汽车总布置设计

总布置设计师要对汽车的主要性能、整车轴荷分配和重心高度等数据进行初步计算和调整。其具体计算内容如下。

（1）轴荷分配和重心位置的计算。其中包括水平静止和行驶状态时的轴荷分配。

（2）稳定性计算。其中包括保证汽车转向不侧向翻倒的计算等。

（3）机动性计算。其主要包括最小转弯半径、爬坡度的计算等。

（4）动力性计算。其中包括最高车速、最大加速度的计算等。

（5）比功率和比转矩计算。它们分别是指汽车的最大功率、最大转矩与汽车总质量之比。

（6）制动性计算。包括制动距离和制动时间的计算。

（7）百公里油耗及经济车速的计算。

总布置尺寸在这里不仅指车辆及各部件的外形尺寸，还包括各个部件之间的位置数据等，主要内容如下。

（1）外形尺寸，如车身长度、宽度、高度、轴距、轮距、离地间隙、接近角、离去角等。

（2）驾乘室内部空间数据、行李舱容积。

（3）各部件的安装位置及其准确的外形数据。

（4）各部件之间的连接和安装方式。

二、汽车制造

（一）车身制造

车身制造的工艺流程如下。

1. 冲压工艺

大多数汽车采用承载式车身，因此车身部件主要由冲压件组成，包括全车身的覆盖件和主要骨架结构，都是由冲压件及由冲压件经多层焊装而成的。在冲压之前还要把钢板由卷材剪切成板材，然后才能送到冲压车间冲压成所需形状的车身钣金件。车身上的许多部件都不是经过一次冲压就能完全成形的，而是要冲压2~5次，一些结构复杂的部件甚至需要冲压更多次才能完全成形。

2. 焊装工艺

焊装工艺是指通过加热或加压或两者兼用，使焊件达到原子间结合并形成永久接头的工艺。现代汽车一般采用承载式车身结构，也就是说它没有“大梁”，因此要求车身必须具有较高的强度，以支撑发动机、变速器、传动机构及座椅等内饰部件。但一个完整的白车身是无法只通过冲压工序加工出来的，只有将许多冲压件焊接在一起，才能组成一个结构复杂的白车身。比如车门就是由两三层冲压件焊接成一体的。

车身焊接的顺序是由最散的零件开始，先焊接成合件，再将若干个合件焊接成分总成，最后将零件、合件和分总成共同焊接成车身总成。

3. 涂装工艺

涂装工艺就是为白车身喷涂上各种颜色的车漆，但在喷涂车漆之前要进行清洗和防锈处理。以保时捷911为例，它的涂装工序有12道程序之多，主要包括车身预处理、电泳防锈、PVC密封、底漆、中涂、面漆等工艺。

（二）总成制造

汽车在从总装配线上下来之前，各种零部件是以总成的形式走上总装配线的。除了车身或发动机总成外，其他总成通常由专业的汽车部件制造商制造（如变速器、车桥、座椅、天窗、音响等），整车制造商只是采购这些总成或部件，然后运送到总装配厂进行最后的总装配。

现代的汽车主要由五大部分组成，即车身、动力系统、内饰和仪表、悬架和底盘，以及车轮和轮胎。汽车在进行总装配前必须先将这五大部分分别制造或采购，然后再在总装配线上把它们组装起来。

（三）总装配

总装配是汽车制造中的最后一道工序，它的作用是把车身、动力系统、底盘、内饰等各大总成组装成整车，待质量检测合格后，便可交付客户。

一条总装配线上可以组装多款车型，甚至不同品牌的车型。因此，对总装配线的管理非常严格，对操作工人的技术要求也更高。

总装配的步骤如下。

（1）底盘组装：把车桥、转向、传动、制动等系统组装成底盘。

（2）动力系统：把发动机与变速器组装成动力总成。

（3）车身组装：以车身为开端，将喷涂好的车身送入组装线，在车身内布置各种线路。为了后面的装配方便，通常先把车门卸下来，然后在车身内部装配仪表总成、安全气囊、安全带、转向机构及一些车内附件。

（4）将车身与底盘组装在一起：车身和底盘分别来自两条线，到此汇成一条线，继续前行。此前底盘上已预先安装了发动机、变速器、传动机构、前桥、后桥和制动器等。

（5）连接底盘与车身：车身与底盘之间有许多连接线和管，主要是操作系统与发动机、变速器之间的连接管线。

（6）附件装配：车身在进入总装配线后，要先将车门卸下来，以便内饰装配；之后再把卸下来的车门装上，同时还要安装车门内饰板、车顶内饰板、车窗玻璃、风窗玻璃等，也有在此时安装座椅的。

（7）车轮安装：安装好四个车轮后，汽车就可以着地行进了，但此时仍无动力。

（8）目视检查：检查外观、加注燃油等。完成后行进到新车检验区域。

（9）常规检验：灯光检查和调试灯光，以及检查仪表、动力、制动、噪声、四轮定位、密封、排放等。

（10）道路测试：短距离道路试驾，测试汽车的加速、制动、转向、爬坡等性能。

（11）整车抽检：进行全面检查，包括可靠性、耐久性、工艺装配质量和油耗等。

学习研讨

背景描述	一辆汽车由很多种零部件组成，每一个汽车主机厂都有大量的相关配件厂。汽车工业集中了许多科学领域里的新材料、新设备、新工艺和新技术。对于一辆整车来说，工艺工作与产品设计是密切相关、相辅相成的。工艺离开设计，势必会造成浪费；设计离开工艺，产品就会没有意义。面对众多的竞争对手，各大汽车厂商应通过投放新产品和高精尖技术汇聚的生产工艺，确保车型产品的质量和品牌在消费者心中的地位
讨论主题	盘点国产自主品牌汽车的高精尖生产工艺
成果展示	小组采用 PPT 等方式展示成果

学习评价

内容组织	素养提升			评价结果
内容全面且组织有条理：详细说明汽车先进的制造工艺，并能举例说明新工艺新技术的优点	语言通顺简洁、思路清晰、重点突出	熟练运用 PPT、视频、动画等信息化技术手段	很好体现潜心钻研技术和精益求精的工作态度	优秀□
内容较全面且组织比较有条理：较详细说明汽车先进的制造工艺和新工艺新技术的优点	语言较通顺简洁、思路较清晰、重点突出	较熟练运用 PPT、视频、动画等信息化技术手段	较好体现潜心钻研技术和精益求精的工作态度	良好□
内容不全面且组织条理不清：简单说明汽车先进的制造工艺和新工艺新技术带来的优点	不能够很好组织语言、思路不清晰	不能熟练运用视频、动画等信息化技术手段	没有很好体现潜心钻研技术和精益求精的工作态度	一般□

习题测试

1. 汽车设计的第一步是（　　）。

A. 市场定位　　B. 市场调研　　C. 勾画概念草图

2. 车身比例主要受三大因素影响：一是驾乘室空间，二是行李舱空间，三是（　　）。

A. 底盘结构　　B. 发动机位置安排

3. 造型效果图包括（　　），一般由不同的专业设计师分别进行设计和绘制。

A. 外观　　B. 内饰　　C. 色彩

4. 悬架系统设计中的主要诉求包括（　　）。

A. 保证驾乘人员的乘坐舒适性　　B. 保证汽车拥有较佳的操控稳定性

5. 车身制造可分为（　　）和涂装几大工艺流程，这也是汽车制造厂必备的工艺流程。

A. 冲压　　B. 焊装　　C. 总装

拓展阅读

汽车设计师通常以直观的、美术绘画的造型方式来表达整车的概念构思。

汽车设计师必须具备紧跟市场和时代的眼光，既要拥有艺术家的气质和工程师的理性思维，可以使用宣传家的口吻介绍产品，还要懂得产品消费心理学、图形符号语义、审美文化与时尚、美术绘画表达、工业制造常识等。专职汽车设计师必须掌握汽车设计绘画表达和汽车工业曲面理论，以及汽车工程基础知识。

扫描下方二维码，了解更多汽车设计相关知识。

中国汽车设计师——赖平

奔驰首席设计师——戈登·瓦格纳

学习单元二　汽车造型与色彩

情境导入

在汽车诞生的一百多年内，无论是从车身造型还是从动力源或底盘、电气设备方面来看，都有了很大变化，其中最富有特色、最具直观感的当数车身外观的演变。汽车的色彩也从单一的灰色、绿色，发展到拥有丰富的色彩。从汽车造型与色彩的发展历史中不难发现人们在审美方面发生的巨大变化。

学习目标

1. 能够讲解汽车造型的历史演变过程；
2. 能够熟知汽车色彩的内涵；
3. 能够熟知汽车色彩的设计与运用；
4. 会分析各个时期汽车造型的特点；
5. 积极弘扬绿色环保理念；
6. 培养正确的价值观和审美观；
7. 提升材料组织和语言表达能力；
8. 提升信息化技术应用能力。

相关知识

一、汽车造型

（一）车头高度与发动机技术

图 3-2-1　汽车车头高度变化

20 世纪初期，由于发动机技术水平较低，发动机的“比功率”较低，因此必须采用较多缸数的发动机才能驱动庞大的汽车，那时还没有 V 型发动机，一般采用直列 6 缸或 8 缸设计，又高又长的发动机占据了很大的空间，由于车头部位较高，流线型和风阻系数也就无从谈起了，如图 3-2-1 所示。随着技术的进步，V 型发动机出现了。现在，轿车上的发动机一般与变速器整合在一起，所占体积也越来越小。因此，造型设计师便可以将车头设计得非常扁平，风阻系数也因此而越来越小。

（二）品牌脸谱与进气格栅

在设计汽车造型时，进气格栅最能代表前脸造型，已经成为某些汽车厂家的家族脸谱，如宝马的“双肾形”、劳斯莱斯的“宫殿立柱”、阿尔法·罗密欧的“盾牌”、奥迪的“大嘴”等，已成为这些汽车家族的象征标志，而且许多世界名车的脸谱一旦固定下来，就相当于拥有了肖像权，如图 3-2-2 所示。

图 3-2-2　世界名车的脸谱

（三）汽车造型演变

当汽车的构造基本定型后，造型设计师们开始着手从汽车外部造型方面改进汽车功能，并相继引入了空气动力学、流体力学、人体工程学和工业美学等概念，力求使汽车从外形上满足各年龄段、各阶层、各文化背景的人的不同需求，使汽车真正成为科学与艺术相结合的产物。

汽车车身形式在发展过程中主要经历了马车型汽车、箱型汽车、甲壳虫型汽车、船型汽车、鱼型汽车和楔型汽车等。

1. 马车型汽车

19 世纪末 20 世纪初，奔驰、戴姆勒、福特等汽车公司制造的汽车外部造型都沿用马车造型，汽车零部件则沿用马车的车身、车轮、钢板弹簧、制动器等，将发动机安装在座位下，就像装上了动力系统的马车。由于其造型酷似马车，故又被称为“无马的马车”。

2. 箱型汽车

由于马车型汽车很难抵挡风雨的侵袭，因此福特汽车公司在 1909 年生产出一种新型的 T 型车，把汽车的发动机从座位下面移到汽车头部位置，为尺寸和功率较大的发动机提供了宽阔的空间，使汽车的形状变成车头和乘员舱两个方正的部分，车室部分很像一个大箱子，并有门和窗，所以人们称这类汽车为“箱型汽车”。早期的箱型汽车以福特 T 型车（图 3-2-3）为代表，其结构紧凑、坚固耐用、容易驾驶。

图 3-2-3　福特 T 型汽车

3. 甲壳虫型汽车

随着生活节奏的加快，人们对车速的要求越来越高。要想使汽车跑得快，有两种方法：一是增大功率，二是降低空气阻力。箱型汽车的风阻系数大，作为高速车是很不理想的，于是人们开始研究流线型汽车。

1934 年，克莱斯勒汽车公司生产的“气流”牌轿车（图 3-2-4）首先采用了流线型的外形，但是“气流”的外形设计超越了时代的欣赏能力，人们对这种带有革命性的变革还难以接受，因此“气流”牌轿车的销路一直没有打开。但它的出现使人类在汽车空气动力学领域迈出了关键一步，为后来各种流线型汽车的设计奠定了基础。

图 3-2-4　“气流”牌轿车

甲壳虫型汽车的成功得益于其大大降低了风阻系数，突破了当时汽车发展的“瓶颈”。但这同时也暴露了它的缺点：一是乘员活动空间明显变得狭小，特别是后排乘员几乎没有多余的活动空间，给人带来了一种压迫感；二是存在横风不稳定性，汽车在受侧向风作用时容易跑偏。

4. 船型汽车

为了便于操纵，具有舒适、宽敞的乘坐空间，解决横风不稳定问题，福特汽车公司经过几年的努力，于 1949 年推出了一款具有历史意义的新型汽车，即福特 V8（图 3-2-5）。设计师将汽车的前翼子板和发动机罩、后翼子板和行李舱罩融于一体，大灯和散热器罩也形成一个光滑的面，车室位于车的中部，由于其造型很像一艘小船，因此又被称为“船型汽车”。

图 3-2-5　福特 V8 船型汽车

不论从外形还是从性能上来看，船型汽车都优于甲壳虫型汽车，而且还解决了甲壳虫型汽车遇横风不稳定的问题。从 20 世纪 50 年代开始，不论是大型车还是中小型车，都采用了船型车身。

5. 鱼型汽车

船型汽车由于尾部过分向后伸出，形成阶梯背，高速行驶时会产生较强的空气涡流。为了克服这一缺点，人们把船型汽车的后窗玻璃逐渐倾斜至极限，即成斜背式。由于斜背式汽车的背部像鱼的脊背，所以又被称为鱼型汽车，如图 3-2-6 所示。

图 3-2-6　1969 年生产的捷豹鱼型汽车

鱼型汽车和甲壳虫型汽车光从背部来看很相近，但仔细观察可以看出，鱼型汽车的背部和地面的角度比较小，尾部较长，围绕车身的气流也比较平顺，涡流阻力也较小。另外，鱼型汽车不仅基本上保留了船型汽车的优点——车室宽大、视野开阔、舒适性佳，还增加了行李舱的容积。

由于鱼型车后窗玻璃倾斜太甚，面积增加了两倍，故强度下降，产生了结构上的缺陷。鱼型汽车还有一个潜在的重大缺点，就是对横风的不稳定性，在高速时会产生升力，使车轮附着力减小，从而抵挡不住横风的吹袭，发生偏离的危险。针对鱼型汽车的这一缺点，人们在鱼型汽车的尾部安上一条翘翘的“鸭尾”来克服一部分升力，这便是鱼型鸭尾式汽车，如图 3-2-7 所示。

图 3-2-7　鱼型鸭尾式汽车

6. 楔型汽车

鱼型鸭尾虽然部分克服了汽车在高速行驶时空气的升力，但是没有从根本上解决鱼型汽车的升力问题，设计师最终找到了一种新车型——楔型。楔型汽车的车身前部呈尖形且向下，车身后部像被刀切过一样平直，车身尾部的平直形状可降低车顶向后部作用的负压，从而防止后轮浮起，如图 3-2-8 所示。

图 3-2-8　兰博基尼和迈凯伦 F1 楔型跑车

楔型造型在赛车上得到了广泛应用。如20世纪80年代的意大利法拉利跑车，就是典型的楔型造型。楔型造型对于所考虑到的高速汽车来说，无论是从其造型的简练、动感方面，还是从其对空气动力学的体现方面，都比较符合现代人们的主观要求，具有极强的现代气息，给人以美好的享受和速度的快捷感。

对于一般轿车而言，楔型造型也只能是一种准楔型，绝对的楔型会影响车身空间的实用性。所以，除了像法拉利、莲花、兰博基尼等跑车采用楔型外，绝大多数轿车都采用船型和楔型相结合的设计方案。

7. 子弹头型汽车

汽车外形发展到楔型以后，基本上已经很完美了，但人类追求完美的心是永不满足的，于是一种新型的多用途汽车（MPV）问世了。

MPV既有轿车的造型风格、操纵性能和乘坐感觉等特性，又有小客车的多乘客和大空间的优点，成为集商务、家用和旅游休闲等功能为一体的多用途车。MPV一问世，马上引起了消费者的极大兴趣，销售形势非常乐观。后来，为了商业竞争的需要，通用、福特、丰田、雷诺、戴姆勒、奔驰等汽车公司先后推出了自己的MPV，使这种类型的汽车形成了一股强大的势力，占据了一定的市场份额。由于这种汽车的造型酷似子弹头，故人们称它们为子弹头型汽车，如图3-2-9所示。

图3-2-9　雪佛兰的子弹头型汽车

二、汽车色彩

汽车色彩包括车身外表油漆的色彩和内饰各种材料的色彩。车身内部乘坐环境及汽车外表与环境色彩协调时，能给乘客及行人以美的感受。汽车的色彩对城市和道路的美化及对人们的精神感染已成为不容忽视的问题。此外，研究驾驶员的色觉对于为他们提供舒适安全的操作环境也是十分重要的。

（一）汽车色彩与联想

汽车色彩作为汽车造型设计的一部分，直接由设计师主导，受到汽车造型因素的影响。不同的造型搭配不同的色彩，这是设计师从美学的角度出发，合适的色彩能更好地烘托设计，表现出汽车的特质。在成品车中，色彩是消费者购车的重要依据，甚至会影响到车价的差异，同一个品牌、同一个型号的汽车可能会因车身色彩不同而存在价格差异，因此汽车制造厂商十分重视市场对色彩的反应。

圆润丰满的汽车：小巧圆润的造型，多使用纯度高的色彩，如红色、黄色等，可以给人带来整体感。

弧面有锋利折线的汽车：它们的造型给人力量、张扬、攻击性、速度快的感觉。这类汽车的弧面需要用比较浅的色彩来体现光影变化，从而表现弧面的凸凹转折。锋利的折线也需要浅色或者银色的、金属感强烈的色彩来体现凸凹的光影变化。银色也给人张扬、炫耀的感觉，正好符合这类汽车给人的视觉特征。

造型相对规整的中大型轿车：这类车设计保守、内敛、简练。黑色、深灰色、褐色等是搭配这类车的常见选择，而且深色能够修饰这类车过于庞大的身躯，可使其在视觉上显得小一些。

汽车的原色可分为基本色和流行色。基本色是市场需求基本不变的重要色彩，它们仅受到新材料和新技术应用的影响而稳步发展。流行色属于流行色彩，根据时势而变，不同时期的汽车流行使用不同的色彩。大量的研究资料表明，汽车的流行色彩呈现着周期性的变化，在轿车领域，流行色的变化特别明显。汽车流行色具有时间性，这是世上凡是可以流行的东西的共性。但是，汽车流行色的变化是缓慢的，它在一段时期只是呈现一种增长或者衰减的趋势，不像服装流行色那样一年一种色调。与时装相比，轿车在产品开发周期初期（概念车设计阶段）选用流行色的时间要晚 2~4 年，因为轿车的开发周期是 3~5 年。

汽车常用色彩及其带给人们的感受如下。

银色：当汽车被许多高科技设备包裹起来时，人们开始崇尚信息科技革命的成果，炫耀高科技产品，银色和金属灰色的汽车正好能够反映人们的心理诉求，是最具动感的色彩，视觉上最不容易感到疲劳。银色具有高雅、朴素、沉稳、低调，给人以稳重、安定的感觉。

汽车色彩含义

白色：白色运用在设计中更容易体现出圆润、饱满、流线的效果。对于现在流行的车身有棱有角的凸凹设计，白色由于其阴影明显，故很容易体现出车身的起伏转折和形体结构。白色是全色光，是光明的象征，给人以明快、活泼、大方、清洁的感觉，容易与外界环境相吻合，且白色车身较耐脏。另外，白色是膨胀色，容易使小车显大。

黑色：黑色是一种矛盾的色彩，既代表保守与自尊，又代表新潮与性感，给人以庄重、尊贵、严肃的感觉。黑色也是中间色，容易与外界环境相吻合。黑色一直是公务车最常用的色彩，可以使汽车显得气派十足。

红色：红色能很好地突显汽车的速度和动力，令使用者精力充沛、热情勇敢。红色汽车能够吸引大众眼球，容易引起注意，但是红色又最容易使人的视觉产生疲劳。红色是别致又理想的颜色，非常适合跑车或运动型车。

黄色：黄色是扩大色，给人以光明、辉煌、灿烂、忠诚和充满希望的感觉，在环境视野中很显眼，跑车和小型车用黄色非常合适。香槟色是由黄色派生出来的金属漆色彩。

图 3-2-10 所示为一汽大众迈腾轿车颜色的命名。

（二）汽车色彩的设计

现在，汽车已经从身份的象征慢慢变成大众化的商品了。消费者在选购汽车时，不仅仅满足于性能、品牌、价格、外观设计和油耗，也会考虑色彩。在接触到一款新车型时，“以貌取车”的情况是普遍存在的。通常，人们第一眼看到的是汽车的外观色彩，然后才会去关注它的造型、性能与配置。所以汽车的外观色彩就相当于人的面貌，是汽车展现给人们的第一印象，因此，汽车外观设计中色彩的运用也就显得尤为重要。

幻影黑		冰川蓝		玄武灰	
优雅白		摩卡棕		开罗金	

图 3-2-10　一汽大众迈腾轿车颜色的命名

很多汽车公司不敢小看色彩的含金量。不同的汽车公司每年都会推出不同的车身色彩谱系，这种对车身色彩的设计又都有各自不同的方式。例如，奥迪公司先选好准备推出的汽车款式，再请英国环球色彩公司为其提供 10~20 种色彩，最后由奥迪公司在其中选择并确定设计汽车的色彩。再如，曾为丰田汽车公司提供过色彩咨询服务的色彩顾问于西蔓女士告诉记者，丰田汽车公司 1 000 多人的设计科研中心，有一半以上的设计人员拿到了日本文部省颁发的色彩搭配师证书，但丰田汽车公司却仍然把汽车的色彩设计工作交给立邦色彩研究中心，然后再由丰田汽车公司取得色彩搭配师证书的人员对色彩提出建议。由此可见，充分发挥色彩在汽车外观设计中的作用，不但能给人以美的感受，还能提高产品的品质。汽车色彩的设计主要遵循以下几个原则。

1. 汽车的色彩配合必须有一个主调

汽车的内外色彩要统一协调，忌杂乱，要分出主次。一个配色方案只有主调明确，其余色彩围绕其进行变化，从而获得“多样统一”的效果，才能给人留下鲜明的印象。

2. 在主调之下要有协调的变化和对比

由于汽车各部分功能作用并非是均等的，设备与环境也有主要和次要之分。例如，汽车内饰中一般最引人注意的部分是仪表板和座椅，在这些主要部分使用的色彩也应比较醒目，而其他部分的色彩既要与这些主要部分的色彩协调，又应有一定的变化；不可使用千篇一律的平淡色调，更不可形成喧宾夺主的效果。

3. 选择汽车色彩的主调必须注意使用的场合和使用的级别

由于消费者的年龄、职业、性别、生活环境不同，所以大家对色彩也有不同的要求和感受。在市场细分的今天，成功的汽车外观色彩设计能帮助汽车公司划分销售人群，如黑色是权力、威严，具有严肃、刚韧、庄严、神圣的象征，是尊贵的颜色，其主要消费群体是中年人，并且以男性为主，其中私企老板、国家机关干部和自由职业者是黑色汽车忠诚的追随者。

4. 汽车色彩的主调应适应使用地区的气候条件

在热带、亚热带地区，汽车应尽量选用高明度的色彩为主调，这不仅从感觉上给人以凉爽的效果，从色彩对辐射热的吸收能力上来看，浅色反射力强，而深色吸热能力强；反之，在寒冷地区，汽车色彩多为较暗的色彩主调，特别是内饰，更应以暖色主调为宜。

5. 汽车色彩的主调应考虑环境影响

设计汽车色彩的主调需考虑环境影响。一方面，很多汽车行驶在城市街道环境中，对整个城市环境色彩起到极大的装饰、点缀作用，不应有使汽车色彩与环境的主要色彩发生碰撞的现象；另一方面，汽车色彩要适用于道路环境的状态。例如，在道路条件差，空气污染比较严重的城市环境，汽车色彩不宜过分鲜艳，否则极容易由于受到污染而变得十分难看。如果采用较暗的复合色，则比较耐污染，故设计汽车色彩时将其置于环境色中考虑更为合理。

在汽车的使用过程中，某些色彩逐渐具有特殊意义。例如，消防车采用红色，医疗救护车采用白色，中国的邮政车采用绿色，军用车一般为深绿色，工程机械用车多采用黄黑相间的色彩等。有些汽车还在底色上搭配功能标志和图案，如救护车上的红十字标志和冷藏车上的雪花标志、企鹅图案等。

（三）汽车色彩与安全

汽车的行驶安全与制动性、操作稳定性等因素直接相关，但也与色彩存在一定的关系。

在视觉上，色彩具有收缩性和膨胀性。此外，汽车色彩的深浅在不同光强条件下的反射效果也有很大差异。清华大学汽车系和大陆汽车俱乐部（CAA）曾经对黑、蓝、绿、银灰、白五种不同色彩轿车的视认性和安全性做过试验研究，研究结果表明，深色的黑色车在清晨和傍晚时段光线不好的情况下最难被肉眼识别，而浅色的白色和银灰色则容易辨识，所以黑色车的色彩安全性较白色和银灰色车辆差，而绿色和蓝色车的颜色安全性居中。

根据大陆汽车俱乐部针对5 158起交通事故的统计数据可知：黑色汽车的事故率最高，白色汽车的事故率最低，其他色彩汽车的事故率由高到低依次是绿色、棕色、红色、蓝色和银灰色。

由此可知，从安全的角度考虑，汽车色彩最好选择浅色或膨胀色。白色是安全色较佳的选择；银灰色汽车看上去高雅，而且遭遇车祸的概率也比其他色彩的汽车低得多。

学习研讨

背景描述	当下的汽车市场百花齐放，市场需求的多元化催生出符合不同用户需求的车型，而汽车的色彩同样呈现出多元化的趋势。色彩正影响着人们对汽车的认知和选择，尽管白色、黑色等单色在全球范围内仍占据主导地位，但随着时间的推移、色彩选项的增加和消费者对于个性化的追求，色彩设计将向着多样化的方向发展
讨论主题	工业发展、潮流市场、消费产品和自然环境等对汽车色彩的影响
成果展示	小组采用PPT等方式展示成果

学习评价

内容组织	素养提升			评价结果
内容全面且组织有条理：通过案例详细分析工业发展、潮流市场、消费产品和自然环境等对汽车色彩的影响	语言通顺简洁、思路清晰、重点突出	熟练运用 PPT、视频、动画等信息化技术手段	很好体现绿色环保和技术创新理念，树立正确的审美观	优秀□
内容较全面且组织比较有条理：较详细分析工业发展、潮流市场、消费产品和自然环境等对汽车色彩的影响	语言较通顺简洁、思路较清晰、重点突出	较熟练运用 PPT、视频、动画等信息化技术手段	较好体现绿色环保和技术创新理念以及正确的审美观	良好□
内容不全面且组织条理不清：简单分析工业发展、潮流市场、消费产品和自然环境等对汽车色彩的影响	不能够很好组织语言、思路不清晰	不能熟练运用视频、动画等信息化技术手段	没有很好体现绿色环保和技术创新理念以及正确的审美观	一般□

习题测试

1. 汽车车身造型主要经历了马车型、箱型、（　　）、（　　）、鱼型、（　　）、（　　）等阶段。

A. 甲壳虫型　　B. 船型　　C. 楔型　　D. 子弹头型

2. 1936 年，福特汽车公司生产了林肯·和风牌小客车，这标志着（　　）汽车已经达到了实用水平。

A. 流线型　　B. 船型　　C. 楔型

3. （　　）汽车的成功在于其突破了当时汽车发展的“瓶颈”，降低了风阻系数。

A. 甲壳虫型　　B. 船型　　C. 楔型

4. 船型汽车阶梯状的尾部，高速时会产生较强的空气涡流。后来，人们把车后窗玻璃逐渐倾斜成为斜背式，这类车被称为（　　）汽车。

A. 甲壳虫型　　B. 鱼型　　C. 楔型

5. 具有车身整体向前下方倾斜、前部减低、后部比前部略高造型的汽车叫作（　　）汽车。

A. 甲壳虫型　　B. 鱼型　　C. 楔型

6. （　　）色是最能反映汽车本质、最具动感，且最不容易在视觉上让人感到疲劳的色彩。

A. 白　　B. 黑　　C. 银

拓展阅读

汽车品牌家族造型特征是汽车品牌形象识别概念中非常重要的一部分，而汽车品牌家族造型特征表现得最明显、最突出的就是汽车前脸的造型，具体表现为进气格栅与前照灯以及保险杠的整体造型设计。汽车造型设计师运用外形、线条、曲面、色彩、材质、纹理等造型语言，设计出符合某种规则、风格类似的前脸形态，这样可以保证同一品牌、不同车型以及同一车型、不同年代的造型具有类似的特征，使消费者一眼望去就能联想到该品牌汽车的历史和文化。

扫描下方二维码，了解更多汽车造型与色彩的相关知识。

红旗 H7 造型欣赏　　　　奥迪车身红色故事

模块四
汽车创新与未来

随着时代的发展和科技的进步，全球各大车企纷纷将技术创新摆在更加重要的位置上，加大研发投入，加快技术创新，突破关键技术，塑造核心能力，把握汽车技术的发展趋势，提前布局，着力引领技术发展潮流。当前，以互联网产业化、工业智能化、工业一体化为代表的第四次工业革命蓬勃兴起。在新一轮科技革命的推动下，汽车产业拥有了新的生命力，正朝着智能化、电动化、网联化和共享化的方向发展。

本模块主要介绍汽车创新与未来，内容包括新能源汽车以及智能汽车与车联网。通过对本模块的学习，学生能够熟知新能源汽车的定义及新能源汽车的结构特点，了解智能汽车、车联网的应用及发展，积极践行绿色环保的发展理念，树立科技创新、科技报国的志向。通过学习研讨和学习评价的训练，提升学生的组织能力、语言表达能力和信息化技术应用能力。

学习单元一 新能源汽车概述

情境导入

随着产业“低碳化”和“智能化”的发展，新能源汽车全产业链从三电系统到整车研发，从车载芯片到智能驾驶，都实现了重大突破。新能源汽车行业的大力发展不仅推动了制造业结构的优化升级，也有助于实现“双碳”目标。2021年，全球新能源汽车销量近681万辆，而我国新能源汽车销量突破350万辆，约占全球市场份额的51%。

学习目标

1. 能够熟知新能源汽车的定义及种类；
2. 能够分析混合动力汽车的结构特点；
3. 能够分析纯电动汽车的结构特点；
4. 能够了解氢燃料电池汽车的发展状况；
5. 积极践行绿色环保的发展理念；
6. 树立科技创新科技报国的志向；
7. 提升材料组织和语言表达能力；
8. 提升信息化技术应用能力。

相关知识

一、新能源汽车含义

在21世纪，新能源汽车是相对于传统燃料汽油汽车和柴油汽车提出来的。在能源紧缺、环境污染越来越严重的今天，新能源汽车已成为汽车产业未来发展的趋势。

根据国务院2012年发布的《节能与新能源汽车产业发展规划（2012—2020年）》，新能源汽车是指采用新型动力系统，完全或主要依靠新型能源驱动的汽车，主要包括纯电动汽车、插电式混合动力汽车及燃料电池汽车。

在2020年修订的《新能源汽车生产企业及产品准入管理制度》中，新能源汽车包括插电式混合动力（含增程式）汽车、纯电动汽车和燃料电池汽车。

新能源汽车概述

二、新能源汽车分类

（一）混合动力汽车

混合动力汽车是指同时装备两种动力源——热动力源（汽油机或柴油机）和电动力源（电池与电动机）的汽车。

插电式混合动力汽车是可以外接电源充电的一种混合动力电动汽车。增程式混合动力汽车是以电能为主要驱动能源、发动机为辅助动力源，兼有外接电源充电和车载自供电功能的一种特殊混合动力汽车。

在混合动力汽车上使用电动机，可以使动力系统按照整车的实际工况要求进行灵活操控，而发动机则保持在综合性能最佳的区域内工作，从而降低油耗和碳排放量。

1. 混合动力汽车分类

按照动力系统结构形式的不同，混合动力汽车的动力系统通常分为串联式混合动力结构、并联式混合动力结构和混联式混合动力结构。

1）串联式混合动力结构

内燃机直接带动发电机发电，其产生的电能通过控制单元传入电池，再由电池传输给电动机，从而转化为动能，最后通过变速机构驱动汽车，如图 4-1-1 所示。

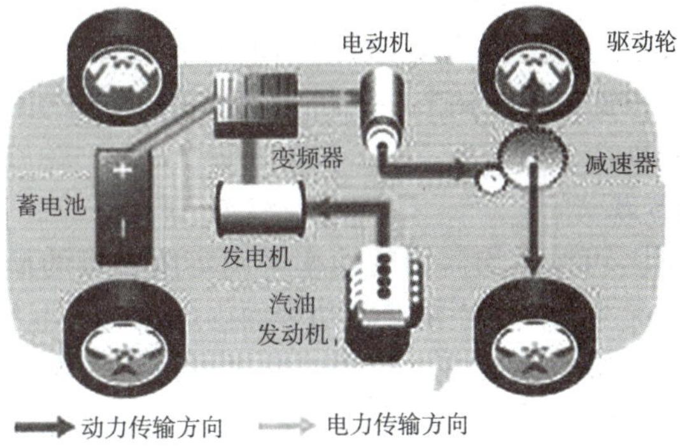

图 4-1-1　串联式混合动力结构示意

2）并联式混合动力结构

使用并联式混合动力结构的汽车有两套驱动系统：传统的内燃机系统和电动机驱动系统。两套驱动系统既可同时工作，也可单独工作，如图 4-1-2 所示。

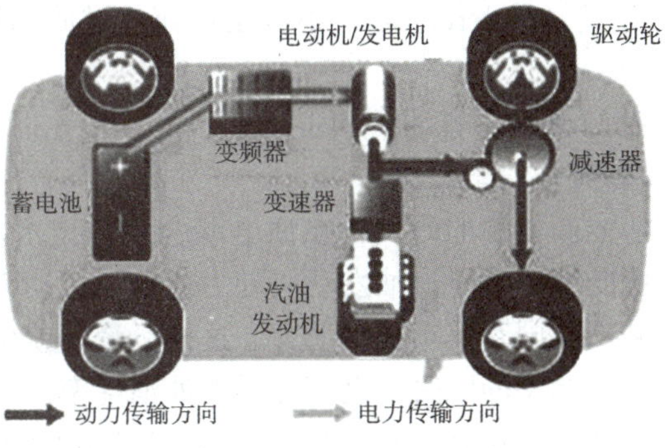

图 4-1-2　并联式混合动力结构示意

3）混联式混合动力结构

混联式混合动力结构是指内燃机系统和电动机驱动系统各有一套机械变速机构，两套机构或通过齿轮系统，或采用行星轮式结构结合在一起，从而可以综合调节内燃机与电动机之间的转速，如图4-1-3所示。

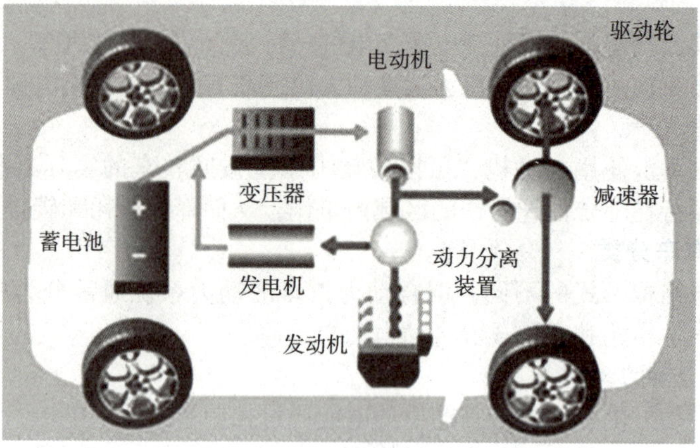

图 4-1-3　混联式混合动力结构示意

另外，发动机还可以在与电动机共同工作时给电池组充电。与并联式相比，混联式混合动力结构可以更加灵活地根据工况来调节内燃机的功率输出和电动机的运转。而混联式混合动力结构控制方便、系统复杂、成本高。

2. 混合动力汽车的特点

（1）采用混合动力后，可按平均需用的功率来确定内燃机的最大功率，此时的汽车在油耗低、污染少的最优工况下工作。当需要大功率而内燃机功率不足时，由电池来补充；负荷少时，富余的功率可发电给电池充电。由于内燃机可持续工作，电池又可以不断得到充电，故其行程和普通汽车一样。

（2）有了电池，可以方便地回收制动、下坡和怠速时的能量。

（3）繁华市区，可以关停内燃机，电池单独驱动，从而实现“零排放”。

（4）有了内燃机，可以十分方便地解决耗能大的空调、取暖、除霜等纯电动汽车遇到的难题。

（5）可以利用现有的加油站加油，不必再投资新建。

（6）可以让电池保持在良好的工作状态，不发生过充、过放的情况，延长其使用寿命，从而降低成本。

（7）缺点是长距离高速行驶时不省油。

3. 混合动力汽车典型案例

雷克萨斯长期致力于清洁新能源的研发，在油电混合动力技术领域已有几十年的经验。雷克萨斯的强混合动力系统既能单独以汽油发动机动力或电动机动力为能量来源，也能将两种动力来源有效地结合起来，共同为汽车提供动力。这样，汽车就可以在展现出令人叹服的澎湃动力与静谧、平顺的驾乘体验的同时，大幅降低燃油消耗率，从而减少碳排放量。

雷克萨斯全混动科技配备能量控制单元（PCU）、阿特金森发动机、电子无级变速器和镍氢电池组。全混动的混联形式有效结合了“串联”和“并联”两者的优点，具备出色的节能优势而且电池无须外接充电，为消费者带来了上佳的驾乘体验。

雷克萨斯全新一代插电式混合动力中型豪华 SUV NX 400h+（图 4-1-4）汽车配有直列、4 缸、顶置双凸轮轴（DOHC），16 气门带智能正时可变气门控制系统（VVT-i），智能电动可变气门正时进气系统（VVT-iE），永磁同步电动机和三元锂离子电池，交流充电时间为 5 h，百公里加速时间为 7.9 s，综合油耗为 1.47 L/100 km，WLTC 综合工况续航里程力 76 km。当加速时，发动机的全部动力输出与电动机同时工作，为汽车提供更充沛的动力，这种无间隙的平顺加速，与传统方式截然不同。在减速或制动时，汽车损失的能量会被系统回收、再生，而这种再生使电动机转而成为发电机，将回收的动能转化为电能储存在电池中，为后续的驾驶提供动力。

图 4-1-4　雷克萨斯全新一代插电式混合动力中型豪华 SUV NX 400h+

（二）纯电动汽车

目前人们所说的电动汽车通常指纯电动汽车（图 4-1-5）。它利用单一蓄电池作为储能动力源，通过电池向电动机提供电能，驱动电动机运转，从而推动汽车前进。

从外形上看，纯电动汽车与我们常见汽车没有多大差异，其区别主要在动力源及驱动系统。电动汽车的电动机相当于传统汽车的发动机，蓄电池相当于原来的油箱。

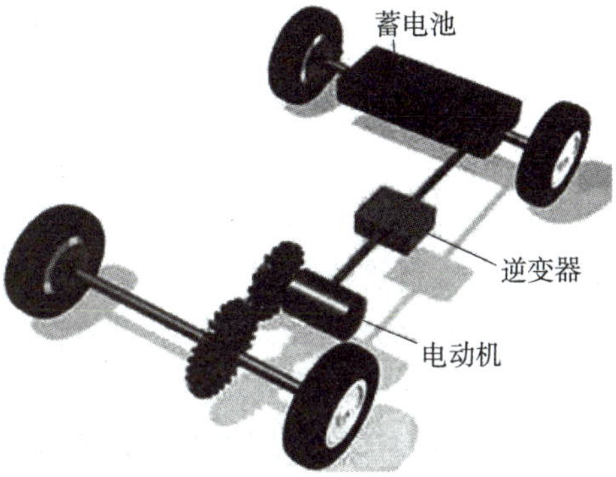

图 4-1-5　纯电动汽车

随着电动汽车的不断发展，各大车企也纷纷布局电动车市场，除了奔驰和宝马之外，作为在中国市场耕耘最久的豪华品牌——奥迪也不甘落后，旗下的 e-tron 纯电动系列量产版车型已经在各大车展纷纷亮相。2001 年，我国设立了“电动汽车重大科技专项”，从此，以比亚迪和奇瑞为代表的国内汽车企业在电动车研发上的发展速度很快。

纯电动汽车可以充分利用晚间用电低谷时富余的电力充电，也可以充分利用发电设备，大幅度提高其经济效益。

纯电动汽车

1）纯电动汽车的优点

（1）无污染、噪声低。

（2）能源效率高、多样化。

（3）在城市道路行驶时，汽车走走停停，速度不快，因此驾驶电动汽车更合适。纯电动汽车停止时不消耗电量，而且在制动过程中电动机可自动转化为发电机，从而实现了制动减速时能量的再利用。

（4）结构简单，使用及维修方便。

2）纯电动汽车的缺点

（1）目前纯电动汽车技术尚不如内燃机完善，尤其是动力电源（电池）寿命短、使用成本高。

（2）蓄电池单位重量储存的能量太少，一次充电后行驶里程不理想。

（3）纯电动汽车的电池较贵，又没有形成经济规模，故购买价格较高。

3）纯电动汽车典型案例

比亚迪汉 EV（图 4-1-6）自上市以来成为中国首款月销破万的纯电动中大型轿车。在动力方面，比亚迪汉 EV 提供单电机两驱和双电机四驱两类车型。其中单电机最大功率为 163 kW；双电机车型分为前后电机，前电机为 163 kW，后电机为 200 kW。在电池方面，汉 EV 车型均采用了比亚迪刀片电池技术，电池容量为79.6 kW·h，其续航能力标准版为506 km，超长续航版为 605 km，四驱高性能版为 550 km。

图 4-1-6　比亚迪汉 EV

比亚迪新能源乘用车领跑中国，其与博世强强联合，专为新能源汽车开发了分布式驱动力控制系统 dTCS。汉 EV 四驱版采用这一技术，扭矩控制时间提高了 20 倍，扭矩响应闭环加快了 10 倍，可最大程度减少车轮打滑量，树主动安全与操控性标杆，安全是电动车最大的豪华。

（三）燃料电池汽车

燃料电池汽车是电动汽车的一种，其电能是通过氢气和氧气的化学作用，而不是经过燃烧直接变成电能的。燃料电池采用能源的间接来源是甲醇、天然气、汽油等烃类化学物质，通过相关的燃料重整器发生化学反应间接地提取氢元素；直接来源就是通过燃料的石化裂解反应提取纯液化氢。由于燃料电池的化学反应过程不会产生有害物质，故燃料电池汽车是无污染汽车。燃料电池的特点如下。

（1）高效：能源利用效率是普通内燃机的 2~3 倍。

（2）环境友好：零排放或近似零排放。

（3）安静：运行平稳、无噪声。

（4）燃料补充迅速，易于获取。

（5）燃料电池的效率随输出功率变化的特性比内燃机更适合汽车的实际行驶。

（6）过载能力强，更适合汽车的加速、爬坡等。燃料电池的短时过载能力可达额定功率的 200%。

2022 年 8 月，在以“联合赋能　氢领未来”为主题的“国家燃料电池汽车示范应用·上海市第一批车辆集中发车启动”仪式上，随着一批“重庆造”生产的氢能重卡作为首批燃料电池汽车示范应用车，实现商业化示范运营，国家燃料电池汽车示范应用正式落地。

据介绍，此次的燃料电池汽车示范应用车是来自上汽红岩的杰狮氢燃料电池重卡。该款车配备了 127 kW·h 的宁德时代动力电池，搭载捷氢科技研发的大功率氢反应堆系统，同时，其供氢系统储氢量为 31 kg，仅需 15~30 min 即可加满氢气，且在作业附近就有配套的加氢站，加上这款车氢耗最低可达 7.2 kg/100 km，标配最大续航里程可超过400 km，多方面有效保证了车辆的出勤效率。

事实上，上汽红岩在氢能赛道的布局早已开始。

2019 年，上汽红岩首款氢能自卸车亮相；2021 年，上汽红岩已实现了全球首个万辆级氢能重卡产业链项目的落地，成为国内最具代表性的国家级氢燃料电池重卡示范高地；2021 年 11 月，上汽红岩首批氢能重卡交付用户并正式投入运营；2022 年，上汽红岩鄂尔多斯基地投产暨首批氢能重卡下线，至此全球首个万辆级氢能重卡产业链项目落地取得阶段性成果。

上汽红岩负责人表示，在“双碳”目标下，上汽红岩将持续深化氢能技术的创新研发，全力助推中国重卡行业绿色高质量发展。

（四）氢燃料汽车

用氢作为内燃机的替代燃料，氢能被人们视为理想的“绿色能源”。

1）氢燃料汽车的特点

（1）更清洁，燃烧的产物只有水。

（2）能量利用率更高。

（3）氢来源更广。

氢能还没有被广泛应用，是因为氢能的开发利用还有关键技术需要解决：一是如何更方便、更实惠地制取氢，氢虽然可以通过水来电解，但是成本是相当高的；二是如何储存氢，因为氢气密度小，不利于储存。

2）氢燃料汽车典型案例

宝马汽车公司在液氢汽车研发方面一直处于领先地位。早在 20 世纪 70 年代，宝马就开始氢燃料的研究。1999 年在柏林，宝马汽车公司生产的 15 辆宝马 750hL 氢燃料车队初次亮相（其中“h”代表氢燃料）。这 15 辆宝马 750hL 在德国汉诺威 2000 年世界博览会上作为高级轿车，担负起接待贵宾的责任。世界上第一个液氢加气站也已于 1999 年在慕尼黑机场投入使用。2001 年，宝马“清洁能源世界巡展”的宝马 750hL 是宝马第五代氢燃料汽车的代表，它实际上是一种双燃料汽车，可以使用液氢或汽油，如果附近没有液氢加气站，则可将发动机转换到汽油驱动状态下。氢驱动的新 7 系宝马 745Li 将氢动力汽车推向市场的梦想又向现实迈出了重要的一步。宝马 745Li 配有第一个氢驱动 4.4 L 的 V8 发动机，还增加了更高水平的注氢技术。与 750hL 一样，745Li 通过双模式技术，可选择汽油和液氢两种能源行驶。如果以氢为能源，745Li 发动机的最大输出功率为 294 kW，最高时速为 215 km，嵌在行李舱里的圆筒状液氢箱可为 300 km 的行程提供能源。

（五）太阳能动力汽车

太阳能是人类取之不尽用之不竭的可再生能源，也是清洁能源。太阳能汽车是一种靠太阳能来驱动的汽车。太阳能汽车是真正的零排放，不产生任何的环境污染，能有效减少全球环境污染，给人们创造洁净的生活环境。太阳能汽车利用太阳能电池把光能转化为电能，电能会储存在蓄电池中，用来推动汽车的电动机。如果由太阳能汽车取代燃油车辆，则每辆汽车的 CO_2 排放量可减少 43%~54%。

1）太阳能汽车的优点

①以光电代替燃油，可以节约有限的石油资源。

②无污染，无噪声。

③燃油汽车能量转换热效率比较低，只有1/3能量消耗在推动车辆前进上。太阳能汽车90%的能量可用于使汽车前进。

④易于驾驶：只需要踩加速踏板便可起动，利用控制器使车速变化，不需要换挡。

⑤结构简单：除了定期更换蓄电池外，基本不需要进行日常维护，省去了更换机油、添加冷却水等步骤。

2）太阳能动力汽车典型案例

全太阳能动力汽车以柔性高效的薄膜太阳能电池组件为核心技术，在一定的光照条件下，通过光电转化及储能、智能控制和电力配送等精确控制系统，将太阳能转化为汽车驱动动力，是真正意义上的零污染的清洁能源汽车。

2014年8月13日，汉能宣布完成美国阿尔塔设备公司（以下简称“阿尔塔”）的并购。阿尔塔是世界领先的薄膜太阳能电池技术生产商，生产了世界上转换效率最高的柔性砷化镓太阳能电池片。砷化镓薄膜发电组件具备柔性可弯曲、质量轻、能效转化率高、弱光发电等优势。2016年7月，汉能研发出的全太阳能动力汽车亮相，如图4-1-7所示。这款全太阳能动力汽车将转化率全球第一的砷化镓薄膜太阳能芯片技术与酷炫车身设计融为一体，以太阳能作为主驱动动力，颠覆了电动车传统电力驱动和依赖固定充电设施的充电方式，使汽车可以像叶绿素一样直接利用太阳能，在满足出行需求的同时，不产生任何污染。理论上，在充足阳光的照射下，汉能全太阳能动力汽车每年可以依靠太阳能行使20 000 km，完全能够满足人们在城市中日常出行的需求。

图4-1-7　汉能全太阳能动力汽车

汉能全太阳能动力汽车是真正意义上的零污染清洁能源汽车。它改变了人类在汽车产业上能源利用的方式，重新定义了传统电动车充电方式和续航里程的概念，并从根本上改变了现有汽车产业利用能源的结构。

三、新能源汽车产业发展现状

2009—2015年是我国新能源汽车产业化发展的推动时期，补贴政策推动了新能源汽车产业的快速发展，为新能源汽车的市场化发展奠定了基础。2016—2021年，我国新能源汽车市场经过导入期、成长期并进入快速增长期，已由“政策驱动”为主转向“市场驱动”。国家制定了一系列优惠政策，赋予了新能源汽车产业大力发展的绝对高度，体现了坚定的决心和态度。从全国政策推广情况来看，大部分地方政府与中央的步调保持着较高的一致性，体现了地方在产业政策的落实上对国家政策的高度执行力。截至 2021 年 11 月，我国新能源汽车年产销量达到 300 万辆，同比累计增长超过 160%，新能源汽车渗透率超过 10%，年复合增长率超过 110%。

当前，我国新能源汽车已进入加速发展新阶段，正经历着产业的变革。以关键核心技术突破为抓手，推动电动汽车及动力电池实现低成本、高性能、高安全性、长寿命、宽温度适应性、快速充电性能 6 个层面的均衡优化；构建和优化架构平台，重点突破动力系统、底盘系统、车身系统、电子电器系统、通用部件等基础研究和试验验证；协同推进充/换电互补等基础设施建设，提高新能源汽车使用便利性；探索多样化技术方案，满足多元化乘用车市场需求，加速商用车电动化转型进程。

汽车行业作为能源消耗大户，肩负着降低碳排放的责任，应通过动力电池、驱动电机、零部件和其他材料生产制造和回收利用过程的低碳化，实现全生命周期的低碳排放；还应通过新能源汽车能源供给低碳化、材料供应低碳化、生产过程低碳化、交通出行低碳化，实现全产业链和全生命周期的碳中和。

学习研讨

背景描述	在新能源汽车市场蓬勃向好以及碳中和的背景下，各大传统车企纷纷加速转型。目前，我国新能源汽车的市场渗透率较高，而且呈现出不断提升的趋势。长期以来，新能源汽车一直是我国汽车制造行业实现弯道超车的一个重要领域
讨论主题	自主品牌车企如何使自主生产的新能源汽车得到消费者的认可
成果展示	小组采用 PPT 等方式展示成果

学习评价

内容组织	素养提升			评价结果
内容全面且组织有条理：以品牌为例详细分析新能源汽车技术、使用体验、质保政策等方面取得消费者认可	语言通顺简洁、思路清晰、重点突出	熟练运用 PPT、视频、动画等信息化技术手段	很好体现绿色环保的发展理念和科技创新精神	优秀□
内容较全面且组织比较有条理：较详细分析新能源汽车技术、使用体验、质保政策等方面取得消费者认可	语言较通顺简洁、思路较清晰、重点突出	较熟练运用 PPT、视频、动画等信息化技术手段	较好体现绿色环保的发展理念和科技创新精神	良好□
内容不全面且组织条理不清：简单分析新能源汽车技术、使用体验、质保政策等方面取得消费者认可	不能够很好组织语言、思路不清晰	不能熟练运用视频、动画等信息化技术手段	没有很好体现绿色环保的发展理念和科技创新精神	一般□

习题测试

1. 新能源汽车包括（　　）等。

A. 燃料电池汽车　　B. 混合动力汽车

C. 纯电动汽车　　D. 太阳能汽车

2. 根据混合动力驱动的连接方式，混合动力汽车的动力系统可分为（　　）。

A. 串联式混合　　B. 并联式混合

C. 混联式混合

3. 电动汽车的电动机相当于传统汽车的（　　），蓄电池相当于原来的（　　）。

A. 发电机、油箱　　B. 发动机 、油箱

C. 油箱、发动机

4. 燃料电池汽车是（　　）的一种，其核心部件——燃料电池的电能不是经过燃烧，而是通过氢气和氧气的化学作用，直接变成电能的。

A. 电动汽车　　B. 混合动力汽车

5. 比亚迪汉 EV 千山翠的名称来自《三峰草堂》中的“雨洗千山翠欲浮”，是一款兼顾性能与美学的（　　）。

A. 纯电动汽车　　B. 燃料电池汽车

C. 混合动力汽车

拓展阅读

随着人们环境保护意识的增强，以及在国家政策的大力推动下，作为全球最大的汽车市场，我国对新能源汽车产业发展的推动举世瞩目。截至 2021 年，我国新能源汽车产销分别为 354.5 万辆和 352.1 万辆，连续 7 年居世界首位，全球市场占有率达 13.4%。截至 2021 年，我国新能源汽车保有量达 784 万辆，较 2020 年增加了 291.98 万辆，同比增长 59.34%。其中，纯电动汽车保有量达 640 万辆。

扫描下方二维码，了解更多新能源汽车的相关知识。

新能源 MPV 上汽大通 MAXUS EUNIQ 5

宝马 IX5 HYDROGEN 冬季续航 500 公里

学习单元二 智能汽车与车联网

情境导入

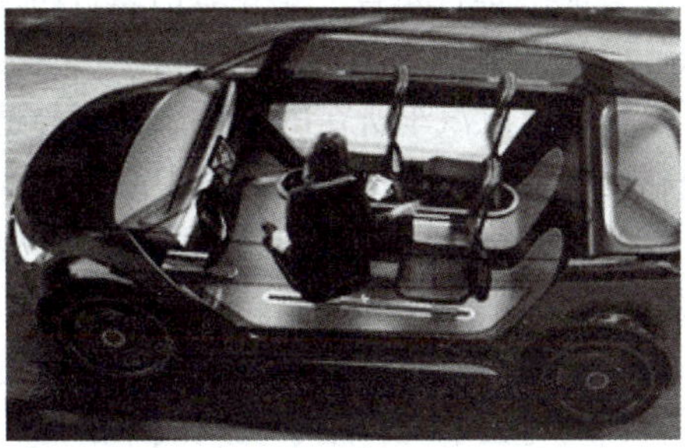

人们总是在追求更高的生活品质，对于汽车也不例外。汽车一旦进入自动驾驶模式，人们不用担心行车过程中的安全隐患，因为自动驾驶模式汽车的驾控能力远在人的驾控能力之上，它们反应迅速，而且不知疲惫。此时，驾驶员完全可以喝茶，欣赏节目，也可以办公。对于每天在车上只能听听音乐和广播，在堵车时只能唉声叹气的驾驶员来说，这样可以充分利用路上的时间。如此“智能”的汽车在技术上与普通汽车有哪些区别呢？

学习目标

1. 能够熟知智能汽车的含义；
2. 能够熟知智能汽车的关键技术；
3. 能够熟知车联网的含义；
4. 能够了解车联网的应用及发展；
5. 培养终身学习和自主学习的意识；
6. 提升高阶认知能力和创新能力；
7. 提升材料组织和语言表达能力；
8. 提升信息化技术应用能力。

相关知识

一、智能汽车

智能汽车是一种集环境感知、规划决策、多等级辅助驾驶等功能于一体的综合系统，它集中运用了计算机、现代传感、信息融合、通信、人工智能及自动控制等技术，属于典型的高新技术综合体。目前对智能汽车的研究主要致力于提高汽车的安全性、舒适性，以及提供优良的人车交互界面。

智能汽车的自动驾驶与一般所说的自动驾驶有所不同，它利用多种传感器和智能公路技术使汽车实现自动驾驶。智能汽车是在普通汽车的基础上增加了先进的传感器（雷达、摄像）、控制器、执行器等装置，通过车载传感系统和信息终端实现与人、车、路等的智能信息交换，使汽车具备智能的环境感知能力，能够自动分析汽车行驶的安全及危险状态，并使车辆按照人的意愿到达目的地，最终实现替代人来操作的目的。

智能汽车系统可以集成如视觉技术、触觉技术、自主控制和决策技术、多智能体技术、智能控制技术、多传感器集成和融合技术等许多最新的智能技术，从而完成很多高智能工作。智能汽车的研究涉及计算机视觉、传感器数据融合、车辆工程、计算机控制等诸多领域。随着电子信息技术的飞速发展，形形色色的智能技术在汽车上得到广泛应用，充分体现出其安全、舒适、方便、快捷的优越性能。

智能汽车首先有一套导航信息资料库，存有全国高速公路、普通公路、城市道路以及各种服务设施（餐饮、酒店、加油站、景点、停车场）的信息资料；其次是定位系统，这个系统可以精确定位汽车所在的位置，并能与道路资料库中的数据相比较，确定以后的行驶方向；道路状况信息系统，由交通管理中心提供实时的前方道路状况信息，如堵车、事故等，必要时及时改变行驶路线；车辆防碰系统，包括探测雷达、信息处理系统、驾驶控制系统，用于控制与其他车辆的距离，在探测到障碍物时及时制动，并把信息传给指挥中心和其他汽车；紧急报警系统，发生事故时，自动报告指挥中心进行救援；无线通信系统，用于汽车与指挥中心的联系；自动驾驶系统，用于控制汽车的点火及改变速度和转向等。

1. 全球定位系统

全球定位系统（Global Positioning System，GPS）也称为全球卫星定位系统。它是依靠地球周围的24颗定位卫星不断地对地面发射三维位置、三维速度的电子信息，然后通过安装在地球上的相关设备接收并分析这些电子信息，从而判定发射信息的物体所处方位的一种定位系统。

GPS的主要功能有以下几个。

（1）实时显示汽车在预先制定的电子地图中的位置、行驶速度，以及与目的地间的距离，输入目的地后自动生成一条到达目的地的最佳行驶路线，并用语音提醒用户。

（2）随时可查询沿途的酒店、加油站、修理厂等，为用户提供方便。

（3）当汽车遭遇抢劫后，可在指定范围内让发动机停止工作，并把汽车所处的位置报告给警察。

（4）停车后可用其播放音乐或VCD。

全球定位系统可以通过车载电子地图和GPS接收机，自动显示汽车的行驶位置，而车载电子地图可对驾驶员选择的目的地给出最佳行驶路线，如图4-2-1所示。

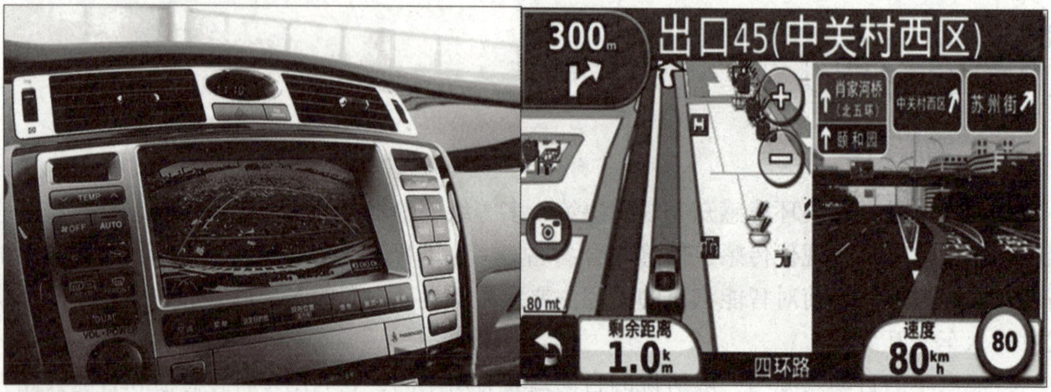

图4-2-1 车载电子地图

2. 传感器及其数据融合

由于单一传感器具有局限性，很难达到导航系统所要求的精度和可靠性，故多传感器融合技术便出现在智能汽车导航研究实践中。多传感器数据融合可概括为充分利用不同时间与空间的多传感器数据资源，采用计算机技术对按时间序列获得的多传感器观测数据，在一定准则下进行分析、综合、支配和使用，从而获得对被测对象的一致性解释与描述，进而实现相应的决策和估计，使系统获得比它的各组成部分更充分的信息。

多传感器数据融合技术（图 4-2-2）的基本原理就像人脑综合处理信息一样，充分利用多个传感器的资源，通过对多传感器及其观测信息的合理支配和使用，把多传感器在空间或时间上的冗余或互补信息依据某种准则来进行组合，以获得被测对象的一致性解释或描述。智能汽车的导航需要依据相关传感器获得的汽车位置信息和路面环境信息做出决策。除视觉传感器外，智能汽车领域中常用的多传感器数据融合技术还有雷达、激光、超声波、红外线等。

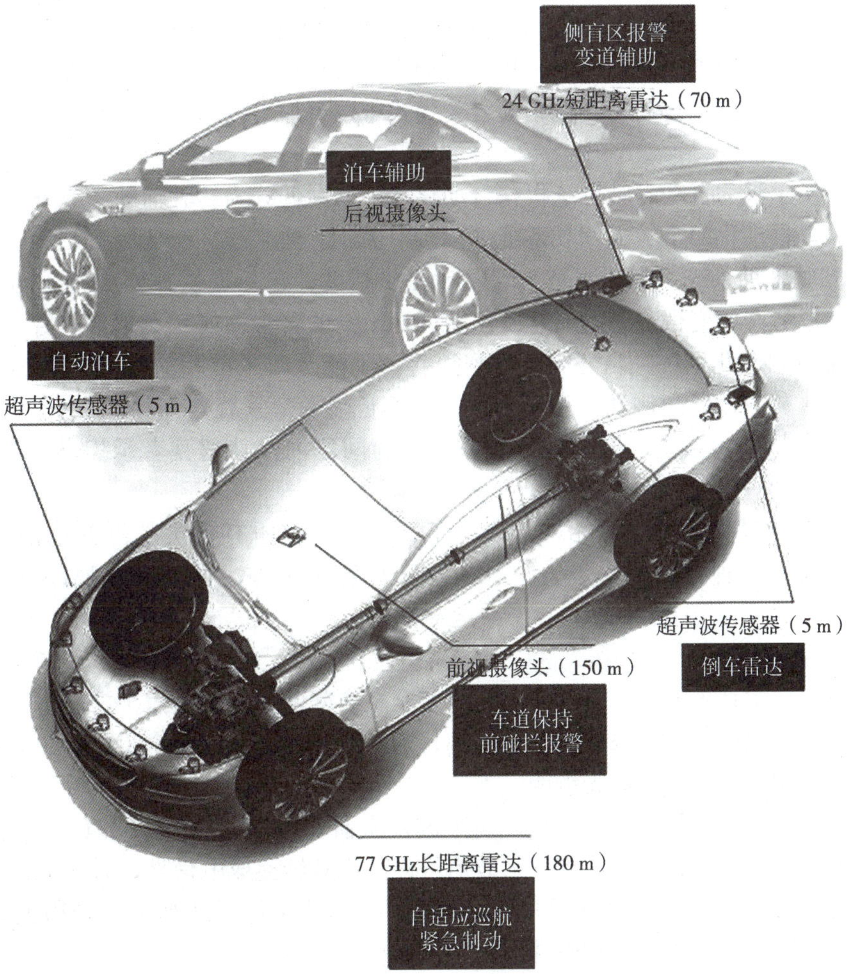

图 4-2-2　多传感器数据融合技术

多传感器融合的实质是多源不确定性信息的处理，在处理过程中信息的表示形式不断发生变化，从较低级的形式（如图像像素、超声波传感器探测数据等）直至系统需要的某种高级形式（如车辆位置、障碍分布等）。按这些信息的流通形式和综合处理模式，多传感器融合系统可分为集中式、多级式和分布式三种融合结构。

融合方法是多传感器融合的一个非常重要的研究内容，只有使用合适的融合方法才能发挥出多传感器融合技术的优势。

3. 自动驾驶系统

自动驾驶系统依靠人工智能、视觉计算、雷达、监控装置和全球定位系统协同合作，让计算机可以在人类没有任何主动操作下，自动安全地驾驶机动车辆。另外，这些装置还可以将外部的情况提供给驾驶员，以避免发生交通意外。如果驾驶员未能及时制动、误入禁行区、超速行驶或产生其他错误操作，汽车的自动信号系统将发出警告，并自动采取变换车道等相应措施，从而防止发生事故。

汽车自动驾驶技术通过视频摄像头、雷达传感器以及激光测距器来了解周围的交通状况，并通过一个详尽的地图（通过有人驾驶汽车采集的地图）对前方的道路进行导航。自动驾驶汽车对社会、驾驶员和行人均有益处。自动驾驶汽车的交通事故发生率几乎接近零，即使受其他汽车交通事故发生率的干扰，自动驾驶汽车市场份额的高速增长也会使整体交通事故发生率稳步下降。自动驾驶汽车的行驶模式可以更加节能高效，因此交通拥堵及对空气的污染将得以减弱。

例如，沃尔沃的自动驾驶系统根据自动化水平的高低分为驾驶辅助、部分自动化、高度自动化和完全自动化四个无人驾驶系统。

（1）驾驶辅助系统：其功能是为驾驶者提供帮助，包括提供重要或有益的驾驶相关信息，以及在形势开始变得危急的时候发出明确而简洁的警告，如“车道偏离警告”系统等。

（2）部分自动化系统：当驾驶者收到警告却未能及时采取相应行动时能够自动进行干预的系统，如“自动紧急制动”系统和“应急车道辅助”系统等。

（3）高度自动化系统：能够在或长或短的时间段内代替驾驶者承担操控汽车的职责，但是仍需驾驶者对驾驶活动进行监控的系统。

（4）完全自动化系统：可无人驾驶汽车、允许车内所有乘员从事其他活动且无须进行监控的系统。这种自动化水平允许乘员从事计算机工作、休息和睡眠以及其他娱乐等活动。

4. 智能避撞系统

汽车避撞技术首先解决的是汽车之间的安全距离问题。汽车与汽车之间若不能保持安全距离，就应该自动报警，并采取制动措施。目前，测定汽车之间安全距离的方法有三种：超声波测距、微波雷达测距和激光测距。

超声波测距利用的是其反射特性。超声波发生器发射出的 40 kHz 超声波遇到障碍物后产生反射波，超声波接收器接收到反射波信号，并将其转换成电信号。微波雷达测距就是利用目标对电磁波的反射来发现目标并测定其位置。激光测距的工作原理与微波雷达测距相似，具体的测距方式有连续波和脉冲波两种。

超声波汽车倒车避撞报警器是利用超声波回声测距的原理，测量车后一定距离内的物体，这种新型避撞报警器可以及时显示车后障碍物的距离和方位，显示范围为 0.5~9.9 m。当距离大于 2 m 时，显示车后障碍物的位置；当距离小于 2 m 时，除了显示其方位外，还可按照三段距离分别给出三种报警信号，以提示驾驶员注意进入紧急状态，让驾驶员根据此做出相应措施，防止事故的发生。

汽车避撞雷达通过对电磁波发射后遇到障碍物而反射的回波进行不断检测和计算，经过分析判断，对构成危险的目标按程度不同进行报警，控制车辆自动减速，直到自动停车。

汽车避撞雷达的主要功能有测速测距，对前方 100 m 内的危险目标提供声光报警，兼备汽车黑匣子、自动巡航、紧急情况下自动制动等功能。

装有避撞雷达的汽车上了高速公路以后，驾驶员就可以起动车上的避撞雷达。雷达选定好跟随的汽车以后，被跟随的汽车就成了后面汽车的“目标车”，无论是加速、减速，还是停车、起动，后面的汽车都能在瞬间内予以模仿。如果前面的汽车在行驶一段时间后不再适合作为自己的“目标车”，驾驶员可以重新选择另一辆“目标车”。

激光雷达避撞装置就是防追尾碰撞激光报警装置，该装置结构由发光部、受光部、计算车间距离的激光雷达、信号处理电路、显示装置、车速传感器等组成。激光镜头使脉冲的红外激光束向前方照射，并利用汽车反光镜的反射光通过受光装置检测其距离。汽车反光镜检测距离约为 100 m，检测宽度超过 3.5 m。控制部分微机进行本车车速、前方行驶的车速和车间距离的计算，并对比车间距离与安全车间距离发出警报声；同时，还会使报警灯闪烁，还会在仪表盘上的显示装置中显示车间距离。

二、车联网

汽车在给人类带来便利的同时，也带来了诸如交通安全、环境污染、运输效率等问题。为了解决这些问题并合理分配资源，车联网应运而生。2010 年 10 月 28 日，在第一届中国国际物联网（传感网）大会上，汽车移动物联网（车联网）项目被列为国家重大专项第三专项中的重要项目。车联网是由汽车位置、速度和路线等信息构成的巨大交互网络，是智能交通引申后的发展方向，是物联网在汽车领域的一个细分应用，也是未来集信息通信、环保、节能、安全等于一体的融合性技术。

（一）车联网概念

物联网技术是通过射频识别、红外感应器、全球定位系统、激光扫描器等信息传感设备，按约定的协议，将所有物品与互联网相连接，进行信息交换和通信，以实现智能化识别、定位、追踪、监控和管理的一种网络技术。其是互联网技术的延伸和扩展。

车联网则利用先进的传感技术、网络技术、计算技术、控制技术、智能技术，对道路和交通进行全面感知，实现多个系统间大范围、大容量数据的交互，是物联网最典型的代表。它对每一辆汽车都进行交通全程控制，对每一条道路都进行交通全时空控制，提供以交通效率和交通安全为主的网络与应用。

车联网技术通过装载在车辆上的电子标签以及道路两旁的无线射频等识别技术，实现在信息网络平台上对所有汽车的属性信息和静、动态信息进行提取和有效利用，根据不同的功能需求对所有汽车的运行状态进行有效的监管并提供综合服务。车载终端将随车传感器传来的各种汽车信号（如速度、位置等）发送出去，通过移动基站、无线通信网关、互联网等传送到服务器上，并在上面实现了汽车各种信息的存储和调用功能，用户只需要通过手机就可实时查询汽车的各种状况。

（二）车联网关键技术

车联网关键技术是一套综合的、复杂的、学科间相互交叉的体系，主要包括感知层、网络层和应用层三大部分。

1. 感知层技术

感知层是车联网的基础，是联系物理世界与信息世界的重要纽带，是车联网信息采集的关键部分。它位于车联网三层结构中的底层，其功能为“感知”，即通过传感网络获取环境信息。感知层由大量的具有感知、通信、识别（或执行）能力的智能设备组成，其主要技术有射频识别技术和传感技术。

1）射频识别技术

通过射频信号自动识别目标对象并获取相关数据，识别工作无须人工干预，可于各种恶劣环境中进行。RFID 可识别高速运动物体并可同时识别多个标签，操作快捷方便。从全球的范围来看，美国占据了 RFID 的领先地位，欧洲和日本次之。

作为一种新兴的自动识别技术，RFID 具有远距离识别、可存储较多信息、读取速度快、可应用范围广等优点。另外，与 GPS 等相比，RFID 具有安装方便、适应性强、成本低、车辆无须改造等优势。因此，RFID 在车联网的感知中具有不可替代的作用。

采用 RFID 的车联网主要应用在以下系统中。

（1）电子不停车收费系统。

电子不停车收费系统（Electronic Toll Collection，ETC）是一种用于公路、大桥和隧道的自动收费系统。它采用 RFID 技术，通过路侧天线与车载电子标签之间的专用短程通信技术，在不需要驾驶员停车和其他收费人员采取任何操作的情况下，自动完成收费处理全过程。

（2）海关码头电子车牌系统。

数量巨大的货物在港口码头及海关装卸、进出港、通关，大部分是以车辆为运输工具。因此，港口码头及海关往来汽车众多，且分别属于海关、船公司、船代公司、货代公司、港务局、集装箱场站等不同行业的不同单位，如果不统一调度管理，则会给通关及货物的流转带来很大的麻烦。采用 RFID 的电子车牌管理系统则能有效地解决这一问题。

（3）城市交通调度系统。

车辆调度管理系统是智能交通系统的核心部分，也是车联网必不可少的一部分。它采用先进的信息通信技术收集道路交通的动态、静态信息，进行实时分析，并根据分析结果安排车辆的行驶路线、出行时间，从而充分利用有限的交通资源提高车辆的使用效率，还可以了解车辆运行情况，加强车辆管理。

2）传感技术

传感技术是车联网感知层中另一个重要的组成部分，它和计算机技术与通信技术一起被称为信息技术的三大支柱。传感技术是衡量国家信息化程度高低的重要标志之一。

传感器是传感技术的载体。随着人们对汽车安全性能、舒适度的要求越来越高，为了帮助客户提升汽车产品的竞争力，各个传感器厂商在技术发展上特别用心，除了继续走智能化、集成化以及小型化路线以外，传感器其他创新应用也不断涌现。传感器在车联网领域中的应用如下。

（1）SP35 胎压传感器：英飞凌推出的 SP35 胎压传感器是第一款将轮胎压力监测系统（TPMS）模块所有功能融入单一封装的器件，这个高度集成的器件安装在印制电路板（PCB）上，与电池和天线一起组成一个完整的轮胎压力监测系统模块，使汽车行业供应商可以经济有效地满足美国安全法规的要求。

（2）MEMS 传感器：MEMS 技术是面向汽车安全应用的传感器技术的一个亮点。专家最新提出一个汽车“黑匣子”的概念，该“黑匣子”用以监控汽车的速度、安全带的使用状况以及由汽车急转弯、紧急制动、行驶不稳定、异常减速和不安全倒车等造成的超重力行驶，为驾驶者提供指导和预警帮助。采用 MEMS 技术可以减小器件尺寸和成本，因此获得了市场的认可。

（3）ViSe 智能图像传感器：在高端的汽车中，人们常常会使用智能图像传感器来辅助驾驶。由于该传感器价格昂贵，一直未能普及。瑞士 CSEM 公司宣称其可利用 ViSe 智能图像传感器设计的实时视觉系统把汽车视觉系统的成本从数千美元降低到数百美元。

（4）超声波传感器：针对倒车应用的传感器，也是目前的热门产品之一。Murata 推出了一系列超声波传感器产品，具有体积小、防水、窄范围检测、响铃时间短等特点，并采用了 110°×50°的不对称光栅，可提高检测的准确性。

（5）危险驾驶警告：由于驾驶员疲劳驾驶、酒后驾驶等情况容易引起交通事故，因此可利用传感器实时检查驾驶员的异常状况并加以防止。例如，判断驾驶员是否睡着了时，通常利用传感器检测驾驶员的眼球运动、体温、脑电波、皮肤电位、心跳等；若要判断驾驶员是否饮过酒，可通过车内的酒精传感器检测。

2. 网络层技术

网络层位于车联网三层结构中的第二层，其功能为“传送”，即通过通信网络进行信息传输，将感知层获取的信息安全可靠地传输到应用层，应用层根据不同的应用需求进行信息处理。

车联网需要通过通信将车辆纳入一个巨型网络，这就需要引入通信网的概念了。通信网中的用户设备可表示为不同的端点，端点与端点之间可形成节点，这种端点到节点再到端点的传输需要用到网络交换设备，从而形成“通信系统”，再将许多的“通信系统”通过“交换系统”按一定拓扑结构组合在一起。因此通信网可定义为由一定数量的端点和节点的传输链路相互有机地组合在一起，以实现多个规定点间信息传输的通信体系。

3. 应用层技术

车联网应用层是车联网的最上层，是与用户直接相关的层面，例如智能交通、紧急救援、娱乐设施的应用等，因此应用层涉及更大的数据量和信息处理能力。目前全球汽车保有量已接近 13 亿辆，车联网逐渐深入各个国家，汽车产生需要计算的数据是难以想象的，因此，在车联网中，云计算能力将越来越受到关注。

1）云计算

IBM 认为，云计算是一种新兴的 IT 服务交付方式，应用、数据和计算资源能够通过网络作为标准服务在灵活的价格下快速地提供给用户。

云计算具有以下特点。

（1）规模巨大：提供或应用云计算的企业或机构往往伴随着巨大的平台服务器，如 Google、IBM 等需要几百万台服务器，这些服务器可提供庞大的计算能力。

（2）高可靠性：云计算中心在软硬件方面都采取了诸多方式保证其可靠性，如软件多副本容错、能源保证、制冷处理和网络连接等。

（3）强通用性：云计算很少为特定的应用和服务存在，因此，云计算需要保证不同应用类型的服务共同运行。

（4）按需服务：云是一个庞大的资源库，用户可以自行选择其中的资源。

（5）价格低廉：云服务本身就有低价分享资源的优势。

（6）自适应能力强：云计算是一个庞大而复杂的信息系统，无论是对硬件、软件的管理，还是它们自身的运行，都不可能允许有过多人为干预，因此其具备极强的自适应能力。

正是由于具有以上这些特点，云计算才能更好地为用户提供便捷服务，才被业界人员所接受。从服务形式来看，云计算可分为三类：SaaS（软件即服务）、PaaS（平台即服务）和IaaS（基础设施即服务）。

2）大数据技术

大数据是指超过传统数据库系统处理能力的数据，传统的数据库无法承受其数据规模和数据传输要求。如果云计算相当于一个巨大的容器，则大数据就是容器中的液体。数据中隐藏着有价值的模式和信息，例如Facebook（脸书）结合大量用户信息，制定出高度个性化的用户体验，并创造出一种新的广告模式。大数据技术可分为数据采集、数据预处理、数据存储、大数据分析和结果展示五部分。

（三）车载辅助设备系统

车载辅助设备总体可划分为两类：一是必备的车载电子系统，其主要包括发动机控制系统、仪表盘电子显示系统、门锁控制系统、车灯控制系统、车窗玻璃电子控制系统、雨刷电子控制系统等；二是车载辅助设备系统，其集娱乐、安全、舒适于一体，主要包括导航系统，收音机、CD播放系统，行车记录仪系统，胎压监测系统，倒车影像系统，GPRS通信系统等。这些系统可全面提升驾驶员的驾驶体验，保证驾驶的安全性和舒适性。

车载辅助设备将在车联网中发挥重要作用。一旦车载辅助设备接入网络，只需一部手机或者一台平板电脑就可以监控车辆的所有设备，并将数据源源不断地传送到服务器。这些设备提供的数据可以直接反映出车辆状况和驾驶员状态，提前预警和规范驾驶，保证车辆和驾乘人员的生命财产安全。

1. 车载辅助设备

1）行车记录仪

行车记录仪是记录车辆行驶途中的影像及声音等相关信息的仪器，主要目的是备后期辅助调查之用。道路上车辆和行人越来越多，事故不可避免会发生，事故发生后责任由谁承担，这时行车记录仪在还原事故现场、提供证据方面便发挥了极大作用。

行车记录仪是外部车载设备，只需要连接车辆的车载电源便可开始工作，某些型号的行车记录仪可联网，手机登录车载Wi-Fi便可远程查看实时路况。

2）胎压监测设备

胎压监测系统（TPMS）即汽车轮胎压力监测系统。据交通部统计，每年的交通事故中，因轮胎气压问题造成车辆失控而发生的事故占有较高比例。因此，轮胎气压实时监测系统在预防交通事故、保障车上人员和财产安全等方面发挥了至关重要的作用。

胎压监测设备目前有三类：间接式胎压监测、直接式胎压监测和混合式胎压监测。

（1）间接式胎压监测：间接式胎压监测是指非直接测量汽车轮胎压力，它是利用对比轮胎的转速来检测车胎压力的。相对于直接式胎压监测，间接式胎压监测结构简单、成本低、耐用能力强。间接式胎压监测的监测原理是当某个轮胎的气压降低时，车辆的质量会使该轮的滚动半径变小，从而导致其转速比其他车轮快，这样就可以通过比较轮胎之间的转速差，达到监测胎压的目的。间接式胎压监测虽然容易实现，但也存在一定局限，一般间接式胎压监测不提醒哪一只轮胎出现问题，而且在两个车胎或多个车胎同时出现漏气的情况下，胎压监测就失效了。

（2）直接式胎压监测：直接式胎压监测是在每一个轮胎里都安有压力传感器，可直接测量轮胎的气压，然后再通过无线发射器将压力信息传送到中央接收器，车载显示屏便可显示气压数据。当轮胎漏气或气压太低时，系统会自动报警。其优点是每一个轮胎都安装传感器，若某个轮胎的胎压低于范围值，驾驶员便会得到警示；测量信号比较精确，若车胎漏气，驾驶员从行车计算机显示屏上便可了解任何轮胎的胎压情况。其缺点是成本过高。

（3）混合式胎压监测：混合式胎压监测是一种兼顾了胎压监测成本和检测精度的设备。在方向相对的两个轮胎上安装胎压传感器和一个射频收发器，增加了测量的精确度，但仍不能像直接式胎压监测设备检测得那样精确。

3）倒车雷达与倒车影像

倒车雷达又称泊车辅助系统，是汽车泊车安全辅助装置，能以声音或者更为直观的方式告知驾驶员车后情况，扫除了视野死角和视线模糊的缺陷，提高了安全性。倒车雷达由传感器和控制器组成，市场上的倒车雷达大多采用超声波测距原理。倒车雷达有其自身的局限性，它安装在汽车后保险杠上，辐射面积有限，当障碍物位置较低或为向下凹陷的坑时，就很难被发现。倒车影像刚好可以弥补这一缺陷。倒车影像采用红外线广角摄像，显示屏即使在晚上，也可以清晰地显示车后的障碍物。倒车时，倒车系统会自动接通车尾的高清摄像头，车后状况会清晰地显示在液晶显示屏上，驾驶员便可准确把握后方路况。无论对于新手还是老手，倒车影像都是很好的辅助工具。

4）自适应巡航

自适应巡航也可称为主动巡航，类似于传统的定速巡航控制。该系统包括雷达传感器、数字信号处理器和控制模块。在自适应巡航系统中，系统利用低功率雷达或红外线光束得到前车的确切位置，如果发现前车减速或监测到新目标，系统就会发送执行信号给发动机或制动系统来降低车速，从而使车辆和前车保持一个安全的行驶距离。当前方道路障碍清除后又会加速恢复到设定的车速，雷达系统会自动监测下一个目标。主动巡航控制系统代替驾驶员控制车速，避免了频繁取消和设定巡航控制。自适应巡航系统适合于多种路况，为驾驶者提供了一种更轻松的驾驶方式。

5）车载导航系统

在装有导航设备的车辆上，驾驶员只要输入起点和终点，导航系统就会自动规划出合适的路线，开启全程语音导航，引导驾驶员到达目的地。

随着科技的发展，车辆的导航定位发展越来越迅猛，其核心技术也在发生着变化。目前的车载导航系统主要由数字地图数据库、定位模块、地图匹配模块、路径选择模块、路径诱导模块、人机接口模块和无线通信模块七部分组成。

2. “百家争鸣”的智能车载系统

车载系统的先进舒适与否，已逐渐成为车主购车的重点参考项目之一。汽车研发商和制造商也都敏锐地发现了这一点，他们纷纷开始向车载系统方向加大投资成本和研发力度，力争在潜力巨大的市场中占一席之地。

1）底特律三巨头

近些年来，车载系统已经成为车企吸引客户的重要砝码，全球已有很多汽车配备了携带 GPS 和蜂窝无线通信技术的车载系统。目前的车载系统都是在内置芯片的基础上不断扩展业务，驾驶员可以通过车载移动设备直接与后台服务器联系或与自己手中的移动设备无缝对接。

（1）通用汽车公司。

车载信息娱乐系统的先驱。通用的 On Star（安吉星）系统是最早的车载系统，它兴起于 1996 年，是车载系统领域的鼻祖。

（2）福特汽车公司。

车载系统的创新者。它的 SYNC 系统比安吉星晚 11 年，但因其创新性吸引了众多消费者的眼光。继 SYNC 之后，福特又推出了 MyFort Touch 系统，用触摸屏和功能菜单取代了传统的按钮，因其操作过于复杂，并没有得到广大消费者的认可。

（3）克莱斯勒。

杀入车载系统领域中的一匹黑马。在通用和福特之后，它凭借 Uconnect 系统进入车载系统市场，很快因良好的市场表现和高用户认可度而占据了部分市场。

2）繁荣的智能车载系统市场

（1）特斯拉车载系统。

特斯拉是当下较受关注的高端汽车品牌之一。之所以如此受欢迎，不仅在于它有美观大方的车型、纯电动的动力系统，还在于它的新车型 Model S 中配备了一块 17 in① 的触摸屏，其车载、中控系统全部集成在触摸屏中，清晰可观。另外，特斯拉还开发了一款 App，通过手机可以轻松开关车门、查看汽车电量和车内温度等。

（2）大众车载手势系统。

大众全新的车载系统可以与乘客的苹果或者安卓手机进行互联。该系统还增加了手势识别功能，通过车载摄像头识别手势，让驾驶员不需要进行按键或触摸操作即可操控车载系统。除了与手机互联外，大众也研发了特定的 App，可对车辆远程进行解锁和上锁。

（3）宝马 iDrive 车载系统。

登陆中国市场的宝马 i3、i8 车载系统让人眼前一亮。宝马旗下的 iDrive 本身就是车载系统中的佼佼者，再搭配上 Connected Drive 驾驶员辅助系统，给用户带来了前所未有的智能体验。新的 iDrive 不仅集成了娱乐功能，还将各类功能进行重新布局，使驾驶员在需要的时候能够轻松找到对应的，能够在车速不超过每小时 60 km/h 的情况下探索到行人或障碍物，从而提示并协助驾驶员降速前行。

（4）上汽集团 inkaNet 系统。

2008 年，上汽集团启动了 inkaNet 项目，它是基于 Android 平台打造的智能网络行车系统，是汽车、通信和计算机融合的系统。这套系统集成了导航、远程呼叫、娱乐游戏下载等功能。2011 年，基于 inkaNet 的 iVoka 语音云驾驶系统正式上线，驾驶员可以通过语音控制一系列工作，如导航、拨打电话、发送短信等，并且系统还可以与用户进行简单的闲聊。

---

① 1 in≈2.54 cm。

（5）广汽集团 T-box 系统。

广汽集团历时两年打造了一款车载系统——T-box，并将它和一体机搭载在传祺 GA3 上。广汽的车载 T-box 和一体机已经实现了手机与车辆的准无缝对接。当用户通过手机 App 发送控制命令后，服务中心会发送控制命令到车载 T-box，T-box 通过 CAN 总线发送控制报文并实现对车辆的控制，最后将控制结果反馈到 App 上。该 App 包含远程帮助用户开启车门、打开空调和调整座椅等功能。

（6）比亚迪 DiLink 智能网联系统。

DiLink 智能网联系统包括远程控制、车况服务、位置服务、数据服务、救援服务和客户秘书。其将车、手机和内容生态全面打通，把车主的用车生活方式带到了新高度。正所谓“一机在手，轻松掌握”。

（四）车联网的应用

1. 专车中的车联网

随着社会的发展，人们对出行质量的要求越来越高。2013 年，滴滴和快的两家网络约车公司出现在人们的生活中，其背后的集团分别是腾讯和阿里两家电商巨头。伴随着两大巨头的巨大投资，两家网络约车公司开始了一场争夺市场和消费者的烧钱大战。两家公司分别拿出数 10 亿元，邀请全国人民通过网络叫车的形式免费乘坐出租车。随着滴滴和快的两家公司合并，Uber 进入中国市场，专车（私家车）服务慢慢步入人们的生活，由于其舒适度高、价格便宜、服务周到的乘车体验，很快被广大民众所接受。

1）定位服务

在呼叫专车服务中，最重要的环节就是用手机确定出发地点和目的地，然后呼叫专车，这就用到了手机定位服务。乘客下载约车软件后，进入叫车界面叫车时，其位置会通过 GPRS/3G/4G 等网络传送到控制中心，控制中心根据卫星定位到的乘客信息在地图上生成位置点坐标。确定乘客坐标后，控制中心将在乘客附近寻找最近的司机端，并将乘客位置信息和电话发送到司机端的软件中，司机就可以根据乘客位置找到乘客。在整个叫车过程中主要依据的是定位服务技术。定位服务技术主要有两种：一种是基于卫星的定位；另一种是基于移动运营网“GPRS/3G/4G 网络”的基站定位。

卫星定位是以卫星为基础的导航定位系统，具有天体导航覆盖全球的优点，因此一直备受关注。目前世界上正在使用或即将使用的定位系统有 GPS、GLONASS、北斗定位系统以及伽利略卫星导航定位系统。

基站定位也称为蜂窝定位，是一种无线电定位方式，现有的无线电定位系统大部分采用的是相同或相似的定位方法和技术。

2）政府对专车的政策

2015 年 10 月，上海颁发了首张专车营运资格证；同时，针对专车市场和出租车市场的混乱局面，交通部出台了《网络预约出租汽车经营服务管理暂行办法》，广泛听取群众的意见。

对符合规定条件的驾驶员，可以由驾驶员提出申请，经考核合格，由所在地区的市级道路运输管理机构为预约出租汽车发放类似《通路运输人员从业资格证》的运营证。

专家认为，专车新政试运行办法的征求意见稿在专车和共享经济问题上迈出了一大步，对于推动“互联网+”、新业态发展具有积极意义。

2. 城市建设中的车联网

1）重庆基于RFID的城市智能交通管理试点项目

重庆市正在建设全球最大规模的车辆“电子牌”信息系统，即国家发展改革委员会批准的“重庆基于RFID的城市智能交通管理试点项目”，简称“重庆交通信息卡”项目。该项目取得了《重庆市道路交通安全条例》（2009修正）的支持，成功应用到“重庆交通信息卡”系统中，引入具有远程动态识别功能的射频识别技术，最终实现由电子化行驶证、驾照和牌照构成的“重庆交通信息卡”体系。该项目以机动车动态标识信息为基本单元，面向包括交通控制、公共安全、大众出行服务、高速公路收费站快速通行、物流，以及单位、住宅小区和停车场出入管理等在内的城市公共信息物联网络服务系统。

2）G-BOS智慧运营系统

G-BOS智慧运营系统是苏州金龙创新探索“车联网”应用技术并首倡研发的。该系统以智能化、电子化和信息化的手段，帮助客车运营商进行运营管理，实现运营收益最大化。G-BOS智慧运营系统不是一个简单的客车附加配置，而是系统、全面的运营管理解决方案。在其英文名称G-BOS中，G代表3G（GPS、GIS、GPRS），是多种信息技术在客车上的集成应用；BOS是客车运营系统（Bus Operation System）的英文首字母缩写。

3. 共同繁荣的车联网

1）重卡行业的车联网

苏州金龙已经与杭州鸿泉数字设备有限公司合作，在车辆出厂前安装车载终端设备，采集车辆运行状况数据。当用户数量大幅增加时，数据传输、过滤、存储及显示将备受考验。G-BOS终端显示器包括GIS地理、车辆身份、行车记录、视频娱乐等信息。自G-BOS系统在客车行业得到成功运用后，鸿泉数字设备又将客车行业的管理经验复制到工程机械车辆、卡车等货运车辆行业。2011年12月，杭州鸿泉数字设备有限公司与陕汽联合研发了天行健车联网服务系统，成为重卡行业率先使用车联网技术的公司。国家交通部道路运输司副司长徐亚华明确指出：“天行健车联网服务系统”是陕汽紧跟车联网技术发展，以及国家关于建设道路交管平台要求的创新性产品。它将会对重卡行业服务和公路交通安全的提升起到促进作用。

2）校园中的车联网

2002年，同济大学“985”工程教育部重点实验室——宽带无线通信与多媒体研究室开始专注研究车联网专用短距离无线通信、宽带无线通信理论、视频图像处理及其在汽车和智能交通中的应用。

长安汽车与清华大学合作推动“智能交通与主动安全”项目，赠予清华大学10辆长安悦翔汽车，用于汽车安全技术研究。长安汽车将“产学研”相结合的理念带入实际生产中，树立了行业新典范。2009年，长安汽车对国内外智能交通和主动安全技术的发展现状、产业化前景等进行调研和论证，制定了重点发展基于智能交通的汽车主动安全技术的战略规划，并于2010年与清华大学共同研发了具有车道偏离报警、自适应巡航、前撞预警功能的车辆，该车基于机器视觉的车道偏离和前方障碍物预警系统。在2013年的上海国际车展上，长安汽车展示了这项主动安全技术。

未来车联网将主要通过无线通信技术、GPS技术及传感技术的相互配合来实现。无线通信技术和传感技术之间会是一种互补的关系：当汽车处在转角等传感器的盲区时，无线通信技术就会发挥作用；而当无线通信的信号丢失时，传感器又可以派上用场。

3）三大运营商深入车联网行业

（1）中国电信。

2012 年，中国电信便在上海建立上海车联网基地，用于开展车联网技术研究和应用创新，目前中国电信已经与北汽、吉利、中智行等车企及产业链上下游企业广泛开展合作，就 5G 车联网应用领域进行平台、云网、智能网联车合作，面向 5G 商用网络应用场景下的智能车联网应用场景提供技术服务、市场对接、企业运营辅导等，旨在打造全国领先的 5G 智能车联网创新应用。

（2）中国联通。

2015 年，中国联通专门成立了车联网子公司——联通智网科技有限公司，并与上汽、一汽、宝马、奥迪、沃尔沃、特斯拉等 36 家国内外整车厂商实施了汽车信息化项目。在 2021 年 3 月的 5G 智慧交通高峰论坛上，中国联通携手联想集团发布“5G+MEC 车联网解决方案”，提出了“5G+V2X 人车路网云”五维协同系统方案，并在常州与联想集团合作共同完成了全国首个基于“5G SA+MEC+V2X”的车路协同示范项目。

（3）中国移动。

2017 年，中国移动便联合公安部交科所、华为、中兴、大唐、星云互联、上汽、上海汽车城等产业合作伙伴，开展 C-V2X 车联网测试技术体系研究，到 2020 年，逐步制定了业务应用以及终端、无线、网络、平台的端到端测试方案，先后完成了 LTE-V2X 概念验证和技术试验，逐步发展出一套基于“云-管-端”的车联网系统架构，伴随着 C-V2X 技术的不断发展和产业的成熟，中国移动基于 C-V2X 的车联网商用已经越来越近，这为中国移动在车联网市场的发展打下了坚实的基础。

按照工信部发布的《信息通信行业绿色低碳发展行动计划（2022—2025 年）》中要求的 30%车联网设备渗透率计算，到 2025 年，国内车联网规模将突破 2 000 亿美元，占全球市场的 27%。

学习研讨

背景描述	随着 5G 商用技术的不断落地和智能网联等技术的成熟，智能电动汽车是汽车未来形态的理念已根植于心。2020 年，我国智能网联汽车产业规模达到了 2 556 亿元。由于具有互联网时代后来居上的优势，我国汽车智能化有望领先于世界平均水平
讨论主题	智能汽车如何在保障安全驾驶，实现海量信息处理的同时做出更精准、更有效的判断
成果展示	小组采用 PPT 等方式展示成果

学习评价

内容组织	素养提升			评价结果
内容全面且组织有条理：通过案例详细分析智能汽车如何实现更精准更有效的判断来保障安全驾驶	语言通顺简洁、思路清晰、重点突出	熟练运用 PPT、视频、动画等信息化技术手段	很好体现终身学习的理念和科技创新精神	优秀□

续表

内容组织	素养提升			评价结果
内容较全面且组织比较有条理：较详细分析智能汽车如何实现更精准更有效的判断来保障安全驾驶	语言较通顺简洁、思路较清晰、重点突出	较熟练运用PPT、视频、动画等信息化技术手段	较好体现终身学习的理念和科技创新精神	良好□
内容不全面且组织条理不清：简单分析智能汽车如何实现更精准更有效的判断来保障安全驾驶	不能够很好组织语言、思路不清晰	不能熟练运用视频、动画等信息化技术手段	没有很好体现终身学习的理念和科技创新精神	一般□

习题测试

1. 智能汽车是一个集（　　）等功能于一体的综合系统，它集中应用了计算机、现代传感、信息融合、通信、人工智能及自动控制等技术。

A. 环境感知　　B. 规划决策　　C. 多等级辅助驾驶

2. 汽车避撞技术解决的问题是汽车之间的安全距离。目前测定汽车安全距离的方法有（　　）。

A. 超声波测距　　B. 微波雷达测距　　C. 激光测距

3. 沃尔沃的自动驾驶系统根据自动化水平的高低分为包括（　　）在内的无人驾驶系统。

A. 驾驶辅助　　B. 部分自动化

C. 高度自动化　　D. 完全自动化

4. 车联网技术是综合的、复杂的、学科间相互交叉的体系，主要包括（　　）。

A. 感知层　　B. 网络层　　C. 应用层

拓展阅读

截至2021年，我国搭载L2级自动驾驶功能的乘用车新车市场渗透率达到20%，大型港口货运车辆自动驾驶功能的应用占比超过50%，伴随新一轮的科技革命和产业变革，电动化、智能化、网联化成为汽车产业的发展潮流和趋势。

在2021世界智能网联汽车大会上，一系列中外智能网联汽车产业链相关创新成果同步亮相。其中，福特拟斥资300亿美元用于电池等技术研发；福田带来实际工况续航超过1 000 km的福田智蓝欧曼氢能重卡；华为则首次集中展示了AR-HUD（增强现实抬头显示）、车载超级显示、智能车灯……智能网联与自动驾驶正在重塑汽车行业，而越来越多的创新技术和产品被应用在汽车这一载体之中。

扫描下方二维码，了解更多智能汽车相关知识。

沃尔沃自动驾驶系统　　别克君越让汽车拥有大脑

模块五

经典名车与名人

提起法拉利、奔驰、布加迪、克莱斯勒等，大家都不陌生，它们是汽车家族中的明星，每款车都承载着时代的光荣，折射着智慧的光芒。这些汽车都是艺术大师的杰作。

本模块主要介绍经典名车与名人，内容包括世界经典名车和汽车业界名人。通过本模块的学习，学生能够了解世界名车的特点，能够讲述为世界汽车工业和汽车行业的发展做出巨大贡献的名人事迹，能够树立民族自信和不畏艰难拼搏进取的人生态度。通过学习研讨和学习评价的训练，提升学生的组织能力、语言表达能力和信息化技术应用能力。

学习单元一　世界经典名车

情境导入

每个时代都有其独特的审美标准，尽管老爷车在科技配备上落后于现代汽车，但从外观上看，它至今仍然很吸引人，不仅由于它拥有个性十足的造型，还因为它蕴藏着深厚的文化底蕴。

学习目标

1. 能够讲述老爷车的含义及典型车型特点；
2. 能够讲述经典跑车的含义及典型车型特点；
3. 能够讲述超级跑车的含义及典型车型特点；
4. 树立民族文化自信；
5. 树立正确的价值观和审美观；
6. 提升材料组织和语言表达能力；
7. 提升信息化技术应用能力。

相关知识

一、世界经典老爷车

“老爷车”一词最早出现在1973年英国出版的《名人与老爷车》杂志上，这个名称很快得到了各国汽车界人士的认可，然后迅速流传开来，成为世界各地汽车爱好者对老式汽车的统一称谓。在汽车家族中，老爷车以其儒雅的风范、高贵的品质以及深厚的历史文化底蕴令车迷和车辆收藏家魂牵梦绕。关注老爷车的人越来越多，致使其身价逐渐抬高。例如，一辆1933年款的美国求盛伯格汽车在拍卖行卖到100万美元，而一辆布加迪老爷车则卖到650万美元。

（一）老爷车收藏

1. 西方国家老爷车收藏

伴随着汽车收藏的升温，国外很多国家早已拥有了权威的老爷车协会，有成熟的交易平台，还有专门的老爷车价值评估机构，以及专门介绍、传播老爷车知识的相关机构，甚至许多国家的车厂纷纷开始生产“仿古老爷车”。

老爷车在国外很多国家是合法上路的，一般两年检测一次，通过这个检测就可以拿到牌照。老爷车收藏者既可以给老爷车挂上牌照上路行驶，也可以到专门的老爷车鉴定机构去了解任何一辆老爷车的价值和价格。决定老爷车定价的因素主要是生产年份、生产量、当时的市场定位、现存量、保养原装程度和文件是否完整、有没有正式上牌等因素。在国外某个拍卖会上，一辆产于20世纪20年代的布加迪皇室41的成交价高达2 000多万英镑。有政策允许及庞大的组织机构作为后盾，国外的老爷车收藏者可以更好地享受收藏带来的乐趣。在阳光明媚的日子里，大家还会自发驾驶着老爷车来到某个约好的地点，买卖、交换各自的老爷车，还会出售老爷车的各种零配件以及与之相关的各类图书、纪念品等。

作为收藏家们珍爱的“玩具”，老爷车又有其特殊的保养规则：每月必须找一些路况好且不堵车的路段，车程最好为5~10 km，每年至少要开一次100~200 km的长途。车胎即使不用，也要每三年换一次，电池则要每两年半更换一次。为此，国外的相关部门每年都会在经过严格的检查后给老爷车颁发可以出去“健身”的牌照。

2. 我国老爷车收藏

我国没有老爷车评估鉴定机构。在我国汽车数量疯狂增长的今天，当交通的拥堵状况还令交通管理部门大伤脑筋的时候，给这些老爷车发放牌照似乎成了奢谈。

在我国的老爷车收藏圈子里，刘波算得上是颇有些名气的人物。传承老爷车文化，展示汽车科技，享受汽车带来的乐趣，这就是刘波的最终目标。刘波拥有红旗、别克、林肯、雪佛兰50多个品牌老爷车120辆，是全国拥有老爷车最多的收藏家。

提起红旗轿车，很多人都知道，在特定的年代，它就是国家的象征。1959年，长春一汽开始生产红旗轿车，截至20世纪90年代，一共生产了1 200余辆；目前，仅有200余辆存于各地收藏家的手中。刘波手中共有10辆红旗轿车。其中包括产于20世纪60年代的红旗检阅车，当时全国仅生产了两辆；还有全国仅生产了一辆的红旗旅行车，如图5-1-1所示。

图5-1-1　红旗旅行车

（二）古董老爷车鉴赏

1. 迈巴赫 W5（1926）

1921 年，迈巴赫 W3 在柏林车展的首次亮相就赢得了辉煌，也为迈巴赫品牌树立了技术遥遥领先的豪华轿车形象。1926 年年末，迈巴赫又推出了 W5（图 5-1-2），该车的改进型（W5 SG）更装配了当时非常先进的带超速挡的变速器。卡尔·迈巴赫表示自己要造最昂贵的轿车，从而正式确立了迈巴赫的市场定位和未来的发展方向。第二次世界大战的爆发，无情地击碎了迈巴赫父子关于“制造全世界最昂贵轿车”的梦想。在那个动荡的年代，奢侈品根本无人问津，迈巴赫渐渐淡出了历史舞台。

图 5-1-2　迈巴赫 W5

2. 梅赛德斯·奔驰 Type500K（1934）

梅赛德斯·奔驰 Type500K（图 5-1-3）是 20 世纪 30 年代横扫欧美车坛的一款跑车，刚一问世就夺得 1934 年德国 2 000 km 拉力赛的冠军。Type500K 一反德国车刻板、肃穆的传统风格而充满美国浪漫情调。它拥有当时世界上最长的翼子板，夸张的轮拱仿佛是大海的波浪，散热器格栅就像是高耸的船首，侧面造型酷似船，是一种典型的“船型”造型，深受美国人青睐。随着第二次世界大战的爆发，Type500K 在生产两年之后就宣告停产，前后总共只生产了 354 辆。

3. 劳斯莱斯幽灵Ⅱ型（1930）

劳斯莱斯幽灵Ⅱ型（Rolls-Royce Phantom Ⅱ）当时被称为“世界最佳汽车”，共生产了 1 681 辆，采用直列 6 缸发动机，售价为 2 800 英镑，现在已成为老爷车中的收藏极品，如图 5-1-4 所示。

图 5-1-3　梅赛德斯·奔驰 Type500K

图 5-1-4　劳斯莱斯幽灵Ⅱ型

4. 布加迪 Type 41 Royale（1931）

图 5-1-5　布加迪 Type 41 Royale

布加迪是目前老爷车中保存量最多的车种之一，1929 年，埃托里·布加迪推出了布加迪 Type 41 Royale 车型（图 5-1-5）是目前老爷车中拍卖价最高的。当时，埃托里·布加迪雄心勃勃地想让该款车成为帝王的“坐骑”，但因未正式生产即遇到全球经济危机，1929—1932 年只生产了 6 辆，仅卖出了 3 辆，当时的法国皇帝也无缘成为该车车主。

5. 凯迪拉克 V16 Pheton（1931）

凯迪拉克 V16 Pheton 是通用公司的代表作品，是全球首款搭载里程碑式的 16 缸发动机汽车（图 5-1-6）。

6. 杜森堡 Type SJ（1933）

杜森堡 Type SJ（图 5-1-7）是 20 世纪 30 年代世界上性能较好的车型之一。良好的性能配上独特的外形、绚丽的色彩，使之成为一件精美的艺术品。这款汽车当时售价为 20 000 美元，是当时世界上最为昂贵的，共生产了 324 辆。它采用直列 8 缸增压式发动机、铝合金连杆和活塞，每行驶 120 km，自动润滑系统就能将底盘全部润滑一次，权限速度可达 225 km/h。

图 5-1-6　凯迪拉克 V16 Pheton

图 5-1-7　杜森堡 Type SJ

二、世界经典跑车

（一）跑车的定义

有一类汽车的底盘低、线条流畅、动力突出，具有两个车门和两个座位，兼具空气动力学车体的高性能。它的目的在于“把赛车运动带入普通人”，给很多痴迷于赛车运动的普通人提供了当赛车手的机会。

设计师在设计跑车时较注重操纵性，通过性则相对差一些，越高级的跑车，这个特点越明显。前置发动机式跑车的车头较长，后面的行李舱较小，后置和中置发动机的跑车甚至没有行李舱，只是在车头的前盖下面有一个能放备胎的小空间。跑车的共同特点是动力出色、外形动感、线条流畅。

（二）世界经典跑车鉴赏

1. 梅赛德斯·奔驰 300SL（1954）

梅赛德斯·奔驰 300SL（以下简称“奔驰 300SL”）的前身是 1952 年勒芒大赛冠军——奔驰 SL 型超级赛车（SL 代表轻型超级车），如图 5-1-8 所示。奔驰 300SL 继承了奔驰赛车的底盘，采用铝合金管材、三维框架结构。为保证底盘强度，设置了两根粗大的平行侧梁。正是因为侧梁位置过高，常规的车门被极度压缩，无法使用，设计师只好让车门向上掀，一对“欧翼”车门一出，举世轰动。

奔驰 300SL 是世界上第一辆将电喷发动机作为标配、应用博施机油注射剂的跑车。奔驰

300SL 的极限速度达到 266 km/h，百公里加速时间仅为 8.8 s。另外，它还有广泛的客户定制选择，其中包括 3 个可利用的悬挂系统和个人定制的涂漆。

2. 宝马 507（1956）

宝马 507（图 5-1-9）堪称宝马最经典的双座敞篷跑车。1955 年，宝马 507 在法兰克福车展上亮相，并于 1956 年投入生产，共生产了 251 辆。宝马 507 搭载了一款 3.2 L 的 V8 发动机，最大输出功率约为 110 kW，极限速度可达 225 km/h，百公里加速时间仅为 9 s。

图 5-1-8　梅赛德斯·奔驰 300SL

图 5-1-9　宝马 507

3. 捷豹 E 型车（1961）

1961 年，捷豹（Jaguar）公司推出了在跑车历史上有里程碑意义的 E 型车（图 5-1-10）。其造型出自捷豹公司空气动力学专家马尔科姆·塞耶之手，其外形修长、简洁、俊美，流线型的线条如同水中畅游的海豚，堪称车中“美男子”。

图 5-1-10　捷豹 E 型车

E 型车上安装了捷豹公司传统的直列 6 缸发动机，排量 3.8 L，最大输出功率约为 1 987 kW，极限速度达到 241 km/h，百公里加速时间仅为 7 s。另外，E 型车还是第一个采用四轮全独立悬架的捷豹车型，而且还使用了那个年代很少见的四轮盘式制动器，这些特点为 E 型车提供了优良的操纵性。

4. 眼镜蛇 427（1965）

眼镜蛇 427（图 5-1-11）曾在 1965 年赢得运动轿车世界锦标赛的冠军。该车手工敲打的铝合金车体极为出色，真皮缝制的内饰非常精致，匹配一台雷鸣般的 V8 发动机，一对大号的不锈钢侧排非常醒目。

5. 捷豹 XJ220（1993）

1993 年，捷豹公司推出的捷豹 XJ220（图 5-1-12）是一部近乎完美的艺术品，造型酷似一只向前奔跑的美洲豹，其力度与速度感极强。XJ220 车长 4.9 m，采用带有两个涡轮增压器的 V6 发动机，最大输出功率可达 403 kW，百公里加速时间只需 4 s。

图 5-1-11　眼镜蛇 427

图 5-1-12　捷豹 XJ220

6. 法拉利 F50（1995）

每一辆法拉利跑车都堪称精品，而法拉利 F50（图 5-1-13）更是精品中的精品。法拉利为了纪念公司成立 50 周年而特别制造了法拉利 F50。由于仅生产了 349 辆。其尊贵地位不言而喻。

法拉利 F50 的车身采用大量昂贵的碳素纤维制造，车身质量仅为 1 230 kg，还应用了一级方程式技术中的空气动力学设计，这使其在高速拐弯时的稳定性非常强。F50 具有充满动感的外表和强劲的动力。

图 5-1-13　法拉利 F50

法拉利 F50 是一款如梦如幻的超级跑车，也许并不是世界上最快的跑车，但它是世界上最容易开得快的超级跑车。它的设计很接近一级方程式赛车，而又优于一级方程式赛车，因为它是容易操控、感觉舒适，又能轻松驶上街道的跑车。它就像一只久经训练的猎犬，机敏中透着野性。

三、现代超级跑车

现代超级跑车

（一）现代超级跑车的特点

英国的汽车杂志 *Car* 在 20 世纪 60 年代中期使用“supercar”（超级跑车）这个术语来形容名噪一时的兰博基尼 Miura。现在的超级跑车一般是指拥有流畅动感的线条、超凡的动力表现以及昂贵售价的汽车类型。

超级跑车都有这样一些共同特点：最高车速很快（超过 330 km/h），加速非常快（百公里加速时间小于 4.5 s）；车身低矮，流线型好（多为中置发动机后轮驱动）；动力强劲（最大输出功率超过 373 km）；售价高昂（动辄数十万美元）；车身美观（十年以内不会落伍）；

限量生产（仅生产几十辆到几百辆）。

现在生产超级跑车的汽车公司以法拉利、兰博基尼、保时捷、玛莎拉蒂、布加迪等为代表。

（二）现代超级跑车鉴赏

1. 法拉利 Enzo

法拉利是世界上最闻名的赛车和运动跑车的汽车公司。其生产的汽车大部分采用手工制造。法拉利 Enzo 是法拉利众多跑车中的一款，以其创始人恩佐·法拉利的名字命名，是为了纪念他在公司的卓越成就。

法拉利 Enzo（图 5-1-14）车身总长为 4 702 mm；车身总宽为 2 035 mm；车身轴距为 2 650 mm；排量 6.0 L；最大输出功率 492 km；最大转矩657 N·m；百公里加速时间为 3.65 s；最高车速 360 km/h。该车只限量生产了 399 辆。这也是法拉利生产的第四款限量车型，其他三款分别是 1984 年法拉利的 288GTO、1987 年法拉利的 F40 和 1995 年法拉利的 F50。

2. 兰博基尼 Murciélago

1998 年，兰博基尼被奥迪收购，成为大众集团旗下的品牌。为了丰富自己的产品线，大众集团积极宣传该品牌，于是由大众集团的设计师操刀，采用兰博基尼的传统结构及发动机，结合大众集团出色的车辆一体化设计经验，兰博基尼新一代高端双门双座旗舰车型 Murciélago（图 5-1-15）在 2001 年的法兰克福车展上亮相。

图 5-1-14　法拉利 Enzo

图 5-1-15　兰博基尼 Murciélago

兰博基尼 Murciélago 车头下部被饰以黑色亚光漆的超大前扰流器和双层分流器，以及车尾用碳纤维制成的大型固定式尾翼，能一下子抓住消费者的眼球。除此以外，侧面的机油冷却口也被镀以黑色亚光漆，与整车风格十分协调。在车身后部，巨大的透明发动机盖板令人震撼，透过分三层安装在碳纤维框架上的透明六边形聚碳酸酯板，可以清晰地看到里面安放的巨大 V12 发动机。兰博基尼 Murciélago 使用的是夹角呈 60°的 12 缸、排量为 6.2 L 的全铝发动机，采用 VIS（可变几何形状进气系统）和 VVT（凸轮轴可变气门正时系统），由于优化了发动机的输出转矩，其在 2 000 r/min 的低转速情况下就能够为汽车提供足够的转矩，产生比大多数跑车都高得多的动力，百公里加速时间仅为 3.8 s。

3. 保时捷 Carrera GT

2003 年，在巴黎车展上风光登场的保时捷 Carrera GT（图 5-1-16）是一款面向传统敞篷超级跑车细分市场的敞篷双座跑车。

保时捷 Carrera GT 采用 5.7L 的自然进气 V10 中置发动机设计，最大功率可达 456 km，百公里加速时间仅为 3.9 s，最高车速可达 330 km/h。

保时捷 Carrera GT 底盘并未采用金属而使用了强度高、质量轻的碳纤维增强塑料（CFRP），又简称为碳纤维，实现了车身的轻量设计。保时捷 Carrera GT 采用的是一项新的、更灵敏的制动器技术，保时捷陶瓷复合材料制动器（PCCB）的旋转质量是其他离合器的 1/10，反应异常灵敏，160 km/h 降到 0 的制动距离仅为数米。另外，这款汽车的车轮也是超轻型的，由锻造镁而非一般的铝合金制成。当轮胎气压下降时，轮胎压力监测系统可自动检测并向驾驶员发出警告信号，让其可以使用汽车上的轮胎修理工具修补漏气位置，因此不必更换备胎。

图 5-1-16　保时捷 Carrera GT

4. 柯尼希塞尔 CCR

瑞典的柯尼希塞尔公司共有不到 30 名员工，历史也只有短短的 10 年。不了解公司的人几乎很难相信，竟然正是这么一个小小的团队，创造了一个让所有懂车之人侧目的顶级跑车品牌。

柯尼希塞尔 CCR（图 5-1-17）在 2005 年上海车展上首次与中国消费者见面。该车是目前量产车中最高行驶时速纪录保持者，其在 2005 年 2 月 28 日创造了 388 km/h 的新纪录，这打破了迈凯伦 F1 在 1993 年创造的 372 km/h 的最高时速。该车最大转矩 20 N · m；百公里加速时间仅为 3.2 s；最高车速可达 388 km/h；半一体式预浸碳素纤维车架，采用蜂窝结构。

5. 布加迪 Centodieci

布加迪 Centodieci（图 5-1-18）是为庆祝布加迪品牌诞生 110 周年打造的一款跑车，其外观设计灵感源自布加迪经典超级跑车 EB110，全球仅生产了 10 辆。

布加迪 Centodieci 动力方面搭载一台排量 8.0 L 的 W16 发动机，最大输出功率为 1 176 kW，从 0 至 100 km/h 的加速时间仅为 2.4 s，最高时速可达 380 km。其前脸采用布加迪品牌标志性的马蹄形进气格栅，搭配上方造型狭长的前灯组。侧面采用了视觉感受较为凌厉的楔形设计，并使用了五孔式通风口。制动方面配备了专属侧裙组件及大尺寸多辐式轮圈和高性能制动系统。另外，车尾还采用大尺寸固定式扰流板，并搭配浮动式尾灯组。

图 5-1-17　柯尼希塞尔 CCR

图 5-1-18　布加迪 Centodieci

学习研讨

背景描述	从具有时代感的经典藏品车到动力出色、外形动感、线条流畅的跑车，充分展示了世界汽车工业的进步，每款汽车都承载着时代的光荣，折射着智慧的光芒，蕴藏着丰厚的文化底蕴。谈到跑车，大家自然会想到兰博基尼、布加迪、法拉利等，然而2021年4月在上海车展上亮相的中国自主品牌跑车无疑成为一道靓丽的风景线，让人欣喜的是多款国产跑车在此次车展上争奇斗艳，上演着一场自成规模的集体跑车秀，它们兼具速度、舒适以及美观的外形
讨论主题	任何跑车都有属于自己的骄傲，请大家盘点几款国产跑车
成果展示	小组采用PPT等方式展示成果

学习评价

内容组织	素养提升			评价结果
内容全面且组织有条理：详细分析三款以上兼具速度、舒适及漂亮外形等特征的跑车	语言通顺简洁、思路清晰、重点突出	熟练运用PPT、视频、动画等信息化技术手段	很好体现民族文化自信和正确的审美观	优秀□
内容较全面且组织比较有条理：较详细分析三款兼具速度、舒适及漂亮外形等特征的跑车	语言较通顺简洁、思路较清晰、重点突出	较熟练运用PPT、视频、动画等信息化技术手段	较好体现民族文化自信和正确的审美观	良好□
内容不全面且组织条理不清：简单分析三款兼具速度、舒适及漂亮外形等特征的跑车	不能够很好组织语言、思路不清晰	不能熟练运用视频、动画等信息化技术手段	没有很好体现民族文化自信和正确的审美观	一般□

习题测试

1. 1926年，迈巴赫又推出了（　　）型轿车，该车的改进型（W5 SG）安装了当时非常先进的带超速挡的变速器。

A. W5　　B. W1　　C. W3

2. 奔驰300SL为保证底盘强度，安装了两根粗大的平行侧梁。为了（　　），设计师设计了向上掀的车门。

A. 满足客户需求　　B. 时尚和美观　　C. 侧梁位置过高

3. 1955年，宝马507在美国上市，但遇到了一个可怕的对手，它就是（　　）。

A. 福特V8　　B. 克尔维特　　C. 奔驰300SL

4. 法拉利为了纪念公司成立50周年，特别制造了一款名为（　　）的超级跑车。

A. 法拉利 F40　　B. 法拉利 F30　　C. 法拉利 F50

5. 超级跑车的特点包括（　　）。

A. 车身美观　　B. 加速非常快

C. 最高车速很快　　D. 车身低矮，流线型好

拓展阅读

超级跑车大多采用中置发动机布局，售价高，性能优异。由于安装了中置引擎，绝大部分超级跑车是双座的，其中一些超级跑车还会出现剪刀门、鸥翼门、蝴蝶门等吸引眼球的设计。超级跑车通常会推出一些赛车版、限量版，比标准版更稀有、售价更高。例如，SSC Tuatara 采用 SSC 自主研发的排量 7.0 L V8 双涡轮增压发动机，最大输出功率可达 1 305 km；百公里加速时间约为 2.78 s，最高时速可达532 km。

扫描下方二维码，了解更多关于跑车的故事。

让国人骄傲的红旗 CA72　　法拉利 F430 跑车

学习单元二 汽车业界名人

情境导入

汽车业界名人为汽车事业做出了很大的贡献。他们追求的目标是一样的，那就是将自己毕生的精力全部投入汽车事业。了解这些为汽车行业做出过重大贡献的名人，阅读他们的故事，回顾他们的人生……正所谓有艰难、有起伏、有快乐，精彩纷呈，催人奋进。

学习目标

1. 能够讲述欧洲汽车业界名人故事；
2. 能够讲述美国汽车业界名人故事；
3. 能够讲述亚洲汽车业界名人故事；
4. 能够讲述中国汽车工业先驱的励志故事；
5. 能够养成不畏艰难拼搏进取的人生态度；
6. 提升材料组织和语言表达能力；
7. 提升信息化技术应用能力。

相关知识

一、欧洲汽车业界名人

1. 卡尔·本茨

卡尔·本茨（Karl Benz，1844—1929年，图5-2-1）出生于德国，是奔驰汽车公司的创始人之一，现代汽车工业的先驱者之一，人称“汽车之父”“汽车鼻祖”。

卡尔·本茨从中学时期就开始对自然科学产生了浓厚的兴趣。1860年，本茨遵从母亲的意愿，进入卡尔斯鲁厄综合科技学校，学习机械构造、机械原理、发动机制造等课程，并有幸遇到了两位深信“资本发明”学说的老师，他们影响了本茨的一生。

1872年，本茨创建“奔驰铁器铸造和机械工厂”，但由于受到经济不景气的影响，工厂成立之后面临倒闭；万般无奈之际，他决定制造发动机获取高额利润以摆脱困境。

1879 年 12 月 31 日，本茨制造出第一台单缸煤气发动机，但这台发动机并没有改变公司的经济窘境，破产的威胁依然存在。1886 年 1 月 29 日，本茨终于研制成功了单缸汽油发动机，为此，奔驰汽车公司获得“汽车制造专利权”。

图 5-2-1　卡尔·本茨

1888 年 8 月，一直在本茨身后默默支持他的夫人——贝瑞塔·林格作出了一个勇敢的决定：她带上孩子驾着本茨的汽车，一路颠簸到了 100 多千米外的普福尔茨海姆探望孩子的祖母。随后，贝尔塔马上给本茨发电报“汽车经受住了考验，请速申请慕尼黑博览会”。同年 9 月 12 日，本茨的发明在慕尼黑博览会上轰动一时，当时的报纸如此描述：“星期六下午，人们用惊奇的目光看到一辆三轮马车在街上行走，前边没有马，也没有辕杆，车上只有一个男人，马车在自己行走，大街上的人们都惊奇万分。”慕尼黑博览会结束后，大批量客户向本茨订购汽车。

1893 年，本茨研制出了性能优越的“维克托得亚”牌汽车。由于是世界上第一种批量生产的机动车，给奔驰公司带来了较高的利润。后来，奔驰又对前期生产的“维克托得亚”牌汽车进行了改进，将车厢座位设计成面对面的 18 个，成为世界上第一辆公共汽车。

1899 年，奔驰汽车公司改组为奔驰莱茵汽车股份有限公司，成为当时世界上最大的机动车生产厂家。1903 年，本茨逐渐退出了繁忙的公司事务，以监督委员会成员的身份管理公司。1926 年，本茨的汽车公司与戴姆勒汽车公司合并，改名为戴姆勒—奔驰汽车公司。

2. 戈特利布·戴姆勒

图 5-2-2　戈特利布·戴姆勒

戈特利布·戴姆勒（Gottlieb Daimler，1834—1900 年，图 5-2-2）出生于德国，毕业于斯图加特技术学校。他是德国工程师和发明家，现代汽车工业的先驱者之一，也是世界上第一辆四轮汽车的发明人，与本茨并称为“汽车之父”。

1857 年，戴姆勒进入斯图加特高等工业学校学习。少年时代的戴姆勒就对燃气发动机产生了浓厚的兴趣，并开始学习研制奥托式燃气发动机。

戴姆勒受到奥托与兰根的邀请，与迈巴赫一起进入德意志瓦斯发动机公司，协助改进四冲程发动机。可是坚持使用工厂动力源的奥托和兰根与坚持制造小型高速汽油机的戴姆勒、迈巴赫意见不合，于是戴姆勒和迈巴赫 1882 年离开了公司，着手制造汽油机。1883 年，他们推出首部戴姆勒卧式发动机。1884 年又推出了性能更好的立式发动机，并于1885年4月3日获得专利。1885年他将此发动机安装于木制双轮车上，并让儿子保罗驾驶，这是世界上第一辆摩托车。1886年，戴姆勒把这种发动机安装在他为妻子43岁生日而购买的马车上，创造出了第一辆戴姆勒汽车。

1897年，戴姆勒的公司生产出“凤凰”牌小客车，1903年，以公司主要投资人埃米尔·耶利内克的女儿的教名“梅赛德斯”命名的小客车投产，有前车灯、挡风板、双门5座位敞篷车，造型更加接近现代轿车的特征，还有比原来更轻、动力更大的引擎、更长的轴距、更低的重心，大幅度提高了戴姆勒公司的商业地位。

3. 威廉·迈巴赫

威廉·迈巴赫（Wilhelm Maybach，1846—1929年，图5-2-3）出生于德国。威廉·迈巴赫一生最大的传奇在于创造了两个举世闻名的豪华品牌：梅赛德斯与迈巴赫。

1865年，迈巴赫在罗依特林根见到了戈特利布·戴姆勒。当时，年仅19岁的威廉·迈巴赫凭借自己在绘图方面的非凡天分，很快便引起了戴姆勒的注意。相同的兴趣和爱好使他们成为知音，两人保持着友好亲密的关系，一直到戴姆勒去世。

图5-2-3　威廉·迈巴赫

1882年，迈巴赫跟随戴姆勒着手研究和开发轻型高速内燃机。1890年，戴姆勒建立了发动机公司（DMG），迈巴赫被任命为总工程师，并于当年研发出了蜂窝式散热器。1891年2月，迈巴赫离开了公司，在戴姆勒的资助下完成了包括喷嘴化油器，凤凰牌发动机和皮带驱动系统的设计和改进。1895年，戴姆勒的公司经营状况恶化，迈巴赫在10月重返该公司，并被任命为技术主管。

1907年，迈巴赫又离开了戴姆勒公司。1909年3月，威廉·迈巴赫与儿子卡尔·迈巴赫共同建立了飞机发动机制造股份有限公司，1918年将其更名为迈巴赫发动机股份有限公司。1919年，该公司重返汽车行业，开始设计汽车发动机，迈巴赫父子制造了第一辆试验车W1，随后他们又开发出了W2型汽车发动机。1921年，卡尔·迈巴赫在柏林车展上公开表示：“我要造最昂贵的轿车。”从而正式确立了迈巴赫的市场定位和未来发展方向。

1926年年末，迈巴赫推出了W5型轿车，该轿车装备6缸直列式发动机，该车的改进型（W5SG）更装配了当时非常先进的带超速挡的变速器。卡尔·迈巴赫45岁生日时，他的父亲送来一件生日礼物——黄金手表，以表示对其成绩的认可。这块手表最早是埃米尔·耶利内克送给威廉·迈巴赫的，以鼓励其未来争取在汽车领域取得更大成就。

4. 鲁道夫·狄塞尔

鲁道夫·狄塞尔（Rudolf Disesel，1858—1913年，图5-2-4）出生于巴黎，1875年进入慕尼黑科技大学读机械制造专业。

1885年，他在巴黎成立发动机实验室。1893—1897年，狄塞尔不断完善发动机的各方

图 5-2-4　鲁道夫·狄塞尔

面性能。1896 年柴油机试验成功。1897 年，狄塞尔完善了自己的发明。他把烧煤粉改为烧液体燃料，把无冷却改为用水冷却，把定温加热改为定压加热。他在奥格斯堡亲手点燃发动机的那一瞬间，一次新的科技革命诞生了。这台于 1897 年试验的发动机就是后来狄塞尔发动机的原型。狄塞尔发明的柴油机改变了整个世界，在汽车、船舶和整个工业领域得到越来越广泛的发展。

5. 费迪南德·保时捷

费迪南德·保时捷（Ferdinand Porsche，1875—1952 年，图 5-2-5）出生于捷克，是著名的德国汽车工程师。他设计出的甲壳虫汽车是世界豪华跑车保时捷公司的创始人，获得了 20 世纪“最佳工程师”的称号。

1893 年，年仅 18 岁的保时捷经常到当地的维也纳工学院旁听与机械和电子相关的课程。1898 年他加入维也纳洛纳车身工厂，开始了汽车生涯。

图 5-2-5　费迪南德·保时捷

1906 年，保时捷被聘任为戴姆勒公司奥地利分公司技术部经理，由于成功设计了“玛哈”牌汽车而获得了第一枚奥地利汽车工程师的勋章。1916 年，保时捷成为公司的董事经理。1909 年，德国和奥地利举办了第一届“亨利王子杯”汽车赛，获得银牌。1910 年，保时捷带着自己设计的三辆赛车参战，在 175 辆汽车中，一举拿下前三名，震惊了世界。截至 1922 年，他设计的跑车在 53 场比赛中胜出了 43 场。

1926 年，保时捷成为戴姆勒公司的一员，为梅赛德斯设计了 S、SS 以及 SSK 等系列产品。1929 年，保时捷来到奥地利，出任斯太尔公司技术总监。

1930 年 12 月 16 日，保时捷在斯图加特创建了“保时捷汽车工作室”。1934 年，保时捷从全新的角度设计出了具有 16 缸增压式发动机的第一辆保时捷赛车，它外形新颖、性能优良。在多次比赛中成为唯一能与“奔驰”较量的车型，先后打破了 8 项世界纪录，夺得过场地赛、越野赛、登山赛等各项赛事的冠军。德国民众虔诚地将这辆赛车命名为“银箭”，表达了他们对它的无限敬意。

1950 年 9 月，保时捷在斯图加特度过了自己 75 岁的生日，人们送给他一辆黑色的保时捷 356 作为礼物。同年 11 月，保时捷回到了沃尔夫斯堡。当时，沃尔夫斯堡的工厂也开始恢复生产，并正式改名为大众车厂。

6. 阿尔芒·标致

阿尔芒·标致（Armand Peageot，1849—1915年，图5-2-6）出生于法国，他先在巴黎中央高等工艺制造学校学习工程技术后，又到英国深造，在那里接触了还处于萌芽状态的汽车工业。1871年，阿尔芒·标致回国发展。

图5-2-6　阿尔芒·标致

1889年，标致和著名的蒸汽动力学家合作，制造出了一辆以标致命名的三轮蒸汽动力汽车，并在巴黎万国博览会上展出。1892年，标致首先在四轮汽车上使用硬橡胶轮胎，大幅提高了其乘坐舒适性。

1896年，标致在里尔成立了“标致汽车公司”，专司旅行车和卡车生产。当年夏天，标致14型面世，首次采用了标致专利的卧式双缸发动机。1901年，应用直列式单缸发动机的标致36型面世，有三座活顶和四座无篷两款，这是首款发动机前置，用倾斜式转向盘取代转向舵的标致汽车，其还以螺杆螺母取代齿轮齿条作为转向传动机构。

7. 安德烈·雪铁龙

安德烈·雪铁龙（A. Citroen，1878—1935年，图5-2-7）出生于法国，是雪铁龙汽车公司的创始人和发动机前置前轮驱动汽车技术的发明者。

雪铁龙年轻时就认定科技进步将给人类带来幸福，所以他选择巴黎综合工科学院就读，准备将来当一名工程师。22岁那年注意到按“人”字形拼成的齿轮而得到灵感，回来后发明了“人”字形齿轮传动系统，并获得专利。1913年创立了自己的公司，专门从事齿轮传动机的生产。

图5-2-7　安德烈·雪铁龙

1905年，雪铁龙又创立了一家小公司，专门生产自己的专利产品，因为“人”字形齿轮运转平稳而且效率高，很快开始销往整个欧洲。1912年，雪铁龙去美国旅游。在那里，他亲眼看到了科学化生产组织使福特大幅降低了T型车的生产成本。于是，他决定用同样的方式来管理自己的工厂。1919年，他在欧洲率先批量生产A型车，产量迅速提高，雪铁龙成为欧洲成功的汽车生产厂家之一。1924年7月28日，雪铁龙汽车公司正式挂牌成立。

雪铁龙坚持认为，汽车厂卖的不只是汽车，还有无微不至的服务。他逐步完善了汽车的买卖方式，创立了一年保证期制度，建立分销网，罗列出零件目录及维修费用一览表，使所有销售点、维修点的费用得以统一。1922年，他大力推广付款售车方式，成立了全国第一个专司分期付款的机构，并在国外创办了不少汽车出租公司，在全国各地形成了一个游览车服务网。

雪铁龙在对公司和产品的宣传方面可谓煞费苦心：1925 年在巴黎埃菲尔铁塔上用霓虹灯的方式做广告，使周围 30 km 以内都可看到；1923 年发起了穿越撒哈拉大沙漠的大型车赛；1924 年组织了贯穿全非洲的“黑色之旅”赛车活动；1928 年起，雪铁龙每月月末在法国 100 家大报刊登大幅广告；1931 年在法国巴黎开办了当时全球最大（长 400 米）的汽车商场，除了经销汽车外，也在场内放映电影和开办音乐会。

8. 恩佐·法拉利

恩佐·法拉利（Enzo Ferrari，1898—1988 年，图 5-2-8）出生于意大利，是法拉利汽车公司的创始人，人称“赛车之父”。恩佐·法拉利一生致力于提高赛车的性能。他是一个孤僻的人，却能够激励周围的每一个人。

图 5-2-8　恩佐·法拉利

恩佐·法拉利的父亲不仅是一个技艺超群的铸铁好手，还是一个如醉如痴的“赛车迷”。在恩佐·法拉利 10 岁那年，父亲带他到波伦亚观看了一场汽车比赛。赛车场上那种集惊险、刺激于一体的惊心动魄场面深深地吸引了他，他盼望着自己也能成为一名优秀的赛车手。

1919 年 10 月，他第一次参加比赛就获得第四名的好成绩。1921 年，法拉利跳槽至阿尔法·罗密欧，作为车手，他不仅要参赛，还要对赛车性能的改进提出意见。同年 9 月，在绅士大奖赛前夕，他遭遇了职业生涯的第一次车祸；当时一群羊从路上穿越，为了避让羊群，他冲出了赛道。此后，法拉利迅速成为这个国家最具声望的赛车手之一。1928 年，法拉利在他的故乡蒙得纳巡回赛上驾驶阿尔法·罗密欧赛车夺冠，圆了他童年时的梦想。1938 年 1 月 1 日，阿尔法·罗密欧宣布成立自己的车队，将其命名为“阿尔法 Corse”，并任命恩佐·法拉利为队长。他只任职一年就辞职了。法拉利回到家乡后，以别名成立车队出现在汽车赛场，开始与老东家同场竞技。

第二次世界大战末期，法拉利的公司设计出 12 缸的车型 125S，赢得了 1947 年罗马大奖赛的冠军。从此，法拉利赛车开始走向辉煌。

1956 年，法拉利唯一的儿子去世。从此，法拉利郁郁寡欢，极少在公开场合露面。每次外出时，他始终打着黑领带，戴着墨镜。

法拉利汽车集技术性、艺术性于一体，采用了类似于劳斯莱斯、保时捷等世界名车那样的半机械、半手工化的加工方法精心制作，堪称稀世珍品。

二、美国汽车业界名人

1. 亨利·福特

亨利·福特（Henry Ford，1863—1947 年，图 5-2-9）出生于美国，是美国汽车大王、汽车工程师、企业家、福特汽车公司的创始人。他也是世界上第一位将装配线概念实际应用而获得巨大成功者。

亨利·福特从小就对机械充满了浓厚的兴趣，他12岁时花了很多时间建立了一个自己的机械坊，15岁时他亲手造了一台内燃机。1879年，他离开家乡到底特律做了一名机械师学徒工。1891年，他成为爱迪生照明公司的一名工程师。1893年，当他晋升为主工程师后，就有足够的时间和钱财来进行他个人对内燃机的研究。1896年，他制造了他的第一辆汽车，将其命名为“四轮车”。

图5-2-9 亨利·福特

1899—1902年，他两次创建自己的公司，由于缺少经验，都失败了。1903年，他建立了福特汽车公司，他新设计的车只用39.4 s就开了1 km。1908年，福特汽车公司推出了福特T型车，是为农民而设计的专用车，大车轮、多用途、高强度、低价格。福特汽车公司为T型车写的广告词是“1908年美国重大事件之一，T型车进农家”。T型车供不应求，迫使福特公司改进生产技术，采用流水线生产。由装配一辆汽车需要12小时28分，到1920年，只需一分钟便可装配1辆汽车，大大降低了成本。1908—1920年，T型车占全世界汽车数量的50%，至1928年停产时，共生产了1 500万辆，为“装在汽车轮上的美国”立下不朽功勋。

由于亨利·福特无视富裕起来的美国人的要求，坚持制造单一车型，致使T型车销售量大减。亨利·福特便意识到需要更新车型：他主要进行发动机、车体和其他机械装置的设计，他的儿子埃兹尔·福特主要对汽车的外形进行改良，还引入了液压制动系统。于1927年成功推出福特A型车。

图5-2-10 威廉·杜兰特

1936年，亨利·福特与他的儿子埃兹尔一起在密歇根州创立了美国福特基金会。1943年，埃兹尔·福特死后，亨利·福特把公司许多企业的指挥权交给其孙子亨利·福特第二。1947年4月3日，亨利·福特去世。为他举行葬礼的那一天，美国所有的汽车生产线停工1分钟，以纪念这位“汽车界的哥白尼”。

2. 威廉·杜兰特

威廉·杜兰特（William Darant，1861—1947年，图5-2-10）出生于美国，是美国通用公司创始人。

1886年，杜兰特对马车制造产生了极大的兴趣；于是，他投资1 500美元，与别人合伙建立了一家马车制造公司，从事当时有利润丰厚的马车制造工作。他凭借自己出色的销售经验和才华，让马车制造公司的业务突飞猛进，成为当时美国最大的马车制造商。

1904 年，杜兰特投资 50 万美元收购了负债累累的别克汽车公司。经过杜兰特 4 年的苦心经营，1908 年，别克汽车公司成为美国顶尖的汽车制造商，别克产品也成为当时市场上最畅销的一个品种。杜兰特从“马车国王”变成了“汽车天才”。

1908 年，杜兰特将别克公司并入早期的通用汽车公司，之后通过并股的办法，将 20 多家汽车公司（包括奥兹莫比尔、凯迪拉克、庞蒂克等知名汽车公司）合并在一起，成立了通用汽车公司。在短短的两年时间内，通用汽车公司生产凯迪拉克、别克、奥克兰、卡特凯特等十多种不同样式的汽车，给消费者提供了更多的选择。1911 年，通用汽车公司由于扩张速度太快，且下属各企业是各自独立的经营单位；加之杜兰特既没有建立必要的管理机构，也没有储备必要的现金，被竞争对手——亨利·福特生产的 T 型车——打败。通用汽车公司陷入了亏损的泥潭，资金出现了严重的危机，杜兰特被迫辞职。

1916 年，杜兰特重新获得了通用汽车公司的领导权。由于杜兰特只热衷于扩大公司规模（在他担任总经理的 4 年时间内，公司的规模扩大了 8 倍），通用公司濒临倒闭，所以人称杜兰特是“聚财能手、经营白痴”。

3. 艾尔弗雷德·斯隆

艾尔弗雷德·斯隆（Alfred Sloan，1875—1966 年，图 5-2-11）出生于美国，企业家，传奇式领袖，成功的职业经理人，通用汽车公司的第八任总裁。斯隆是在管理与商业模式上创新的代表人物，被称为“经营之神”。

1895 年，斯隆毕业于麻省理工学院，他几乎把毕生精力奉献给了汽车行业。

1918 年，斯隆加盟杜兰特领导的通用汽车公司。1923 年 5 月，继杜邦先生之后，成为通用汽车公司的总裁。之后，斯隆一直任通用汽车公司总裁、首席执行官、董事会主席。在他领导的几十年中，通用汽车公司超越福特汽车公司，得到了很好的发展。

图 5-2-11　艾尔弗雷德·斯隆

在斯隆的领导下，通用汽车公司一直秉承顾客至上的理念。他指出了汽车外观和销售的四条新原则，并在公司实行。这四条原则后来成为汽车工业的基本原则。它们分别是分期付款、旧车折价、年年换代、密封车身。前三条原则的效果特别明显，意义尤为重大。分期付款购车和以旧车折价换取同厂出品的新车缓解了买主财源不足的状况，是销售商的得意法宝。

4. 李·艾柯卡

李·艾柯卡（Lee Iacocca，1924—2019 年，图 5-2-12）出生于美国，曾担任过福特汽车公司总裁；后在担任克莱斯勒汽车公司总裁期间，他把公司从危境中拯救过来，使之成为全美第三大汽车公司。在 20 世纪 80 年代和 90 年代初，李·艾柯卡成为美国商业偶像第一人。

父亲在大萧条的艰苦岁月中的乐观态度和坚定信念给艾柯卡留下了深刻的印象。每当艾柯

图 5-2-12　李·艾柯卡

卡遇到困难时，父亲总是深情地鼓励他："太阳总是要出来的，要勇往直前，不要半途而废。"

1946 年，21 岁的艾柯卡在福特公司当了一名见习工程师。艾柯卡对整天与无生命的机器打交道的工作感到索然无味，他感兴趣的是与人打交道的推销员工作。艾柯卡曾经推出一个推销汽车的广告：谁购买一辆 1956 年型的福特汽车，只要先付 20%货款，其余部分每月付 56 美元，3 年付清。艾柯卡把这个办法称为"花 56 美元买五六型福特车"。福特公司把这种分期付款的推销方法在全国各地推广后，福特汽车的销量像火箭般直线上升，艾柯卡也因此而名声大振，不久便晋升为华盛顿特区经理。

20 世纪 60 年代，他夜以继日地研制出一款专为年轻人设计的新车，并定名为"野马"，第一年销售量就创下了全美汽车制造业的最高纪录。1970 年，艾柯卡就任福特汽车公司总裁。在他就任的 8 年里，为福特汽车公司净挣了 35 亿美元利润。

1981 年，艾柯卡受命于危难之际，担任克莱斯勒公司总裁。为了拯救克莱斯勒，艾柯卡大智大勇、大刀阔斧地进行了一系列惊人的改革：辞退了 35 位副总裁中的 33 位，关闭了公司的 20 个工厂，3 年裁员 7.4 万人，还缩减每位高级职员 10%的工资，他自己也主动放弃每年 36 万美元的年薪，只领取 1 美元象征性工资，最终获得了美国政府的 15 亿美元贷款，经过三年的努力，公司扭亏为盈。

三、亚洲汽车业界名人

1. 丰田喜一郎

丰田喜一郎（Kiichiro Toyoda，1894—1952 年，图 5-2-13）出生于日本，是丰田汽车公司的创始人和日本汽车工业的先驱者，创造了风靡全球的"丰田生产方式"。

丰田喜一郎就读于东京帝国大学工学系机械专业，毕业后来到父亲的"丰田纺织株式会社"当了一名机师。经过 10 年的磨炼，丰田喜一郎担任技术部门的常务经理。

1929 年年底，丰田喜一郎代表父亲前往英国签订契约。在国外，他还花费了 4 个月的时间体验了英国的汽车交通，走访了英、美尤其是美国的汽车生产企业，彻底弄清了欧美国家的汽车生产状况，坚定了他发展自己汽车事业的决心。

图 5-2-13　丰田喜一郎

1933 年，“丰田纺织株式会社”设立汽车部，于 1933 年 4 月购回一台美国“雪佛兰”汽车发动机进行反复拆装、研究、分析、测绘。1933 年 9 月，他着手试制汽车发动机，拉开了汽车生产的序幕。1934 年，他托人从国外购回一辆德国产的 DKW 前轮驱动汽车，经过连续 2 年的研究，终于在 1935 年 8 月造出了第一辆“丰田 G1”卡车。

丰田喜一郎于 1937 年成立了“丰田汽车工业株式会社”。一开始他就从基础工业入手，着眼于整体素质的提高，使材料工业、机械制造、汽车零部件业与汽车工业同步发展，为汽车的大批量创造了必要的条件。日本人称他是“日本大批量汽车生产之父”。

丰田喜一郎对汽车工业的另一项重大贡献在对生产过程的科学管理方面。为了确保产品质量，实现大批量生产，他在自己的企业中进行了一系列试点。首先，他将全公司的工厂结构进行了调整，经过调整公司实现了自身结构的专业化、合理化、科学化。其次，他将工厂内部的生产结构进行了调整，使其适合于专业化生产。再次，他创出了后来风靡全球的“丰田生产方式”。丰田喜一郎的创新之处在于将传统的整批生产方式改为弹性生产方式。按照他的模式组织生产，工人和工厂都可得到好处。今天，“丰田生产方式”已超越国别、行业而成为世界许多国家争相学习的先进经验。

2. 饶斌

饶斌（1913—1987 年，图 5-2-14）出生于吉林省吉林市，中国汽车工业的主要奠基人和杰出开拓者，被称为“中国汽车之父”。饶斌的经历能够完整地反映中国汽车工业最初的发展历程。

图 5-2-14　饶斌

1953 年 7 月 15 日，中国第一汽车制造厂（以下简称“一汽”）举行了隆重的奠基典礼（仅用三年时间，饶斌就建成了中国汽车工业的摇篮——第一汽车制造厂）。

一汽被人们称为“中华人民共和国汽车工业的长子”。1956 年 7 月 13 日，一汽建成投产，总装线上装配出了中华人民共和国第一辆“解放牌”汽车。1958 年 5 月，中国第一辆自己制造的轿车问世，车名取“东风”二字。其车头标志是一条镀金的龙，尾灯是仿中国宫灯造型，内饰采用的是中国的名贵织锦。

1958 年 8 月，第一辆红旗轿车问世。1959 年，红旗轿车正式定型投产，生产型号 CA72，为双排座式。1960 年年初，一汽开始以 CA72 型轿车为基础改制三排座型的红旗轿车；1965 年的国庆前夕，定型生产出三排座型的 CA770 红旗高级轿车，首次经国家验收并定型为我国高级轿车。

1964 年，饶斌又受命主持创建二汽。二汽筹建之初，饶斌根据一汽的经验，制定了建厂方针：坚持自力更生、自我武装，用“全国聚宝”的方法，由全国的汽车和机械制造企业包建各个分厂，形成系统的现代化汽车制造企业。1982 年，饶斌出任新成立的中国汽车工业公司第一任董事长。在此期间，他提出了汽车工业调整改组和发展规划，组织引进先进技术，加速产品换代，解决了汽车工业“缺重少轻”轿车的空白局面。

学习研讨

背景描述	世界车坛中的伟人也被称为车界的灵魂，虽然出身有贫富之差，受教育程度有高低之分，但是他们真正做到了“干一行，爱一行”；同时，也为汽车事业贡献了自己的力量。中国自主品牌汽车的成功离不开企业家们的奋进与坚持
讨论主题	谈谈比亚迪的王传福、奇瑞的尹同跃等企业家催人奋进的故事
成果展示	小组采用PPT等方式展示成果

学习评价

内容组织	素养提升			评价结果
内容全面且组织有条理：详细介绍孟少农、王传福和尹同跃等为中国汽车工业和自主品牌发展做出的贡献	语言通顺简洁、思路清晰、重点突出	熟练运用PPT、视频、动画等信息化技术手段	很好体现不畏艰难拼搏进取的人生态度	优秀□
内容较全面且组织比较有条理：较详细介绍王传福、尹同跃等为中国汽车工业和自主品牌发展做出的贡献	语言较通顺简洁、思路较清晰、重点突出	较熟练运用PPT、视频、动画等信息化技术手段	较好体现不畏艰难拼搏进取的人生态度	良好□
内容不全面且组织条理不清：简单介绍王传福、尹同跃等为中国汽车工业和自主品牌发展做出的贡献	不能够很好组织语言、思路不清晰	不能熟练运用视频、动画等信息化技术手段	没有很好体现不畏艰难拼搏进取的人生态度	一般□

习题测试

1. （　　）一生最大的传奇是创造了两个举世闻名的豪车品牌：梅赛德斯与迈巴赫。

A. 威廉·迈巴赫　　B. 戈特利布·戴姆勒　　C. 卡尔·本茨

2. （　　）是美国汽车大王，也是世界上第一位将装配线概念应用在实际中而获得巨大成功的人。

A. 亨利·福特　　B. 戈特利布·戴姆勒　　C. 威廉·杜兰特

3. 1947年，在（　　）的葬礼那天，美国所有汽车生产线停工1分钟，纪念这位“汽车界的哥白尼”。

A. 戈特利布·戴姆勒　　B. 亨利·福特　　C. 威廉·杜兰特

4. （　　）是通用汽车公司的第八任总裁，人称“经营之神”，被誉为成功的职业经理人。

A. 艾尔弗雷德·斯隆　　B. 亨利·福特　　C. 威廉·杜兰特

5.（　　）是法拉利汽车公司的创始人，人称“赛车之父”。

A. 费迪南德·保时捷　　B. 恩佐·法拉利　　C. 亨利·福特

6.（　　）是中国第一汽车制造厂的主要奠基人和杰出开拓者。

A. 郭力　　B. 饶斌　　C. 孟少农

拓展阅读

在竞争激烈的中国汽车市场上，自主品牌作为一个阵营与合资品牌对垒多年。虽然其一直处于相对弱势的地位，但也取得了长足的进步，始终没有被合资品牌压倒。特别是近几年来，一些做得好的自主品牌脱颖而出，不但突破了“十万元天花板”，还在整体市场状况不乐观的情况下实现了效益的快速增长。在汽车产业领域，我国连续八年成为世界最大的汽车产销国，自主品牌的市场占有率已突破50%以上；我国连续两年成为全球新能源汽车最大的消费市场。自主品牌开始显现出较强的竞争力，令每一位关注自主品牌的消费者感到欣慰。

扫描下方二维码，了解更多关于汽车行业名人故事。

比亚迪董事长王传福　　北汽控股董事长徐和谊

模块六

汽车品牌与车标

随着世界各大汽车厂商的互相融合与互相渗透，车型之间的相似度越来越高，差异越来越小。车标是汽车公司或品牌的象征，一些汽车的车标虽然不是以创业者的名字命名，但车标上仍保留着汽车公司的一些珍贵史料，暗示公司在创业史上所经营的业务和形成过程，有些车标甚至还能显示企业在历史上曾有过的辉煌。车标或蕴藏着深厚的历史文化，或体现着创业者的理想和追求，或彰显着产品优秀的品质，或包含着传奇而动人的故事……

本模块主要介绍汽车品牌与车标，内容包括欧美汽车品牌与车标以及亚洲汽车品牌与车标。通过本模块的学习，学生能够说出各国汽车品牌并讲述其车标文化，深刻理解优秀的企业文化内涵，树立正确的价值观、审美观和消费观。通过学习研讨和学习评价的训练，提升学生的组织能力、语言表达能力和信息化技术应用能力。

学习单元一 欧美汽车品牌与车标

情境导入

欧洲是汽车工业的发源地，欧洲汽车历经百年，风靡全球。例如德国汽车的刚劲沉稳、英国汽车的尊贵典雅、瑞典汽车的安全厚重，以及法国汽车超凡的操控性和意大利汽车出色的高性能，但是没有一个国家形成了美国那样的汽车文化。对美国而言，汽车与水还有面包同等重要。

学习目标

1. 能够说出德国汽车品牌并讲述其车标文化；
2. 能够说出美国汽车品牌并讲述其车标文化；
3. 能够说出欧洲其他汽车品牌并讲述其车标文化；
4. 深刻理解优秀的企业文化内涵；
5. 树立正确的价值观、审美观和消费观；
6. 提升材料组织和语言表达能力；
7. 提升信息化技术应用能力。

相关知识

一、德国汽车品牌与车标文化

（一）戴姆勒—奔驰（Daimler-Benz）汽车公司

戴姆勒—奔驰汽车公司由奔驰、戴姆勒两家汽车公司于 1926 年合并而成，其总部设在德国斯图加特市。其中奔驰汽车公司由卡尔·本茨创建于 1883 年，戴姆勒汽车公司由戈特利布·戴姆勒创建于 1890 年。戴姆勒—奔驰汽车公司生产的汽车以高质量、高性能闻名于世。

奔驰车标文化

戴姆勒公司创始人戈特利布·戴姆勒在 1873 年曾在给妻子的信中画了一颗三叉星，并说："总有一天，这颗星会照耀我的毕生工作。" 1890 年，戴姆勒公司开始把三叉星作为商标，三叉星的外围设计成圆形。戴姆勒公司将汽车产品命名为"梅赛德斯"后，在三叉星商标里又加入了 MERCEDES 字样。原奔驰的车标也是一个圆形图徽，中间是

BENZ 字样，两侧用月桂环绕，代表吉祥、胜利之意，如图 6-1-1 所示。

图 6-1-1　戴姆勒—奔驰车标的演变

1926 年，奔驰公司在与戴姆勒公司合并以后，将两者的标志结合起来，用奔驰的月桂环绕着戴姆勒的三叉星，将 MERCEDES 字样放在上面，BENZ 字样放在下面，形成了戴姆勒—奔驰最初的车标，如图 6-1-1 所示。

现在，戴姆勒—奔驰公司的标志是一个形似汽车方向盘的环形圈围绕一颗闪闪发光的三叉星，下面是以月桂环绕的带 MERCEDES 和 BENZ 字样的底座。三叉星象征着该公司向陆海空三个方向发展，环形圈显示着其营销全球的发展理念，如图 6-1-2 所示。

（二）大众汽车（Volkswagen）集团

大众汽车集团由费迪南德·保时捷于 1937 年创建，是德国最大的汽车生产厂家，总部位于德国沃尔夫斯堡市。大众汽车集团旗下拥有奥迪、保时捷、兰博基尼、布加迪、宾利、斯柯达和西雅特等汽车品牌。

1. 大众（Volks wagen）

大众的车标（图 6-1-3）中叠加的 VW 是德文中的 Volks 和 Wagen 两个单词的首字母，Volks Wagen 在德文里的意思是“大众使用的汽车”。整个图案又形似三个叠加的“V”字，表示大众汽车集团产品“必胜—必胜—必胜”。

图 6-1-2　奔驰车标

图 6-1-3　大众车标

2. 奥迪（Audi）

奥迪公司的前身是 1933 年由奥迪（Audi）、霍克（Horch）、万德勒（Wanderer）和 DKW 四家公司联合成立的汽车联盟。

奥迪车标是四个半径相等紧扣着的圆环（图 6-1-4），这表示该公司当初是由四家公司合并而成的，寓示四兄弟团结合作的亲密关系和奋发向上的敬业精神。

图 6-1-4　奥迪公司车标

3. 保时捷（Porsche）

1931 年 3 月 6 日，保时捷设计与研究公司在德国斯图加特正式成立。现在，保时捷公司既从事保时捷跑车的设计与生产工作，也承接其他公司委托的技术研究和设计开发工作。2008 年，保时捷正式成为大众集团的子公司。

保时捷车标（图 6-1-5）上方最显眼的位置是公司的名称，商标图案采用的是公司所在地斯图加特市的市徽。图案中央是一匹马，马的上方有“STUTTGART”字样，表明斯图加特市盛产名马；图案左上方和右下方是鹿角图案，表明该地曾是狩猎的场所；右上方和左下方的黄色条纹是成熟麦子的颜色，意味着土地肥沃、年年丰收；红黑相间的颜色象征着人们的智慧。

4. 兰博基尼（Lamborghini）

1961 年，兰博基尼汽车公司创建于跑车之都——摩德纳。1998 年，兰博基尼被奥迪公司收购，成为大众集团的一个子公司。

兰博基尼的车标（图 6-1-6）是一头牛，它浑身充满力气，正准备攻击对方，喻意该公司生产的赛车功率大、速度快、战无不胜。

图 6-1-5　保时捷车标

图 6-1-6　兰博基尼车标

5. 布加迪（Bugatti）

布加迪汽车公司创建于 1909 年，创始人是埃托里 · 布加迪（Etori Bugatti）。布加迪是目前老爷车中保存量最多的车种之一。第二次世界大战后，布加迪公司不复存在。1990 年，罗蒙诺 · 布加迪（Romano Bugatti）重建了布加迪公司。1998 年，大众汽车集团收购了这个著名品牌。

布加迪车标（图 6-1-7）中的英文字母即布加迪，上方的EB即为埃托里 · 布加迪英文的缩写，周围一圈小圆点象征滚珠轴承，底色为红色。

图 6-1-7　布加迪车标

6. 宾利（Bentley）

宾利（Bentley）公司由沃尔特·欧文·宾利（Walter Owen Bentley，1888—1971 年）于 1919 年创建，专门生产运动型车。1931 年，处于困境中的宾利公司被劳斯莱斯公司兼并，但仍保持原名。1998 年，在与大众公司竞购劳斯莱斯的竞争中，宝马公司收购了劳斯莱斯品牌，而大众领走了宾利。

宾利公司与产品标志（图 6-1-8）是以公司名的第一个字母“B”为主体，生出一对翅膀，似凌空翱翔的雄鹰，整个标志庄严又不失霸气，夺目而不显张扬，寓示着宾利公司在全球范围内拥有无限的发展能力。

7. 斯柯达（Skoda）

斯柯达（Skoda）品牌创立于 1895 年，是德国大众汽车公司旗下经典品牌之一，总部位于捷克的姆拉达-博莱斯拉夫。2006 年，斯柯达明锐在上海大众投产，成为继大众和奥迪之后，大众集团旗下第三个在中国投产的汽车品牌。随后，斯柯达晶锐、斯柯达昊锐、斯柯达昕锐也相继在中国上市。

在 2011 年的日内瓦车展上，大众旗下斯柯达品牌正式发布新的品牌标志（图 6-1-9）。新的斯柯达车标虽然整体造型仍为带三根羽毛的箭头，但翅膀更细窄，整个车标更突出，颜色以“斯柯达绿”替代原来的“自然绿”，边框也采用镀铬装饰，突出了科技感。

图 6-1-8　宾利车标

图 6-1-9　斯柯达车标

（三）宝马公司

宝马公司（BMW）于 1916 年创建于德国慕尼黑。宝马汽车公司以汽车的高质量、高性能和高技术为追求目标，汽车产量不高，但在世界汽车界与用户中享有和奔驰汽车几乎同等的地位。宝马汽车加速性能和高速性能在世界汽车界数一数二，因此各国警方的警车首选的就是宝马汽车。

1994 年，宝马公司收购了路虎汽车公司，由此背上了沉重的包袱，于是在 2000 年年初将路虎转卖给了福特公司。2003 年，劳斯莱斯（Rolls Royce）汽车公司归入宝马公司旗下。

目前，宝马公司拥有宝马、迷你和劳斯莱斯三个品牌，它们使BMW集团成为世界上唯一一家专注于高档汽车和摩托车的制造商。

1. 宝马（BMW）

宝马车标（图6-1-10）采用蓝白相间的图案是公司所在地巴伐利亚州的州徽，既提示了它拥有来自巴伐利亚州的纯正血统，也象征着公司在时空旅程中，凭借最创新的科技、最先进的观念来满足消费者的愿望，反映了宝马公司蓬勃向上的气质与日新月异的面貌。

2. 劳斯莱斯

1906年，劳斯莱斯公司汽车的在英国正式成立。劳斯莱斯凭借“贵族化”的形象享誉全球。2003年，劳斯莱斯汽车公司归入宝马公司。

劳斯莱斯公司汽车的年产量只有几千辆，但从另一角度看，却物以稀为贵。劳斯莱斯坚持着手工制造车身的传统，是汽车王国中雍容高贵的标志。

劳斯莱斯车标（图6-1-11）将两个“R”重叠在一起，象征着你中有我、我中有你的团结奋进、精诚合作、共同创业的精神，体现了罗易斯和罗尔斯两人融洽及和谐的关系。“R”车标镶嵌在散热器格栅上部。当两位创始人去世后，公司继承人将双“R”车标由红色改为黑色，以示纪念。

图6-1-10　宝马车标

(a)

(b)

图6-1-11　劳斯莱斯车标

(a) 车标图案；(b) 立体车标

劳斯莱斯的立体车标是一位“飞天女神”，她弯腰站立在尊贵的劳斯莱斯车车头上，双臂后伸，身披轻纱，迎风前行，光彩夺目。传说查尔斯以约翰逊漂亮的女友艾莉诺·索恩顿为模特，设计并雕琢了“飞天女神”塑像，并于1911年正式让这个塑像成为劳斯莱斯车标。为了防止盗窃，车厂在车徽底座上设计了一个巧妙的机关，当有人用力扳动女神像时，它会自动缩入，而且还会启动报警系统，吓走偷盗者。

3. 迷你（MINI）

1956年9月，第二次中东战争爆发，阿拉伯国家采取切断苏伊士运河禁止油轮通航，使欧洲陷入严重的石油恐慌。英国临时采取了汽油配给制，于是，街上出现了大量短小而圆润的小车。1957年10月，第一辆迷你样车在英国牛津诞生；1959年5月9日，迷你正式投产；1959年8月26日，迷你正式面世；1960年，第一辆迷你在美国销售。

迷你刚推出时并不被十分看好，但后劲十足，这是由于迷你在不同的国家具有广泛的亲和力，顺应了人们对生活方式的追求。它低调而富有魅力，充满个性又毫不张扬，既适应了社会名流的亲民心态，又适应了普通百姓对时尚的追求。

迷你的车标（图 6-1-12）是一个插上翅膀的车轮。

图 6-1-12　迷你车标

二、美国汽车品牌与车标文化

（一）福特汽车公司

福特汽车公司于 1903 年 6 月由亨利·福特（Henry Ford）创办于美国底特律市。今天的福特汽车公司已是全球最大的卡车制造商和最大汽车公司之一。福特汽车公司有两大业务集团：福特汽车业务和金融服务集团。此外，福特还拥有世界最大的汽车信贷企业——福特信贷（Ford Credit）、全球最大的汽车租赁公司——赫兹（Hertz），以及汽车服务品牌（Quality Care）。

福特集团曾一度拥有世界著名的八大汽车品牌：福特（Ford）、林肯（Lincoln）、水星（Mercury）、马自达（Mazda）、沃尔沃（Volvo）、阿斯顿·马丁（Aston Martin）、陆虎（Land Rover）和捷豹（Jaguar）。其中，阿斯顿·马丁、路虎、捷豹和沃尔沃被卖出，2008 年 3 月，印度塔塔集团出资 23 亿美元，成为捷豹和路虎两大品牌的新主人。

1. 福特

福特是福特汽车公司品牌家族的第一个成员。福特一贯秉承提升顾客价值作为福特汽车追求的最高宗旨，在质量和追求提升质量的解决之道上从不妥协。福特自始至终都在为用户提供可靠而且价格适宜的汽车。从第一辆大众汽车 T 型车到 20 世纪 90 年代的畅销车 Taurus，福特始终处于全球最受欢迎的轿车和卡车品牌的行列。

图 6-1-13　福特车标

福特车标（图 6-1-13）是采用福特英文 Ford 字样，蓝底白字。由于创建人亨利·福特喜欢小动物，车标设计者就把福特的英文画成一只小白兔的样子。活泼可爱、充满活力的小白兔既象征着福特汽车奔驰在世界各地，又暗示了亨利·福特对小动物的喜爱。

2. 林肯

林肯是福特汽车公司拥有的第二个品牌，1922 年福特汽车公司以 800 万美元收购了林肯品牌，并由此进入豪华车市场。林肯车因杰出的性能、高雅的造型和无与伦比的舒适而成为美国车舒适和豪华的象征。

林肯轿车是以美国第 16 任总统的名字亚伯拉罕·林肯命名的，借助林肯总统的名字来树立公司形象，显示该公司生产的是顶级轿车。林肯车标（图 6-1-14）是一个矩形中含有一颗闪闪放光的星，表示林肯总统是美国联邦统一和废除奴隶制的启明星，也寓示林肯牌轿车的未来光辉灿烂。

图 6-1-14　林肯车标

（二）通用汽车公司

通用汽车公司是由威廉·杜兰特于 1908 年在别克的基础上建立的，总部设在底特律。通用汽车公司生产的汽车，典型地表现了美国汽车豪华、宽大、内部舒适、速度快、储备功率大等特点。而且通用汽车公司尤其重视质量和新技术的采用，因而通用汽车公司的产品始终在用户心中享有盛誉。

目前，通用汽车公司的主要汽车品牌包括雪佛兰、别克、凯迪拉克、GMC、霍顿等。

1. 别克（Buick）部

1903年5月，大卫·别克在布里斯科兄弟的帮助下创建了别克（BUICK）汽车公司。1908年，杜兰特以别克汽车公司为中心，成立了美国通用汽车公司。当通用汽车公司扩大后，别克部成为通用的第二大部门，它主要设计制造中档家庭轿车。

别克车标（图6-1-15）中形似“三颗子弹”的图案为其图形商标，它是别克分部的标志，被安装在汽车散热器格栅上。颜色不同（从左到右为红、银、蓝）并依次排列在不同高度位置的子弹，给人一种积极进取、不断攀登的感觉，它表示别克分部采用顶级技术，刃刃见锋；也表示别克分部培养的人才个个在工作中游刃有余，是无坚不摧，勇于登峰的勇士。

2. 雪佛兰（Chevrolet）部

1908年，杜兰特在一次环球旅途中，在一家法国旅馆的墙纸上意外地发现了一个有趣的图案，他认为这个图案可以作为汽车的标志，于是就撕下了墙纸的一角，并展示给朋友们看。后来这个有趣的“金领结”图案就演变成了畅销全球的雪佛兰汽车的标志。

“雪佛兰”取自原雪佛兰汽车公司创始人路易斯·雪佛兰的姓氏，商标图形（图6-1-16）是抽象化了的蝴蝶领结，象征雪佛兰汽车的大方、气派和风度。

图6-1-15　别克车标

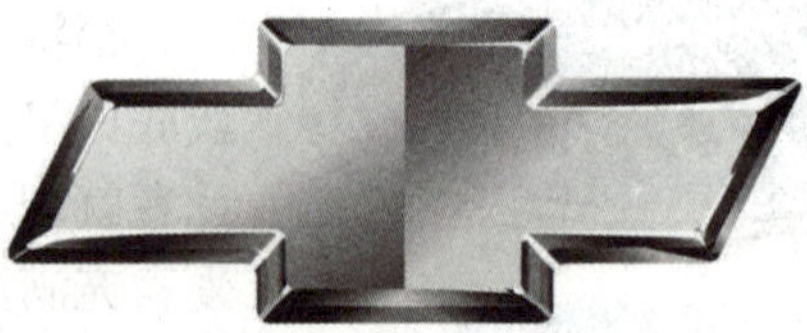

图6-1-16　雪佛兰车标

3. 凯迪拉克（Cadillac）部

凯迪拉克汽车公司成立于1902年8月美国汽车之城的底特律，创始人是亨利·利兰。1909年，凯迪拉克公司加入通用公司，成为通用专门生产豪华车的一个分部。

凯迪拉克车标（图6-1-17）使用的是由冠和盾组成的凯迪拉克家族纹章，以其雅致的图案和丰富的内涵，寓示凯迪拉克车的高贵、豪华和气派。

“冠”上的七颗珍珠表示凯迪拉克家族具有皇家贵族血统；“盾”则象征着凯迪拉克军队英勇善战、攻无不克、无坚不摧，进而寓示凯迪拉克汽车巨大的市场竞争力。“盾”被两根深褐色棒平分为四个等分：第二和第三等分有两根相互交叉的褐色棒，表示战士在遥远战场上富有骑士般的勇猛；第一和第四等分中

图6-1-17　凯迪拉克车标

各有三只黑色的鸟，这两等分又被黑色棒一分为二，并把三只相同的鸟分开，两只在上，一只在下，按照当时的风俗，如果三只没有腿和嘴的鸟同时出现（即三位一体），就表示神圣。“盾”中的各种颜色也有深刻的含义，如红色表示勇猛；黑色表示土地；银色表示婚姻、纯洁、博爱和美德；黄色表示丰收和富有；蓝色表示创新和探险。

新设计的车标含有大胆而轮廓鲜明的棱角，反映了凯迪拉克未来的设计理念。新的花冠保留了现有的颜色组合——金黄与纯黑相映，象征智慧与财富；红色象征行动果敢；银白色代表着纯洁、仁慈、美德与富足；蓝色代表着骑士般的侠义精神，以铂金颜色为底色。

（三）克莱斯勒汽车公司

克莱斯勒（Chrysler）是美国三大汽车公司之一。该公司创始人是沃尔特·克莱斯勒（Walter Chrysler）。公司产品分两大类：一是汽车产品；二是克莱斯勒金融业务。克莱斯勒金融机构及其附属机构为克莱斯勒的客户提供各式金融服务，也提供批发和零售金融服务、租赁服务、库存金融服务和消费信贷。克莱斯勒公司以经营汽车业务为主，主要生产克莱斯勒、道奇、吉普等品牌的汽车。

1. 克莱斯勒

2009 年 4 月 30 日，克莱斯勒向纽约南区破产法院递交了破产保护申请，当破产保护程序执行完毕后，意大利汽车制造商菲亚特完成了对克莱斯勒资产的收购，组建了全球第六大汽车制造公司。

2010 年，克莱斯勒发布新版 Logo，使用的是飞翼型标志（飞翼代表勇敢的创新精神），中间用克莱斯勒的英文衬以蓝底，更具有流线型美感，如图 6-1-18 所示。

2. 道奇

道奇（Dodge）兄弟（约翰·道奇和霍瑞斯·道奇）于 1914 年创建了道奇公司，1928 年被克莱斯勒收购，成为一个分部。

“道奇”（图 6-1-19）文字商标采用道奇兄弟的姓氏“Dodge”，图形商标是在一个五边形中有一羊头形象，在汽车上使用小公羊、大公羊两个商标。该商标象征“道奇”车强壮剽悍，善于决斗；表示道奇部的产品朴实无华、美观大方。

图 6-1-18　克莱斯勒车标

图 6-1-19　道奇车标

三、欧洲其他汽车公司及品牌介绍

（一）标致—雪铁龙集团

1976 年标致公司与雪铁龙公司合并成立了标致雪铁龙（PSA）集团，是一家法国私营汽车制造公司，旗下拥有标致、雪铁龙、DS、欧宝、沃克斯豪尔五大汽车品牌。

1. 标致

标致新车标是线条遒劲，棱角分明的一头站立咆哮的雄狮（图6-1-20）。该标志采用的是公司创建地蒙贝利亚尔所在省的省徽。标致家族原先是做锯条和小弹簧生意的，取雄狮作为商标，代表锯齿像狮子的牙齿那样经久耐磨，锯身像狮子的脊梁那样有弹性，拉锯的性能像狮子一样所向无敌，代表了一个追求高质量无止境的企业。

2. 雪铁龙

雪铁龙的前身是一家齿轮公司，由于雪铁龙在1912年发明了人字形齿轮传动，因此雪铁龙公司的车标（图6-1-21）便采用了人字齿轮的两对齿形，以纪念对齿轮工业的贡献，同时也宣扬其产品勇于创新的品质。

图6-1-20　标致车标

图6-1-21　雪铁龙车标

（二）雷诺集团

1898年，路易斯·雷诺三兄弟在比扬古创建了雷诺（Renault）集团。在第二次世界大战期间，雷诺集团曾为德国法西斯效劳，在战争结束后，雷诺公司被法国政府收为国有，是法国最大的国营企业。

雷诺车标（图6-1-22）是四个菱形拼成的图案，象征雷诺三兄弟与汽车工业融为一体，表示“雷诺”能在无限的（四维）空间中竞争、生存、发展。

（三）菲亚特集团

菲亚特集团始建于1899年7月意大利都灵市，其轿车部门主要有菲亚特、法拉利、阿尔法·罗密欧、玛莎拉蒂和蓝旗亚等。

1. 法拉利

法拉利（Ferrari）公司是世界上最著名的赛车和运动跑车生产厂家，总部设在意大利的马拉内罗。

法拉利车标（图6-1-23）是一匹黑色跳马。1923年5月25日，战斗英雄巴拉卡的母亲在拿出儿子的“腾马”纹章时对恩佐·法拉利说：“法拉利，拿去吧，贴到你车上，它会给你带来好运”，于是，带有“腾马”标志的法拉利赛车连连夺魁。从此，“腾马”便成了法拉利的车标。

图6-1-22　雷诺车标

图6-1-23　法拉利车标

但在战争即将结束之际，巴拉卡却坠机身亡。法拉利就将“腾马”固定为黑色，徽标的黄底色为法拉利公司所在地摩迪纳的城市标志色。

2. 阿尔法·罗密欧

阿尔法·罗密欧（Alfa Romeo）公司成立于1918年，1984年加入菲亚特集团。车标图案（图6-1-24）选用了公司总部所在地米兰市的市徽，其也是中世纪米兰的领主维斯康泰公爵的族徽。

3. 玛莎拉蒂

玛莎拉蒂（Maserati）汽车公司由玛莎拉蒂家族创建于1926年，是一家专门生产运动型车的公司，1993年加入菲亚特集团。

玛沙拉蒂车标（图6-1-25）是在树叶形的底座上放置了三叉兵器，相传此物乃罗马神话中海神纳普秋的武器，显示了海神巨大无比的威力，这个商标也是公司所在地博洛尼亚市的市徽。

图6-1-24　阿尔法·罗密欧车标

图6-1-25　玛莎拉蒂车标

学习研讨

背景描述	汽车文化具体体现主要是汽车本身所折射出的设计理念，美国、德国、英国、法国、意大利等国生产的汽车，因为文化元素不一样，设计结果便不一样。不同的汽车品牌承载着不同的汽车文化内涵，而不同的汽车文化又会影响汽车品牌的塑造过程，两者相辅相成，是一个不可分割的整体
讨论主题	盘点欧美国家汽车品牌所体现的民族性和个性
成果展示	小组采用PPT等方式展示成果

学习评价

内容组织	素养提升			评价结果
内容全面且组织有条理：详细介绍美国、德国、英国、法国、意大利等国家品牌汽车的风格与特点	语言通顺简洁、思路清晰、重点突出	熟练运用PPT、视频、动画等信息化技术手段	很好体现正确的价值观、审美观和消费观以及企业文化内涵	优秀□

续表

内容组织	素养提升			评价结果
内容较全面且组织比较有条理：较详细介绍美国、德国、英国、法国、意大利等国家品牌汽车的风格与特点	语言较通顺简洁、思路较清晰、重点突出	较熟练运用 PPT、视频、动画等信息化技术手段	较好体现正确的价值观、审美观和消费观以及企业文化内涵	良好□
内容不全面且组织条理不清：简单介绍美国、德国、英国、法国、意大利等国家品牌汽车的风格与特点	不能够很好组织语言、思路不清晰	不能熟练运用视频、动画等信息化技术手段	没有很好体现正确的价值观、审美观和消费观以及企业文化内涵	一般□

习题测试

1. 下列汽车品牌中来自欧洲的有（　　）。
A. 大众　　B. 奔驰
C. 雷诺　　D. 福特
2. 美国是一个车轮上的国家，它的三大汽车巨头包括（　　）。
A. 福特　　B. 通用
C. 克莱斯勒　　D. 保时捷
3. 奥迪公司前身是由（　　）联合成立的汽车联盟，喻示兄弟们团结合作的亲密关系。
A. 奥迪　　B. 霍克
C. 万德勒　　D. DKW
4. 法拉利公司是世界上最著名的赛车和运动跑车生产厂家，车标是（　　）。
A. 一匹黑色跳马　　B. 一头黑色犟牛　　C. 一匹黄色跳马
5. 别克车标为“三颗子弹”图案。“三颗子弹”的颜色不同，从左到右分别是（　　）。
A. 红、银、蓝　　B. 红、蓝、银　　C. 红、蓝、黑
6. 劳斯莱斯的立体车标是（　　），为了防盗，公司还在车徽底座上设计了巧妙的机关。
A. 飞天女神　　B. 猎豹　　C. 三叉星

拓展阅读

2021年“3·15”（国际消费者权益日）期间，汽车之家官网发布了《汽车之家新车质量报告——海外品牌进口车》的整体质量表现。2021年，海外品牌进口新车总体质量表现的PPH值为94，相比于2020年的117，降低了23，更远低于2019年的152，这说明海外品牌进口汽车的整体质量表现正在逐年提升。

说明：汽车的PPH值是百车故障数的意思，表示平均每百辆新车中出现的问题数，而数值越小，代表汽车质量越好。

扫描下方二维码，了解更多汽车品牌相关知识。

捷豹（JAGUAR）汽车品牌文化　　阿斯顿马丁（ASTON MARTIN）汽车品牌文化

学习单元二　亚洲汽车品牌与车标

情境导入

经历了2008年的国际金融危机之后，此前的主流汽车市场受挫，国际车企纷纷将目光转向新兴汽车市场。2011年，世界汽车制造业中心加速向亚洲转移，以丰田、大众、现代为代表的跨国汽车制造商对亚洲区域与市场的投资力度加大。亚洲汽车工业的发展对世界汽车产业的发展有着不可估量的贡献。

学习目标

1. 能够说出日本汽车品牌并讲述其车标文化；
2. 能够说出韩国汽车品牌并讲述其车标文化；
3. 能够说出中国自主汽车品牌并讲述其车标文化；
4. 深刻理解汽车企业文化内涵；
5. 树立民族自信心和自豪感；
6. 树立正确的价值观、审美观和消费观；
7. 提升材料组织和语言表达能力；
8. 提升信息化技术应用能力。

相关知识

一、日本汽车品牌与车标文化

日本汽车设计理念是两小一大：油耗最小、使用成本最小、舒适性和使用便利性最大。日本汽车排量小，节油技术先进，保养和维修成本低；驾驶舱的设计和选材、电子装备等强调舒适、温馨和便利性。

日本汽车品牌主要有丰田、本田、日产、马自达、斯巴鲁、三菱、五十铃、铃木等。

（一）丰田（Toyota）

丰田汽车公司的前身是1933年纺织机生产商丰田喜一郎在他的纺织机械制作所设立的汽车部，1937年8月28日，汽车部从丰田自动织机制作所独立出来，“丰田自动车工业株式会社”正式成立。目前，丰田汽车公司已成为日本最大的汽车公司，也是全球第三大汽车公司，其总部设在日本爱知县丰田市。

丰田车标（图6-2-1）是将三个外形近似的椭圆形组合成一个“T”，“T（Toyota的第一个字母）”代表丰田汽车公司；最外面的大椭圆表示地球，中间的“T”与最外面的大椭圆重叠，使“T”字最大限度地占据了椭圆的空间，显得“T”更加突出，寓示丰田汽车走向世界，对未来充满信心。

雷克萨斯（Lexus）是丰田公司针对北美市场推出的豪华车品牌。2005年，丰田宣布将凌志改名成雷克萨斯。雷克萨斯是丰田专门在国外销售的豪华轿车。雷克萨斯是丰田花费3.5万美元请美国一家起名公司命名的，Lexus的读音与英文豪美（Luxe）相近，使人联想到该车是豪华轿车。其车标（图6-2-2）是在一个椭圆中镶嵌英文“Lexus”的首字母“L”，并被镶在散热器正中间。

图6-2-1　丰田车标

图6-2-2　雷克萨斯车标

（二）本田（HONDA）

1946年，本田宗一郎在日本静冈县滨松市创建了“本田技术研究所”，总部设在东京。1947年，开始生产本田A型摩托车，1962年，本田正式开始生产汽车。本田株式会社是世界上最大的摩托车生产厂家。现在本田已经是一个跨国汽车、摩托车生产销售集团。

图6-2-3　本田车标

本田公司采用的是三弦音箱式车标（图6-2-3），即带框的“H”。车标把技术创新、团结向上、经营有力、紧张感和轻松感体现得淋漓尽致。

Acura的中文名称讴歌意为对生活充满自豪和乐趣、人生充满活力、积极向上，是本田汽车公司旗下的高端子品牌。于1986年在美国创立，其名称Acura源于拉丁语Accuracy（精确）。

作为第二个日系豪华汽车品牌，讴歌以个性化和前瞻科技的“运动豪华”理念对豪华车的概念进行了重新诠释。该品牌一经推出，即在北美市场获得了巨大的成功。讴歌的车型均在北美进行设计、开发和生产，先后开发出了以TL、RL、MDX等车型为首的丰富产品线。讴歌品牌于2006年9月27日正式登陆中国市场。

Acura（讴歌）用一把专门用于精确测量的卡钳为LOGO的原型，作为点睛之笔，由Honda创始人本田宗一郎在两个钳把之间加入了一个小横杠，由此用象形的大写字母“A”来代表这一品牌。不论是拉丁语原意还是作为标志原型的卡钳，都寓意着讴歌这一代表着最高造车水平品牌的核心价值：精确、精密、精致，如图 6-2-4 所示。

（三）日产（NISSAN）

1933 年 12 月，日本产业公司、户田铸物公司在神奈川县横滨市注册成立“汽车制造股份公司”。1934 年 5 月，汽车制造股份公司更名为“日产汽车公司”，现为日本第二大汽车公司。

图 6-2-4　讴歌车标

“NISSAN”是日语“日产”两个字的拼音形式，含义是“以人和汽车的明天为目标”。其车标（图 6-2-5）是将 NISSAN 放在一个火红的太阳上，简明扼要地表明了公司名称，突出了所在国家的形象，这在汽车商标文化中独树一帜。

1989 年，英菲尼迪（Infiniti）作为日产旗下的豪华车品牌，诞生于北美地区，并于 1989 年 11 月 8 日最先在美国上市。英菲尼迪凭借独特前卫的设计、出色的产品性能和贴心的客户服务，迅速成为全球豪华汽车市场中最重要的品牌之一。

2007 年，英菲尼迪正式进入中国市场；2010 年 7 月，为了顺应中国豪华车市场的持续增长，英菲尼迪中国事业总部成立；2012 年 5 月，英菲尼迪将全球总部迁至中国香港地区。目前，中国已成为英菲尼迪继北美之后的全球第二大市场。

英菲尼迪车标（图 6-2-6）表现的是一条无限延伸的道路。椭圆曲线代表无限扩张之意，也象征着“全世界”；两条直线代表通往巅峰的道路，象征无尽的发展。英菲尼迪的标志和名称象征着英菲尼迪人的一种永无止境的追求，那就是创造有全球竞争力的、真正的豪华车用户体验和最高的客户满意度。英菲尼迪也被称作“无限”的意思。

图 6-2-5　日产车标

图 6-2-6　英菲尼迪车标

（四）马自达（Mazda）

马自达是世界上唯一研发和生产转子发动机的汽车公司。

最初，马自达汽车公司的图案商标是在椭圆之中有双手捧着一个太阳，寓意其将拥有美好的明天，生产的汽车将跑遍全球。马自达公司与福特公司合作之后采用了新的标志。椭圆中展翅飞翔的海鸥，同时又组成“M”字样，崭新的设计图案意味着马自达要展翅高飞，不断实现技术突破，凭借无穷的创意和真诚的服务，勇闯车坛顶峰，迈向新世纪，如图 6-2-7 所示。

（五）三菱（Mitsubishi）

三菱是日本历史最悠久的一家汽车公司。1870年，三菱集团的创始人岩崎弥太郎在土佐藩设立了“九九商会”；1872年，“九九商会”改名“三川商会”；1873年的3月，又改称为“三菱商社”。

三菱的意思就是三个菱形，这是三菱车厂创始人家族的徽号。三菱公司的标志从最初的三片树叶演变成现在的三个菱形（图6-2-8），表达了企业原则：承担社会责任；诚实与公平；通过贸易得到国际谅解。

图6-2-7　马自达车标

图6-2-8　三菱车标

二、韩国汽车品牌与车标文化

韩国是世界汽车工业的后起之秀，通过技术引进和创新，不仅开拓了韩国汽车品牌，还让韩国汽车品牌在国家汽车市场中占领一席之地。

韩国轿车最大的特点就是设计新潮、价格低廉。目前韩国现代汽车公司已经发展成为全球十大汽车公司之一，并且在欧洲和美国都有研发中心，因此外形设计十分新潮，能跟上世界车坛发展的趋势，同时又结合了欧洲车和日本车的优点，受到年轻一代的欢迎。韩国具有代表性的汽车企业有现代、双龙等。

（一）现代（Hyundai）汽车公司

1967年，韩国历史上最富传奇色彩的商业巨子郑周永一手创办了现代汽车公司。该公司从建立工厂到能够独立自主开发车型仅用了18年（1967—1985年），还成为韩国最大的汽车公司，跻身全球汽车公司20强。现代汽车公司总部设在韩国首尔。

现代汽车公司旗下主要有现代汽车、起亚汽车两大品牌，品牌形象存在一定差异：起亚定位为运动时尚的路线，现代则走高端内敛的路线。

现代车标（图6-2-9）：椭圆内的斜字母H是现代公司英文名Hyundai的首字母，椭圆既代表汽车方向盘，又可看作地球，两者结合，寓意了现代汽车遍布世界。

起亚的名字源自汉语，“起”代表起来，“亚”代表亚洲。因此，起亚的意思是“起于东方”或“起于亚洲”。这个名字反映了起亚的胸襟——崛起于亚洲，走向世界，如图6-2-10所示。

图 6-2-9　现代车标

图 6-2-10　起亚车标

（二）双龙（Ssang Yong）汽车公司

双龙汽车公司是韩国第四大汽车公司，主要生产中高档越野车和房车，具有年产 21 万辆汽车的生产能力。其前身为创立于 1954 年的东亚汽车公司，1986 年 10 月并入双龙集团，1988 年 3 月更名为双龙汽车公司。

以犀牛牌四轮驱动吉普车和克兰多牌家用型吉普车为代表的双龙汽车已出口到欧洲、亚洲、中南美洲及非洲等 60 多个国家和地区。双龙汽车公司以专门生产四轮驱动越野车和特种车起家，后与德国奔驰汽车公司合资，引进先进技术，发展成为综合性的汽车制造企业。

双龙公司用“双龙”来命名，其车标将“SSANG-YONG”中的“S”抽象成“8”，形似“双龙”飞舞，除了表示“双龙”情深义重外，也期望双龙汽车能像诗里写的一样，“大鹏一日同风起，扶摇直上九万里”，如图 6-2-11 所示。

图 6-2-11　双龙车标

三、中国自主品牌汽车与车标文化

2006 上半年，中国自主品牌轿车企业发展势头迅猛。由于中国自主品牌起步晚等问题，曾经在很长一段时间内，中国汽车产业都面临着核心技术难以突破的问题。经过几十年的发展，在众多出色的中国品牌汽车的努力之下，这些问题都逐渐得到突破，中国自主品牌汽车的市场份额逐步得到提升。比亚迪汽车、长安汽车、中国一汽、吉利汽车、奇瑞汽车等都是中国自主品牌中表现得较为卓越的车企。

1. 一汽红旗

中国第一汽车集团有限公司（以下简称“一汽集团”）的前身为中国第一汽车制造厂。经过 60 多年的发展，一汽集团已成为年产销 300 万辆的国有大型汽车企业集团，直接运营红旗品牌，同时拥有自主品牌一汽解放、一汽奔腾等品牌。

红旗系列轿车的国产化率已达 87.5%，是一汽集团在引进、消化、吸收德国奥迪轿车的基础上，自主开发研制的我国拥有全部知识产权、中国品牌又具备中国现代技术水平的轿车，是民族轿车工业的代表。

红旗（图 6-2-12）前车标是一面红旗，代表毛泽东思想；后车标是汉字“红旗”，借用的是毛泽东为 1958 年 5 月创刊的《红旗》杂志的封面题字。

“红旗”是对中华民族最古老的两个部落“龙-凤”图腾的简化，旗杆象征着龙，旗面象征着凤，“龙”和“凤”的结合，就是团结、统一、伟大的中华民族；腾飞的“龙—凤”，代表着东方巨龙的觉醒和美好的未来。那鲜红的“红旗”充分体现出热情、直率、大度和充满活力的中华民族风格，表现了中华民族团结向上、不怕艰险、奋力拼搏的精神。

2. 上汽荣威

上汽集团乘用车公司是上汽集团的全资子公司，承担着上汽自主品牌汽车的研发、制造与销售任务。上汽集团乘用车公司现拥有两大品牌：荣威、名爵。

荣威（ROEWE）的命名和车标（图6-2-13）充分体现了经典、尊贵的气质，以红、黑、金三个主要色调构成。红色代表中国传统的热烈与喜庆，金色代表中国的富贵，黑色则象征威仪和庄重。两头站立的东方雄狮在中国文化中代表着吉祥、威严、庄重。双狮护卫着华表，华表是中华文化中的经典图腾符号，蕴含了民族的威仪，也具有高瞻远瞩、祈福社稷繁荣和谐发展的寓意。

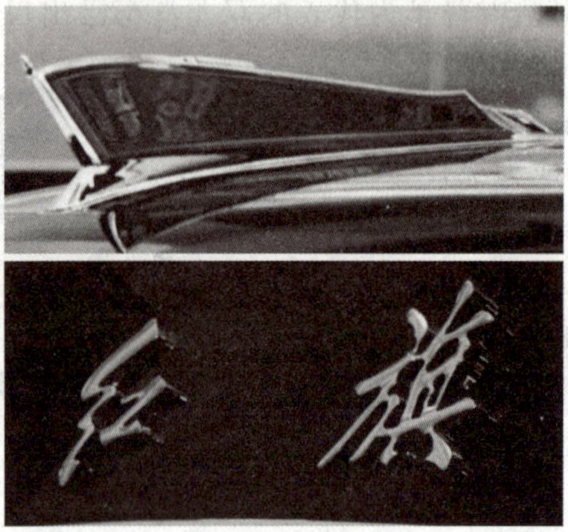

图6-2-12　红旗车标（立体、后面）

图6-2-13　荣威车标

3. 奇瑞汽车

奇瑞汽车公司于1997年3月18日动工建设，至1999年12月18日，第一辆奇瑞轿车下线。2007年8月22日，奇瑞汽车公司第100万辆汽车下线，标志着奇瑞已经实现了通过自主创新打造自主品牌的第一阶段目标，正朝着通过开放创新打造自主国际名牌的新目标迈进。奇瑞汽车公司自2016年起进入战略转型2.0阶段，多角度、全方位展现奇瑞战略2.0时代的产品力和品牌力。

奇瑞车标（图6-2-14）以一个循环椭圆为模块，中间镶有钻石状立体三角，主色调银色代表着质感、科技和未来。

循环椭圆喻示奇瑞从初期的快速发展，到专注技术、注重品质、依靠科学体系和国际标准流程的战略转型，正在走上追求品牌、品质效益的理性发展之路。车标中间的钻石形构图代表了奇瑞汽车对品质的苛求，并以打造钻石般的品质为企业坚持的目标。

4. 吉利汽车

吉利控股集团始建于1986年，1997年进入汽车行业，是一家以汽车及汽车零部件生产经营为主要产业的大型民营企业集团。吉利旗下拥有吉利、领克、沃尔沃等品牌。

吉利车标整体外廓为盾形，给人稳重感、荣誉感、安全感和信赖感，蕴含着吉利自创始以来所承载的“安全呵护与稳健发展”的品牌特征。2019 年 2 月 1 日，吉利汽车再次更换了车标（图 6-2-15），在细节方面进行了调整。新版图标整体视觉更趋于扁平化，原本的土豪金边框换成了银色，显得更有科技感。

图 6-2-14　奇瑞车标

图 6-2-15　吉利车标

5. 比亚迪

比亚迪股份有限公司创立于 1995 年，公司总部位于深圳，是一家拥有 IT、汽车和新能源三大产业群的高新技术民营企业。

比亚迪在整车制造、模具研发、车型开发等方面都达到了国际领先水平，汽车产品包括各种高、中、低端系列燃油轿车，以及汽车模具、汽车零部件、双模电动汽车及纯电动汽车等。

比亚迪车标（图 6-2-16）由三个字母“BYD”和一个椭圆组成，BYD 的意思是“Building Your Dreams”，即为成就梦想。

2021 年 1 月 1 日，比亚迪通过社交平台发布比亚迪汽车品牌全新车标(图 6-2-17)。全新比亚迪车标只会用于国内的乘用车，而其他板块还将使用原有的“BYD”车标，集团其他业务维持原车标不变。

图 6-2-16　比亚迪车标

图 6-2-17　比亚迪新车标

比亚迪新车标采用简约的金属线条，取消了椭圆型边界，变得更加开放，整体设计更加动感，并具备一定的品质感。新车标也寓意比亚迪汽车愿以更开放的姿态与用户和伙伴彼此连接，共同探索在智能化时代，汽车产品与服务的新业态，共建新价值汽车品牌，连接无限的未来。

6. 长城哈弗

2013 年，长城汽车宣布旗下哈弗品牌独立，并公布了哈弗车标。哈弗品牌独立，不仅仅是车标的简单变更，独立后的哈弗，在研发、生产、销售、服务、后市场等方面全面剥离，形成完整的、完全属于哈弗品牌自己的独立品牌体系架构。

图6-2-18　哈弗车标

哈弗车标（图6-2-18）以“HAVAL”银色金属字组成，具有Have All（无所不能）的含义，整体长方造型，金属字体弧线突起有张力感，简单明了，充分体现国际化。

红标哈弗的风格更大气、张扬，带有强烈的视觉冲击感，侧重豪华、便捷、多用，定位主流为家用人群；蓝标哈弗的风格更简约、冷峻，造型运动范十足，侧重炫酷、新颖，充满科技感，定位为新年轻人群。

7. 长安

中国长安汽车集团有限公司（以下简称“长安汽车”）成立于2005年12月，是中国四大汽车集团之一，总部设在北京。长安汽车在重庆、北京、河北、合肥、意大利都灵、日本横滨、英国伯明翰、美国底特律和德国慕尼黑建立了“六国九地”各有侧重的全球协同研发格局。2014年成为第一家跨入“千万俱乐部”的中国品牌。2018年4月，长安汽车正式对外发布第三次创业——创新创业计划，向智能出行科技公司转型。

图6-2-19　长安汽车车标

长安汽车车标（图6-2-19）以动感的V型为核心表达要求，有Victory（成功）和Value（价值）之意；又恰似向上托起的双手，寓意长安汽车科技创新，关爱永恒的价值取向；致力于打造世界一流汽车企业。

学习研讨

背景描述	中国汽车工业起步晚，但是汽车技术实力稳步发展，自主品牌的进步更是有目共睹。我们见证了国产人机交互的进步、SUV的强势。例如奔腾B70已经发展到第三代，其通过自身不断的发展进步，在合资、进口等品牌的市场竞争中一次又一次地获得了用户的认可，从而树立了车系与品牌的口碑。四大汽车集团（一汽、东风、上汽和长安）肩负着中国汽车工业从引进到吸收、消化，再到赶超各汽车强国的重要任务
讨论主题	中国自主品牌汽车的发展现状
成果展示	小组采用PPT等方式展示成果

学习评价

内容组织	素养提升			评价结果
内容全面且组织有条理：从产品技术、车型及销量等方面详细分析中国汽车自主品牌（三个以上）的现状及发展	语言通顺简洁、思路清晰、重点突出	熟练运用 PPT、视频、动画等信息化技术手段	很好体现正确的价值观、审美观和消费观以及民族品牌文化自信	优秀□
内容较全面且组织比较有条理：从产品技术、车型及销量等方面分析中国汽车自主品牌（三个以上）的现状及发展	语言较通顺简洁、思路较清晰、重点突出	较熟练运用 PPT、视频、动画等信息化技术手段	较好体现正确的价值观、审美观和消费观以及民族品牌文化自信	良好□
内容不全面且组织条理不清：简单从产品技术、车型及销量等方面分析中国汽车自主品牌的现状及发展	不能够很好组织语言、思路不清晰	不能熟练运用视频、动画等信息化技术手段	没有很好体现正确的价值观、审美观和消费观以及民族品牌文化自信	一般□

习题测试

1. （　　）是丰田针对北美市场推出的豪华车品牌。

A. 雷克萨斯　　B. 英菲尼迪　　C. 讴歌

2. 作为日产旗下的豪华车品牌，（　　）1989 年诞生于北美地区，迅速成为全球豪华汽车品牌之一。

A. 雷克萨斯　　B. 英菲尼迪　　C. 讴歌

3. （　　）属于一汽集团自主品牌，是中国高级轿车的代表。

A. 起亚　　B. 红旗　　C. 现代

4. 荣威采用经典盾形徽标，以红、黑、金三个主要色调构成，上面还有两头站立的（　　）。

A. 野马　　B. 东方雄狮　　C. 猎豹

5. 2015 年，（　　）荣获联合国成立 70 年来首个针对新能源行业的奖项——“联合国特别能源奖”。

A. 长城　　B. 比亚迪　　C. 奇瑞

拓展阅读

根据中国汽车工业协会公布的数据，2021 年全国乘用车合计销售量为 2 148 万辆，较

2020 年增长了6.5%。其中，自主品牌汽车销售量约为954 万辆，占比44.43%，较2020 年增长了23.1%。可见，自主品牌和外资品牌汽车的销售量差距并不大。

吉利、长城、比亚迪等几家自主品牌巨头车企先后公布了2021 年的财报。以长城为例，2021 年的平均单车售价超过10.6 万元，同比增长15.02%；以新能源为主的比亚迪的单车价格超过15 万元，已经超过了大众、丰田；吉利的单车价格也接近10 万元。

扫描下方二维码，了解更多关于自主品牌汽车文化知识。

长安汽车品牌文化　　广汽传祺品牌文化

模块七

汽车时尚与广告

当今汽车市场的竞争异常激烈，而竞争主题也不再局限于汽车的型号、品质、服务，逐渐扩展到汽车的品牌和汽车企业的整体形象。大家越来越关注汽车的外形设计、新能源的使用和智能汽车的开发，而品牌形象鲜明、个性突出、突出时代潮流的汽车越来越受到人们的喜爱。如何让消费者更快、更直接地认识汽车品牌？如何让汽车品牌更好地吸引消费者？各汽车企业纷纷推出精彩刺激的汽车运动项目，运用各种现代技术的汽车展览会，植入电影、电视剧中的汽车广告……

本模块主要介绍汽车时尚与广告，内容包括汽车运动与展览、汽车模型及收藏和汽车广告与影视。通过本模块的学习，学生能够讲述汽车运动的种类及特点，能够通过汽车展览会简单分析汽车发展动向，能够简单分析汽车影视作品中汽车广告的植入，能够树立科技创新和科技报国的志向。通过学习研讨和学习评价的训练，提升学生的组织能力、语言表达能力和信息化技术应用能力。

学习单元一　汽车运动与展览

情境导入

F1（世界一级方程式锦标赛）公布了2021赛季的观众数，全球累计共15.5亿人次观看。2018年，北京国际汽车展览会在北京中国国际展览中心新馆和老馆盛大开幕，吸引了来自全球14个国家和地区的1 200家参展商，再次展示了一级方程式赛车和汽车展览的强劲发展势头。

学习目标

1. 能够讲述汽车运动的种类及特点；
2. 能够讲述F1知名车队和赛车手故事；
3. 能够讲述不同国际汽车展览会的特点；
4. 简单分析中国汽车展览会引领汽车文化潮流；
5. 树立科技创新和科技报国的志向；
6. 树立正确的价值观、审美观和消费观；
7. 提升材料组织和语言表达能力；
8. 提升信息化技术应用能力。

相关知识

一、汽车运动种类

（一）汽车运动的魅力

汽车运动是指汽车在封闭场地内、道路上或野外比赛速度、驾驶技术和性能的一种运动项目。汽车运动作为一项赛手和赛车交融在一起的体育竞技，极具挑战性与观赏性，它不但能体现人类挑战自我、挑战极限的精神，也集中体现了汽车科技的发展。汽车运动所特有的精彩过程和刺激场面像磁石一样吸引着广大车迷。汽车运动的魅力主要表现在以下几个方面：

1. 有助于改善汽车的性能

赛车场是汽车技术的试验场，有助于改善汽车性能，尤其是动力性。汽车赛可以作为汽车新构造、新材料实验等的最重要的手段。在比赛中获胜的赛车往往就是制造厂日后生产新车型的参考样本。在高级赛车运动中，稳操胜券不仅靠驾驶者的能力，还要靠发动机、底盘和轮胎三位一体的综合水准。

2. 强化的道路试验

汽车赛能使汽车所有零部件都在最大应力状态下工作，可将正常使用条件下几年之后出现的问题在短短的几个小时之内暴露出来，因此可以节省大量的时间。

3. 动态车展

一级方程式汽车比赛每年举行 16 场，分赛场遍布全世界。赛车几乎总是先进技术的结晶。今天，在汽车大赛中推出的每一部新的赛车，几乎都代表着一家汽车公司甚至一个国家在汽车方面的最新技术水平。不仅如此，赛车还体现了普通汽车的发展方向。

4. 最佳广告

国际性高水平大赛能够吸引成千上万的观众。在比赛中，赛车与车队是汽车制造商和赞助商的最佳广告宣传载体，可以促进产品销售，为企业带来巨大的经济利益。例如，驰名世界的法拉利跑车、奥迪轿车都通过重大比赛为自己赢得了显赫的国际地位。

5. 促进汽车大众化

除职业性比赛外，许多地方性的汽车俱乐部通过比赛掀起了汽车热，把众多观众吸引过来，传播汽车技术，扩大了汽车爱好者队伍，培育了潜在的汽车制造、使用、维修方面的人才和汽车市场。

6. 集人与车为一体的综合较量

汽车运动不仅是车手个人技艺、意志和胆量的竞争，而且是汽车设计、产品质量的角逐。这种独具特色的双重性运动，更体现了人类精英与高新科技最完美的结合，体现了人类对自然的征服能力。

（二）赛车组织机构

1. 国际汽车联合会

1904 年 6 月，国际汽车联合会（FIA，当时用的不是此名，1946 年才改为现称）在法国巴黎成立，2009 年移至瑞士苏黎世。FIA 最高权力机构是世界汽车旅游理事会和世界汽车运动理事会。世界汽车旅游理事会主要负责为汽车使用者解决问题；世界汽车运动理事会主要负责统筹世界各国汽车运动组织，为所有不同种类的赛车运动制定规则，协调安排世界范围内的各项汽车比赛。

2. 中国汽车运动联合会

中国汽车运动联合会（FASC）简称“中国汽联”，由各地汽车运动组织自愿组成，是具有联合性、非营利性、全国性的体育社会团体。经国家体育总局和国家民政部批准成立，接受国家体育总局的业务指导和民政部的监督。

FASC 的主要任务是负责全国汽车运动的业务管理，组办国内外汽车比赛和体育探险活动，指导群众性活动，培训运动员、教练员和裁判员，参加国际交往和技术交流，是中国境内管辖汽车运动唯一的全国性组织。

（三）汽车运动的分类

汽车运动种类繁多，按比赛场地，其可分为场地赛和非场地赛两大类。具体见表 7-1-1。

表 7-1-1　汽车运动的分类

<table>
<tr><td rowspan="3">场地赛</td><td>方程式</td><td>F1、F3000、F3</td><td colspan="3">雷诺方程式、宝马方程式、福特方程式、A1 大奖赛、美国印地车赛、美国卡特车赛</td></tr>
<tr><td rowspan="2">非方程式</td><td>汽车耐力赛</td><td>短道拉力赛</td><td>场地越野赛</td><td>—</td></tr>
<tr><td>GT 车赛</td><td>房车赛</td><td>越野赛</td><td>—</td></tr>
<tr><td rowspan="5">非场地赛</td><td>汽车拉力赛</td><td colspan="4">世界拉力锦标赛、巴黎达喀尔拉力赛、欧洲拉力锦标赛、亚太拉力锦标赛、亚洲拉力锦标赛、中东拉力锦标赛、老爷车拉力锦标赛</td></tr>
<tr><td>汽车越野赛</td><td colspan="4"></td></tr>
<tr><td>汽车登山赛</td><td colspan="4"></td></tr>
<tr><td>汽车沙滩赛</td><td colspan="4"></td></tr>
<tr><td>汽车泥地赛</td><td colspan="4"></td></tr>
</table>

1. 世界一级方程式锦标赛

所谓“方程式”（FORMULA）赛车是按照国际汽车运动联合会（FIA）规定标准制造的赛车。这些标准对“方程式”赛车的车长、车宽、车重、发动机的功率、排量、是否用增压器以及轮胎的尺寸等技术参数都做了严格的规定。

世界一级方程式 F1

目前，由国际汽联制定技术规则的方程式比赛有 F1、F3000、F3。其中，F1 是最高级别的方程式比赛，也是所有汽车比赛中级别最高、最精彩、最刺激的比赛，如图 7-1-1 所示。F1 与“奥运会”“世界杯足球赛”并称为世界三大体育运动。

图 7-1-1　世界一级方程式锦标赛

（1）比赛规则。

F1 是在世界各地的十多个封闭的环行线路进行的（包括专业的环行赛车场和个别封闭后的城市街道），起点和终点在一条线上。赛道由改性沥青铺成，每个赛道的周长不等。其中，最短的是摩纳哥的蒙特卡罗街区赛道（图 7-1-2），其单圈长度为 3.3 km。最长的是比利时的“斯帕”赛车场（图 7-1-3），单圈长度为 6.9 km。

F1 的比赛规则和技术规则由 FIA 制定，为增加比赛难度和提高比赛水平，每个赛季的比赛规则都会发生一定的变化。

（2）赛程。

每个 F1 大奖赛的赛程分为三天，包括星期五的练习赛、星期六上午的练习赛和下午的

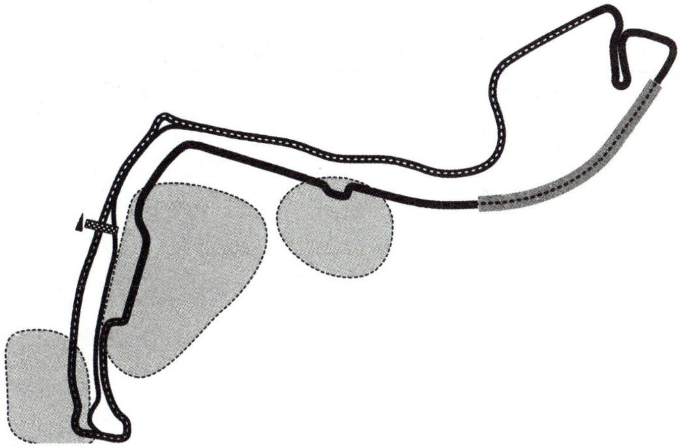

图 7-1-2　摩纳哥的蒙特卡罗街区赛道

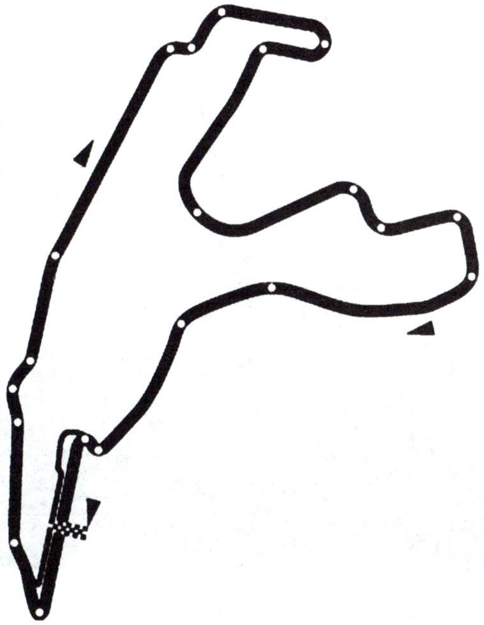

图 7-1-3　比利时的斯帕赛车场

排位赛及星期日的 9:30—10:00 的暖身赛、星期日下午 2:00 的决赛。通常，星期五只举行练习赛，即分别在 11:00—12:00 和 14:00—15:00 进行两次自由练习赛。练习赛期间，除了上赛季前四名的车队之外，其他车队还可以派自己的备用赛车上道测试。而驾驶备用车的车手在前两年参加一级方程式分站赛不能超过六站。

（3）F1 年度锦标赛。

F1 年度锦标赛分为两种——车手锦标赛和车队锦标赛。计分方式是积分制，而 F1 的积分规则共发生过三次重大变化（表 7-1-2），车手与车队的积分都是累积的，假如比赛在未达全部赛程 75%时被迫中止，则积分必须乘以 50%。F1 的每个分站名产生一名分站冠军，全年各分站成绩总积分最高的车手成为该年度的F1世界冠军。

表7-1-2 F1积分规则

分

名次	2010年（至今）	2003—2009年	2003年之前
第一名	25	10	10
第二名	18	8	6
第三名	15	6	4
第四名	12	5	3
第五名	10	4	2
第六名	8	3	1
第七名	6	2	
第八名	4	1	
第九名	2		
第十名	1		

（4）F1赛车。

F1赛车是单座的特制赛车，座舱是敞露在外的，巨大的轮胎也是暴露在车身外面的，没有翼子板遮挡。F1赛车不能在普通道路上行驶，在汽车厂的流水线上也不能生产，由各赛车公司或车厂的赛车运动部单独设计并制造，如图7-1-4所示。

图7-1-4 F1赛车

F1赛车有统一的技术规则，对于赛车的整车尺寸、质量、发动机排量、变速器挡位数、轮胎、制动、转向、悬架、安全装置等都制定了详细的规则，如规定只能采用四冲程往复活塞式不加涡轮增压器的自然吸气式发动机；驱动轮不准超过两个；禁止使用自动变速箱；前进挡至少四个，最多七个，必须有一个倒挡；转向轮不准超过两个；所有赛车必须安装灭火器和六点式安全带等。

F1赛车发动机的输出功率可超过588 km，安全转速更高达16 000 r/min。目前，F1各车队普遍采用的是半自动的七挡变速系统。车手换挡时是利用方向盘上的控制杆来操作的。为了降低质量，大多数赛车均不安装起动机。在大赛开始前，车手在修理站内用轻便起动器起动赛车，然后开进赛场，整装待发。从2004年开始，F1赛车1.6 L的V6涡轮增压发动机取代了2.4 L的自然吸气V8发动机，这被人们视为25年以来F1最大的一次技术变革。

另外，对轮胎数量和类型也有限制。F1 赛车轮胎供应商必须提前一年向国际汽联提出申请。F1 赛车轮胎主要由米其林（Michelin）、普利司通（Bridgestone）等提供。大奖赛期间，车手不允许使用超过四套干轮胎、四套湿轮胎以及三套极端天气用轮胎。

（5）F1 备用赛车和发动机。

比赛时，车手拥有的可供选择的赛车数量在任何时候不得超过四辆；每轮自由练习赛，车手拥有的可供选择的赛车数量不得超过两辆，排位赛中车手不得超过三辆，而在第一轮排位赛之前，车手必须指定自己在接下来的两轮排位赛中使用的两辆赛车；所有赛车必须型号完全一样；所有赛车必须经过检查并完全符合运动规则；每辆赛车必须配有车手的竞赛序列号；只要离开进站专用线，此赛车将被视为已使用过。

车手在两站比赛时只能使用一部发动机，如果不得不换新发动机，该车手的发车位将被推后十位，而且直到下站比赛结束前都不得换发动机。如果车手的第一站比赛没能完成则可以在第二站比赛时使用另一个发动机。

每个发动机上将被贴满封条，以防任何发动机的活动部件被更换或复原。两站比赛中的首站赛事结束后，发动机将被再度贴上封条，第二站比赛开始之前，不得再次使用此发动机。

（6）F1 比赛中的维修站（图 7-1-5）。

在比赛过程中，赛车手必须视轮胎的颗粒化程度选择恰当时机到维修站更换。有软、中、硬三种型号的轮胎可供选择，每场比赛必须使用其中两种，也就是说，每辆赛车最少需要进站更换轮胎一次。通常，停车、抬起赛车、卸下四个轮胎、装上新轮胎、拧紧螺丝、放下赛车的全过程在 3 秒内就能完成。

图 7-1-5　F1 比赛中的维修站

（7）F1 旗语。

指挥旗为长方形，由赛道各处的裁判执掌，用来发出各种指令，如图 7-1-6 所示。

①黄旗：代表前方车道上有障碍物，比如一辆撞坏的或者出现故障的赛车，提醒车手要小心驾驶。如果障碍赛车停在赛道一侧，或者障碍物不在赛道上，黄旗便会静止不动。如果障碍物在赛道上，黄旗就会来回摇动，以提醒车手做好准备并改变方向。如果赛道被彻底堵塞，那么会摇动两面黄旗。注意，出现黄旗的时候不允许超车。

②红黄竖条纹旗：代表赛道前方路面有油，或者路面较滑，车手应该小心驾驶，直至信号旗收回。

③白旗：表示前方有慢速行驶的车辆。这可能是一辆救护车、一辆拖车，或者是赛会安全车辆。

图 7-1-6　F1 旗语

④红旗：表示比赛或者是车因某种原因提前结束或暂停。红旗会在整个赛道各个位置同时出示，这时车手应该回到维修站，并在那里原地待命。

⑤蓝旗：表示后方有准备套圈的车辆正在接近，并且准备超车。被出示蓝旗的车手应该减速让行，必要时要让出赛车线。

⑥绿旗：表示比赛、排位赛开始前的信号或赛道存在的障碍已经得到清除，比赛恢复正常。

⑦黑旗：如果车手的号码显示在出发线，且旁边同时出现黑旗，表示车手在跑完这一圈之后需要向维修站汇报。当一名车手因为比赛行为不当而需要对其进行调查，或者当车手在比赛中犯规时，需要向车手出示黑旗。出现该旗帜时，车手将被取消比赛资格。

⑧黑底红圈：如果车手的号码显示在出发线，同时旁边有黑底红圈旗出现，这表示车手需要立即与检修站取得联系。

⑨黑白方格：当出现黑白方格旗时，表示比赛或者练习赛结束了。

⑩黑白对角：与车手号码共同出现，警告该车手的驾驶行为不符合体育竞技道德规范。

2. 印地 500 系列赛

印地 500 系列赛（全称为“印第安纳波利斯 500 英里比赛”）是汽车场地比赛的一种，也叫印地方程式赛，其设有世界锦标赛。该赛起源于美国，制定有独特的比赛规则。其 1979 年举办了第一届比赛，是一种不受国际汽车联合会管辖的汽车比赛。

比赛使用车辆的整体结构类似一级方程式的四轮外露式单座位纯跑道用赛车，使用 8 个气缸，将乙醇作为燃料，最大输出功率约为 441 kW。

印地 500 系列赛是美国车坛最重要的赛事，奖金最高，现场观众最多。印地 500 系列赛是美国方程式锦标赛中的一场，但它又是一场独立赛事，就像欧洲的世界耐力锦标赛中的勒芒 24 h 大赛一样。美国赛车手认为，赢得印地大赛冠军比赢得美国方程式锦标赛更重要。

印地赛车与一级方程式赛车相比，虽然外表很相似，但内部结构大相径庭。一级方程式赛车一般采用排量为 3.5 L、12 气缸以下、不加增压器的自然吸气式发动机，使用无铅汽油做燃料，每场比赛用油不得超过 220 L，赛车最低质量为505 kg。印地赛车则采用轻便的、排量为 2.65 L、8 缸以下的涡轮增压发动机，使用不易挥发的甲醇为燃料。

3. 勒芒 24 h 汽车耐力锦标赛

勒芒 24 h 汽车耐力锦标赛是法文“24 Heures du Mans”的意译，其英文全称是：24

Hours of Le Mans。这是世界现存的最艰苦的场地赛事，其比赛方式是由一个车队中的三位车手轮流驾驶同一辆赛车在一条封闭赛道上连续奔跑 24 h，行驶里程最多的车队则可赢得冠军。

勒芒位于法国巴黎西南约 20 km 处，是一个人口约 20 万人的商业城市。1905 年在勒芒举行了世界第一届汽车大奖赛，并且自 1923 年开始（1936 年、1940—1948 年除外），每年 6 月都要在那里举行 24 h 世界汽车耐力锦标赛。所谓耐力锦标赛，就是对汽车的性能和赛车手耐力的极限考验，人们称之为“车坛马拉松”。

勒芒环形跑道全长 13.5 km，其中绝大部分是封闭式的公用高速公路，赛车在 2/3 路段中的时速可达 370 km 左右。一般来说，比如出发时有 50 辆车，能跑完 24 h 的还不到半数。在此跑道上有一段约 6 h 的直路，赛车在这段路上飞驰而过，速度高达 390 km/h。车手们在 24 h 的比赛中，要在这段路上行驶 6 h。可以想象，这种紧张气氛使人窒息，哪怕是一点闪失，后果都不堪设想。可以说，勒芒大赛既像磁石一样吸引着车手，又像恶魔一样令人望而生畏。

目前，勒芒 24 h 汽车耐力锦标赛共分为四个组别：LMP1 组、LMP2 组、LMGT1 组和 LMGT2 组。

在比赛过程中，这四个组别的赛事将在同一条赛道上进行对抗，但由于赛车本身存在差异，在组别上无法横向对比，所以比赛将在四个组别分别产生冠、亚、季军。当然，获得 LMP1 的冠军则是所有车手的最高荣耀。目前，这个组别中的最强赛车是奥迪 R8（图 7-1-7），它自 2000 年以来已 5 次获得冠、亚军头衔，虽然沉寂多年的宾利在 2003 年猛然发力，但是它和奥迪同属大众旗下的身份，让我们不得不将它们看作“同路劲旅”。奥迪 R8 拥有让其引以为傲的冠军心脏——FSI 直喷式汽油发动机，这就是它雄霸勒芒的法宝。

图 7-1-7　雄霸勒芒的奥迪 R8

在 2014 年的勒芒 24 h 汽车耐力锦标赛上，米其林（中国）投资有限公司携手法国 OAK Racing 车队，鼎力支持勒芒史上首支全部以华人车手班底组成的车队征战本届大赛，与来自世界各地的顶尖对手同场竞技，展开巅峰对决。这支华人车队（图 7-1-8）由 3 位车手组成，分别是 32 岁的董荷斌，第一位华裔 F1 赛车手；25 岁的程飞，2013 年勒芒 LMP2 组别总冠军；24 岁的方骏宇，2013 年奥迪 R8 勒芒总冠军。

4. 世界拉力锦标赛

世界汽车拉力锦标赛（World Rally Championship，WRC）始于 1973 年，是国际汽联（FIA）四大赛事之一。WRC 每年将在世界各地举行 14~16 站比赛，每一分站比赛时间通常为 3 天，在事先设定的赛道上画出了 20~30 处被称为 SS（Special Stage）的赛段，即特殊赛

图 7-1-8　勒芒华人车队
（左：程飞；中：董荷斌；右：方骏宇）

段，每个赛段最短 3 km，最长可达 30 km。每隔 2～3 min 就有一辆赛车从各赛段出发投入比赛，总成绩以车手按各赛段所用时间累计分出胜负，用时最短的排名在最前。在赛车规格上，所有参赛车辆必须由量产车研发制造而成，并在雨林、泥泞、雪地、沙漠及蜿蜒山路等不同路况比赛。

WRC 作为与一级方程式齐名的世界顶级赛事，在比赛方式上有着自身的特点：错开时间出发的车手们在完全看不见竞争对手的情况下进行比赛。另外，参加 WRC 的赛车上除了车手外，还有一名领航员，其通过阅读记录赛段路况的笔记来帮助车手快速通过障碍。在比赛之外的行驶路段和探路阶段，赛车与普通民用车一样，需要遵守交通法规。

5. 巴黎达喀尔拉力赛

巴黎达喀尔拉力赛是世界上赛程最长的拉力赛，被称为勇敢者的游戏、世界上最艰苦的拉力赛。作为最严酷和最富有冒险精神的赛车运动，被全世界所知晓。每年 1 月举行，从法国巴黎出发，乘船过地中海在利比亚登陆，在非洲干旱的沙漠、潮湿的热带雨林及各种崎岖路段比赛，途经近 10 个国家，最后迂回到塞内加尔的达喀尔，赛程 13 000 km 左右，历时近 20 天。

巴黎达喀尔拉力赛为多车种的比赛，共分为摩托车组、小型汽车组（包括轿车和越野车）以及卡车组，赛车的号码依次以 1、2、3 开头。如 105 表示摩托车组的第 5 号赛车，308 表示小型车组的第 8 号赛车，512 则表示卡车组的第 12 号赛车。而工作车则以 8 作为开头数字。比赛路段分布在宽阔甚至漫无边际的撒哈拉沙漠、毛里塔尼亚沙漠以及热带草原；与 WRC 相比，基本上没有现成的道路。车手和领航员除了依靠组委会的路线图以外，还要借助指南针（现在用 GPS）才能到达和通过每一个集结点。由于维修队不像 WRC 那样可以通过一般的公路提前到达指定的区域等待赛车前来检修并带走补给，因此，每个车队都会包租专机携带所有的配件、给养和维修技师，在赛车之前抵达指定区域（多为简易机场）。因此，某个赛段上会出现摩托车、小型车辆和大卡车并驾齐驱的盛大场面，如图 7-1-9 所示。

巴黎达喀尔拉力赛的过程异常艰苦，赛手白天要经受 40 ℃的高温，晚上又要在 0 ℃以下的低温中度过。而且，除了通常的赛车故障以外，一旦迷失方向，就要面临断油、断粮甚至放弃赛车的局面。因此，这是一场人与自然的真正较量。

（a）　　（b）　　（c）

图 7-1-9　巴黎达喀尔拉力赛汽车级、摩托车级和卡车级

（a）汽车级；（b）摩托车级；（c）卡车级

（四）汽车竞赛

凡参加竞赛的汽车，其结构和功能应尽量符合比赛的要求。现代赛车大致分为以下五种：

（1）A 组车。其指年产量在 5 000 辆以上，得到 FIA 认可的运动车型。这种车型在比赛中使用得相当普遍。

（2）B 组车。其指年产量 200 辆以上，得到 FIA 认可的运动车型。它的运动性能更高，主要用于拉力赛中。参加国际汽车拉力赛的汽车几乎都是 B 组车。

（3）C 组车。其主要用于耐久速度赛，对其要逐辆审查。由于比赛道路恶劣，又需夜间行驶，故对照明和车轮要求很高。

（4）D 组车。其是指专用赛车，车轮在车身外面，单座，又可细分为 F1、F2、F3 等。

（5）E 组车。是指其他车辆，如用于印地汽车赛的车辆等。

二、世界著名 F1 车队

由 F1 这个规格最高的汽车赛中诞生过不少传奇车队，有的车队至今仍活跃在 F1 赛场上，有的经历坎坷后则消失于历史的长河中。世界著名的三大 F1 车队分别是法拉利车队、迈凯伦车队、威廉姆斯车队。

（一）法拉利车队

法拉利车队由恩佐·法拉利创建，最初参加比赛使用的是阿尔法·罗密欧生产的赛车，直至 1947 年，法拉利才独自生产汽车。

法拉利车队（图 7-1-10）是 F1 最负盛名的车队。在 20 世纪 90 年代，迈凯伦车队迅速崛起，大有赶超这支拥有跃马标志车队的趋势。

从 1950 年创办 F1 时起就开始参赛的法拉利车队直到 1961 年才终于拿到了第一个年度总冠军。此后，经历了起伏不定的 20 世纪 60 年代，1974 年，尼克·劳达的加盟，使法拉利真正成为一支超级车队。1975—1983 年，车队成员包揽了六届 F1 年度冠军。但在那之后的整整 15 年里，法拉利人没有拿到一个冠军。

1996 年，迈克尔·舒马赫来到这里，经过 3 个赛季的磨合，德国人开始显示出其王者风范。1999—2002 年，舒马赫和他的法拉利车队连续 4 年垄断了 F1 车坛的几乎所有荣誉。2003 年对法拉利来说是不平凡的一年，大舒马赫与巴里切罗组成的“法拉利”梦幻组合接受了来自迈凯伦、威廉姆斯车队的挑战，特别是车手年度总冠军与车队年度总冠军在最后一站才评

图 7-1-10　法拉利车队

出，大舒马赫以 2 分优势险胜迈凯伦车队的芬兰小将雷克南卫冕成功，也创造了 6 夺车手年度总冠军的纪录。2004 年，大舒马赫再次卫冕成功，连续 4 次夺得车手年度总冠军。2008 年，基米 · 莱科宁和菲利普 · 马萨为法拉利车队赢得了第 16 个年度车队总冠军的头衔。

（二）迈凯伦车队

迈凯伦车队（图 7-1-11）由布鲁斯 · 迈凯伦在 1963 年创立。该车队第一次赢得世界冠军是在 1974 年，当年也是其第一次与万宝路公司合作，由此开启了双方在以后长达 22 年的赞助合作关系。1976 年，詹姆斯尼基 · 曼塞尔亨特在激烈的竞争中以领先 1 分的优势拿下世界冠军之后，开启了现代迈凯伦新的一页。迈凯伦车队共获得了 8 次制造商总冠军，更重要的是，一些出色的车手为迈凯伦车队赢得了 12 个总冠军，包括埃尔顿 · 塞纳、米卡 · 哈基宁和刘易斯 · 汉密尔顿、阿兰 · 普罗斯特等都为迈凯伦车队效过力。

图 7-1-11　迈凯伦车队

1982 年，TAG 集团在开发新的 GP Turbo 发动机时入股迈凯伦车队而成为其股东之一。1983 年，保时捷公司按照迈凯伦要求的规格开发一款新的涡轮发动机，这个发动机让迈凯伦在 20 世纪 80 年代中期赢得三次世界冠军。1990—1991 年，迈凯伦车队陷入低谷，表现很不理想。1995 年，迈凯伦开始与梅赛德斯-奔驰合作。1998 年和 1999 年，米卡 · 哈基宁连续两年拿下年度冠军之后，迈凯伦才真正重回一线车队的行列。2019 年 9 月 28 日，迈凯伦和梅赛德斯-奔驰宣布，迈凯伦车队将从 2021 年起使用梅赛德斯动力单元，双方合作至 2024 年年底。

（三）威廉姆斯车队

威廉姆斯车队（图 7-1-12）是由弗兰克 · 威廉姆斯创建的，车队成立初期只有 17 名队员。威廉姆斯车队从设计第一辆 FW06 赛车开始，发展到现在，已经成为 F1 中的一支不可忽视的劲旅。

图 7-1-12 威廉姆斯车队

威廉姆斯车队在 20 世纪 70 年代才进入 F1 赛场，晚于法拉利和迈凯伦。其起家时的预算少得可怜。尽管如此，威廉姆斯车队大可以自豪地说他们拥有数量最多的车手总冠军奖杯。1997 年，他们赢得了第七座车手总冠军奖杯，创下了历史纪录。另外，1980—1997 年，该车队获得了 9 次制造商总冠军。

人能够战胜种种磨难，弗兰克·威廉姆斯就是一个活生生的例子。1976 年，他以帕特里克·翰德为工程师搭档创立了威廉姆斯车队。1978 年，凭借帕特里克设计的 FW06，阿兰·琼斯在多次比赛中表现极佳。1979 年，威廉姆斯车队迎来了首次胜利，由克莱·雷加佐尼驾驶 FW07 在银石赛道问鼎冠军。阿兰·琼斯随后以多场伟大的战绩结束了这个赛季。

1980 年，阿兰·琼斯与新队友卡洛斯·鲁特曼一起为威廉姆斯车队夺取了首个冠军头衔，琼斯本人则摘取了当年车手总冠军的桂冠。该车队在 1981 年成功卫冕。1982 年，涡轮增压发动机开始出现，但威廉姆斯仍然用福特考斯沃斯发动机使科科·罗斯伯格赢得了当年的车手桂冠。此后车队与本田达成协议。尽管 V6 涡轮发动机笨重粗糙，但随着时间的推移，性能不断改进，车队在 1986 年再次获胜。在阿德莱德，曼塞尔在比赛仅剩 18 圈时发动机爆缸，从而使车手冠军被普罗斯特夺走。那一年，尽管车队再次获得冠军，但当在保罗·里卡德的测试后，弗兰克·威廉姆斯在返回途中遭遇车祸，不幸瘫痪。

三、世界著名 F1 赛车手

F1 车手是体魄强健的运动员，因为在比赛过程中，F1 赛车的过弯性能很高，通常车手在一场比赛中必须换挡 2 500 次，平均 2 s 就要换挡一次，车手的注意力必须高度集中，过弯时车手必须承受自身的质量 4 倍的负荷，身体主要靠安全带固定，但头部必须靠极强壮的颈部肌肉才能支撑。因此 F1 赛车手不仅要体能状态优于常人，更要有沉着冷静分析的头脑。

驾驶 F1 赛车需要有 FIA 发给的特别驾照——FIA Super Licence，且只发给在 F3000、F3 或 CART 系列赛事中表现杰出的车手。通常每位车手要花 8 年的时间从小型赛车（卡丁车）逐步晋级到 F1。全世界每年持有该驾照的不到 100 人。

所有参加 F1 大赛的车手都是经过千挑万选的世界车坛的精英，每一位车手在跻身 F1 大赛前，都必须经过多个级次的选拔，堪称过五关斩六将，必须身经百战，集赛车技术、天赋及斗志于一身。

（一）胡安·曼纽尔·范吉奥

胡安·曼纽尔·范吉奥（1911—1995年，图7-1-13）是世界闻名的阿根廷车手。1951—1957年，他先后5次分别代表阿尔法·罗密欧、玛莎拉蒂、奔驰和法拉利获得了F1比赛的车手总冠军。

图7-1-13 胡安·曼纽尔·范吉奥

1950—1957年，除了1952年因伤耽误一年外，剩下的7年，他夺得了5次世界冠军（1951年，1954年，1955年，1956年，1957年），仅有两次未能获得冠军。20世纪30年代，范吉奥便在他的家乡阿根廷开始了赛车生涯。1948年来到欧洲，他在阿尔法·罗密欧车队、梅赛德斯车队、法拉利车队和玛莎拉蒂车队均获得过世界冠军，被人称为“艺术大师”。他最后一次夺得世界冠军是1957年。在此期间，他共参加了51次大奖赛，其中24次获胜。

1958年，范吉奥突然宣布退役，因为他觉得自己已经不处于最佳状态。这是一个明智的决定，因为他同时代的车手很少能全身而退，虽然范吉奥身材矮小，但名声显赫，具有超级明星一般的吸引力，当代优秀车手塞纳也对他充满了敬畏。

（二）吉姆·克拉克

吉姆·克拉克（1936—1968年，图7-1-14）1936年3月出生在毗邻英国边界的一座农场里，是20世纪60年代不可战胜的车手。在他加盟莲花车队的9年时间里，共获得了25次分站赛冠军和两次车手世界冠军。

图7-1-14 吉姆·克拉克

吉姆·克拉克1958年才开始赛车生涯，1960年首次驾驶R-1赛车参加比赛。在比利时，他遭遇了F1历史上最糟糕的一个周末。在比赛刚开始没多久，克里斯·布里斯特与克拉克驾驶的库珀赛车发生了严重的事故。克拉克试图避开横躺在赛道上的已经破碎了的布里斯特的尸体，但是他的莲花赛车还是被溅满了鲜血。几圈之后，克拉克的朋友，也是他在莲花车队的队友阿伦，因为一只小鸟撞在了他的脸上而失去了控制，为此，阿伦也付出了生命。克拉克承认可怕的悲剧几乎让他萌生永远退出赛车的心意。1961 年 5 月 22 日，克拉克在荷兰大奖赛中获得第三，第一次登上了 F1 领奖台。1962 年，他在西班牙第一次获得赛马站冠军，1963 年第一次获得世界冠军。

1965 年是吉姆 · 克拉克最辉煌的一年，他同时获得了印地 500 和 F1 两项赛事的世界冠军。1967 年他又开创了一个克拉克时代，但是，四站冠军没有为他争得第三个 F1 世界冠军。1968 年，他又一次开始向世界冠军发起冲击，却在 4 月 7 日于霍根海姆举行的 F2 赛车中意外身亡，赛车爆炸的原因至今不明。吉姆 · 克拉克是无可争议的天才，他独特的驾车方式成为那个时代的标志。

（三）阿兰 · 普罗斯特

阿兰 · 普罗斯特（1955—，图 7-1-15）是法国著名的一级方程式赛车手，素有“教授”的美名。

普罗斯特在赛车驾驶风格方面以平稳、轻松的风格著称。他故意模仿他的偶像杰克 · 斯特瓦特和吉姆 · 克拉克的驾驶风格。而他被授予“教授”的封号是因为他用他那具有智慧性的驾驶方式去竞赛，根据不同的比赛条件熟练地调校他的赛车。普罗斯特在比赛开始常常保护制动碟和车子的四个轮胎，而直到比赛尾声，自己视比赛进程情况或将赛车推到极限发起挑战，或保持赛车平稳驶过终点线。普罗斯特可谓最具智慧头脑的 F1 赛车手之一。

图 7-1-15　阿兰 · 普罗斯特

1988—1989 年，他与埃尔顿 · 塞纳一起为迈凯伦车队效力。其职业生涯中总共参加过 13 个赛季（1980—1993 年）的 F1 比赛，阿兰 · 普罗斯特的大奖赛次数累计高达 202 场，获分站赛冠军 51 次，获 4 次（1985 年、1986 年、1989 年、1993 年）年度总冠军。

（四）迈克尔 · 舒马赫

图 7-1-16　迈克尔 · 舒马赫

迈克尔 · 舒马赫（1969—，图 7-1-16）被公认为是当今一代车手中最具天赋的赛车手。舒马赫 1983 年开始参加卡丁车比赛；1984 年、1985 年，他连续两年取得德国青少年卡丁车总冠军。

1987 年，舒马赫参加卡丁车大赛并获得冠军，开始了其职业赛车生涯。

1994 年，他第一次夺得世界冠军，并于次年卫冕成功。1996 年他加盟法拉利车队，虽然赛车不断出现问题，他还是获得了第三名的好成绩。

2000 年，舒马赫为法拉利车队夺得车队与车手双冠军，成为三届世界一级方程式冠军车手，也是法拉利车队 21 年来的首个冠军车手。2001—2004 年，舒马赫又连续 4 次夺得车手总冠军，成为 F1 历史上第一位“七冠王”，是赛车世界当之无愧的王者。

四、世界著名汽车展览

汽车工艺的呈现与汽车产品的广告之间的关系，就如同汽车制造业者和当地经销商之间的关系。消费者可经由汽车展览会场所展示的汽车或汽车相关产品，端详汽车制造工业的发展动向与时代脉动。汽车厂商则可以通过车展对外宣传产品的设计理念，发布产品信息，展示汽车发展方向。

按国际惯例，公认的大型国际车展共有五个：法兰克福国际车展、北美国际车展、巴黎国际车展、日内瓦国际车展和东京汽车展览。

（一）法兰克福国际车展

法兰克福国际车展创办于1897年。法兰克福是世界最早举办国际车展的地方。法兰克福国际汽车展前身为柏林车展，最早在柏林举办，1951年移到法兰克福，每两年举办一次，轿车和商用车轮换展出。法兰克福国际车展是全球规模最大的车展，有“汽车奥运会”之称。每两年举办一次的法兰克福国际车展一般安排在9月中旬，为期两周左右。参展商主要来自欧洲、美国和日本，尤其以欧洲居多。法兰克福地处德国，唱主角的自然是德国企业，这里是奔驰、大众、奥迪等老牌公司的老家，法兰克福国际汽车展正是他们一展身手的好机会。

法兰克福车展的地域色彩很强，也许因为是名车的发源地，来看车展的老百姓不但对汽车知识了解得很全面，消费心理也非常成熟。对他们来说，参观车展就等于逛街。

法兰克福国际车展（图7-1-17）还富有“专业精神”，像入选车展两大“最高创新奖”的产品都是汽车零部件。参展商们运用较多高科技手段，如使用大型互动媒体演示，以及模拟驾驶等。

图7-1-17　法兰克福国际汽车展

（二）北美国际车展

北美国际车展（创始于1907年，原名底特律国际车展，于1989年更名为北美国际汽车展）每年1月5日左右率先在美国汽车城底特律拉开序幕，每年都有40多家汽车厂商、700多辆新款概念车和量产车参展，是全球汽车工业的一个重要展示窗口。

全球所有汽车大公司都会利用北美车展这一平台推出自己的概念车。北美车展“时装”味很浓，几乎成了概念车的天下。各种千奇百怪的设计，能想到的、无法想到的，在北美车展上都能见其身影，因此给人以科幻、离奇甚至怪异的感觉。

2015年，中国品牌传祺全新车型亮相北美车展，传祺GS4（图7-1-18）在采用凌云翼家族脸谱、光影雕塑概念的同时，又巧妙融合诸多创新设计理念：扎实的车身比例、精劲犀利的双腰线、隐藏式 D 柱及分色车顶等。内饰方面，充分运用人体工程学理念，采用环绕飞扬式驾驶舱布局和家族三钮式中控台，层次丰富，处处体现出其独到的力量与科技感。

图 7-1-18　在 2015 年北美国际车展上展出的传祺 GS4

（三）巴黎国际车展

巴黎国际车展（以下简称“巴黎车展”）起源于 1898 年举办的国际汽车沙龙会，直至 1976 年都是每年 9 月底至 10 月初举办。此后每两年举办一届。

巴黎车展法国味儿十足，每次都会拿出一个展馆展出老爷车。参观巴黎车展时你会发现，所有散发的车展资料以价格表居多，在展会上还拍卖二手车。巴黎车展是五大国际车展中商业性最强的。

2018 年，巴黎车展喜迎 120 周岁生日，它不仅成为全球汽车界的风向标，也凭借创新与变革的魅力引起了设计界、时尚界的关注。来自中国广汽集团的全新 SUV 传祺 GS5（图 7-1-19）首次登陆巴黎车展。这款全球首发的车型，凭借独特、前瞻的设计理念和语言，令人耳目一新，其全新的外观和内饰更赢得了媒体和其他厂商的肯定。

图 7-1-19　巴黎车展上的全新传祺 GS5

全新传祺 GS5 不仅造型设计出众，还搭载了传祺第三代 1.5T GDI 发动机以及最新一代爱信 6 速自动变速器，带来澎湃动力。同时，它还通过多种先进技术提升燃油经济性。在操控方面，全新传祺 GS5 采用目前最新设计和优化升级的 A+底盘平台。大师级的底盘调校和悬挂设计带来的是行业领先的灵敏转向、随心驾驭的操控性能和媲美跑车级的制动水准。在智能配置方面，全新传祺 GS5 不仅配备了空气质量自动控制系统、全自动双区空调、前排座椅智能加热等多种舒适配置，更搭载了行业领先的“祺云概念”智联系统。不仅如此，前碰撞预警、车道偏离预警、智能远光灯等行业领先的安全科技也都将出现在全新传祺 GS5 上。

（四）日内瓦国际车展

日内瓦国际车展（以下简称“日内瓦车展”）起源于 1905 年，正式创办于 1924 年。一年一度的日内瓦车展已成为汽车制造商、汽车设计大师们展现实力的舞台，是各大汽车厂商首次推出新产品的最主要的展出平台，素有“国际汽车潮流风向标”之称。

日内瓦车展通常每年 3 月在瑞士的日内瓦举办，以展示豪华车及高性能改装车为主，展品比较个性化。从日内瓦车展大厅望去，所有展位都尽收眼底，这是因为瑞士的展览规则详尽细致，不允许有过大的公司标牌和展位阻挡视线。

日内瓦车展

2019 年是概念车数量爆发的一年。2019 年的日内瓦车展上，汽车制造商们在大量推出传统概念车的同时，也推出了很多涉及电动化、自动驾驶技术、极致动力和性能参数的“新时代”概念车，例如奥迪 4e-tron 概念车、大众概念版电动车 ID. Buggy（图 7-1-20）、菲亚特 Centoventi 概念车、奔驰 EQV 概念车等。

图 7-1-20　日内瓦车展上的大众概念版电动车 ID. Buggy

（五）东京汽车展览

东京汽车展览（简称“东京车展”）创办于 1966 年，每年 10 月底举办，单数年展出轿车，双数年展出商用车。东京车展被誉为“亚洲汽车风向标”，历来是日本本土生产的各种千姿百态的小型汽车唱主角的舞台。东京车展的突出特点是车型种类繁多。由于市场竞争得激烈，精明的日本车商早已把市场细分成了无数个小块，甚至针对性别、年龄层次和特殊需求在同一平台上设计不同的车型。比如，日本有很多专为残疾人设计的汽车，这类汽车在打开车门后，驾驶座会自动转 90°，以方便乘坐，还有能用手控制的制动，等等，这是为了让残疾人也享受汽车文明带来的便利。

与其他西方大型车展相比，日本车展更具有东方风韵。日本厂商的多款造型小巧精美、内饰高档的车总能成为车展的主角。

五、中国汽车展览

（一）北京国际汽车展

北京国际汽车展（Auto China）于 1990 年创办，是全球汽车业在中国每两年一次的重要展示活动。每逢双数年，该展览会在北京中国国际展览中心和全国农业展览馆举办，对促进中外汽车界的交流与合作、加快中国汽车工业的发展起到了积极的推动作用。

北京国际汽车展已从过去单纯的产品展示，发展到今天的企业发展战略发布、全方位形象展示的窗口，全球最前沿技术创新信息交流的平台，最高效的品牌推广和宣传舞台。

北京国际汽车展依托中国巨大的汽车消费市场和快速发展的中国汽车工业，在展览规模、国际化水准、展品质量以及在全球的影响力等方面逐届提高，受到中外汽车界、新闻界和社会各界的高度关注和积极参与。众多国际知名汽车公司将北京国际车展列为全球最重要的国际级车展，中国本土汽车企业也将北京国际车展作为展示自主知识品牌、推出最新科技成果的首选平台。二十多年来，北京国际汽车展始终坚持展品精、品牌全、国际化的办展理念和特色，致力于打造为中外汽车企业展示形象、推广品牌、促进交流融合、沟通信息技术的平台。

2020 年，第十六届北京国际车展（图 7-1-21）在中国国际展览中心的新馆、老馆同时举行，是当年全球唯一的顶级国际车展。展会的模块是“智领未来”，集中展示了汽车行业的最新创新成果，以及对未来出行的畅想及战略布局。

随着汽车的新能源化、智能化、网联化和共享化越来越进入到关键阶段，人们对这种新四化背景下带来的对汽车产品的影响也会格外关注。第十六届北京国际汽车展吸引了近乎全部国内外知名汽车品牌携新产品以高规格参展。其中包括大众、梅赛德斯-奔驰等国际主流汽车品牌，以及国内的一汽、东风等也组织旗下所有品牌和全系列产品大规模参加。

图 7-1-21　2020 年第十六届北京国际车展

（二）上海国际汽车工业展览会

上海国际汽车工业展览会（以下简称“上海车展”）于 1985 年创办，每两年举办一届，2004 年 6 月，通过国际博览联盟 UFI 认证。上海车展还以官方网站为平台，引进世界一流的网上互动多媒体交流与展览技术，举办“网上互动上海车展”。

上海车展在引领国内汽车业潮流方向的同时，也不忘利用自身宣传优势，积极开展公益活动。以 2009 年的第十三届上海车展为例，其携手共青团中央网络影视中心共同举办首届“同做公益人”公益日活动，该活动旨在呼唤全社会“同做公益人”，共同支持公益事业。

以“拥抱变化”为主题的第十九届上海车展，于 2021 年 4 月 19—28 日在上海国家会展中心举办，是 2021 年全球第一个如期举办的 A 级车展，如图 7-1-22 所示。2021 年上海车展共吸引了 1 000 家企业积极参展，汇集外资汽车巨头、大型中国汽车企业、互联网造车新势力、国际一线零部件供应商等企业。展出总面积达 36 万平方米，启用了国家会展中心（上海）的 12 个室内展馆，其中有 9 个乘用车展馆，2 个汽车科技与供应链展馆，还有 1 个展馆专门作为媒体区。四大跨国汽车品牌以集团的名义参展；国内六大汽车集团及其自主品牌均悉数参加。坐拥“东道主”

之利的上汽集团，在参展面积、展车数量和新能源车数量上都创下历史新高。主办方精心安排了一系列配套活动，关注了碳中和、新能源、自动驾驶、软件定义汽车等众多热点学习单元。

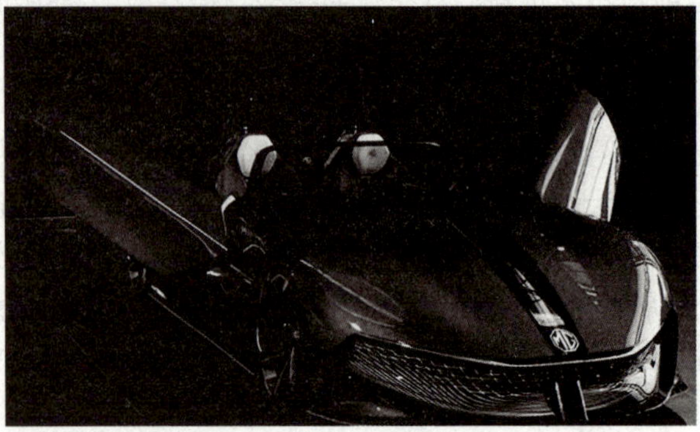

图 7-1-22　2021 年上海国际车展

六、世界著名汽车城

（一）美国——底特律

底特律位于密歇根州东南部的底特律河畔，是世界最大的汽车工业中心，号称“世界汽车之都”。河畔耸立着一座 72 层的建筑物，即“复兴中心”，它是底特律的象征，是美国三大汽车巨头美国通用汽车公司、福特汽车公司和克莱斯勒汽车公司的总部所在地，是美国第五大城市。全美 1/4 的汽车产自这里，全城 440 万人口中约有 90%的人以汽车工业为生。

（二）日本——丰田

作为美国汽车城底特律的姐妹城市，日本的丰田市是世界上少有的因为一个汽车品牌而改名的城市，有“东洋底特律”之称。丰田市隶属于日本制造业中心爱知县，是日本明治时期的丝绸产地，自 1938 年丰田汽车公司成立以来，就以汽车产业作为发展核心的工业城市，于 1959 年更名为丰田市。

（三）意大利——都灵

都灵是意大利的第三大城市，大工业中心之一，皮埃蒙特区首府，意大利的汽车城，也是欧洲最大的汽车产地。另外，意大利 1/3 的巧克力制造工厂位于皮埃蒙特，也有“巧克力之都”之称。

都灵是意大利“工业左岸”，路上跑的都是菲亚特、蓝旗亚、阿尔法·罗密欧，外国车极少。每年生产的汽车占意大利汽车总产量的 75%。

（四）德国——斯图加特

斯图加特由于在经济、文化和行政方面的重要性，成为德国最知名的城市之一。斯图加特以高科技企业而闻名，其中戴姆勒、保时捷、博世有限公司等闻名世界的企业都将这里选为总部所在地。斯图加特市徽是一匹在金黄色原野跃立的黑色骏马。

斯图加特是一座“奔驰汽车城”，奔驰汽车制造业是斯图加特的主体工业，在斯图加特家家都有奔驰车。参观奔驰、保时捷汽车博物馆和奔驰汽车制造厂是游客游览斯图加特的重要内容。斯图加特每年要接待 14 万来自世界各地的汽车用户和汽车厂商。

（五）德国——沃尔夫斯堡

沃尔夫斯堡又名“狼堡”，原来这里是狼出没的地方。大众汽车自 1934 年成立以来，带动了沃尔夫斯堡城市的发展，狼堡是汽车世界中的迪士尼乐园，是世界上规模最大的汽车厂，每天有多达 12 000 人前来参观。

（六）日本——东京

位于日本本州岛东部的东京，是全球规模最大的巨型都会。它拥有全球最复杂、密集度和流量最高的铁路运输系统，是亚洲的金融中心，也是日本的政治、文化中心。日本几大汽车巨头的总部都设立于此，包括此前的日产总部（现搬至横滨），现在的三菱总部、五十铃总部以及日野总部等，在东京为汽车行业服务的人员就多达几十万人。

（七）法国——巴黎

巴黎是欧洲大陆上最大的城市，除了它举世瞩目的浪漫、时尚奢侈品外，它也凭借总部设在此处的法国最大的汽车公司——标致—雪铁龙汽车公司而闻名。

（八）英国——伯明翰

伯明翰是利兰汽车公司所在地，位于英格兰中部亚拉巴马州，是仅次于伦敦的英国第二大城市。伯明翰是英国的汽车城，世界各大汽车生产厂商在这里都设立了公司，因此，它的工业总产值占全国工业总产值的 1/5，并享有“世界车间”之美称。

（九）德国——吕塞尔海姆

吕塞尔海姆是欧宝汽车公司所在地。欧宝是通用在欧洲最大的子公司。

（十）法国——比扬古

比扬古是法国雷诺汽车公司所在地。在第二次世界大战期间，雷诺汽车公司为德国法西斯生产武器和军火，1944 年 9 月被法国政府接管，1945 年被收归国有，是法国最大的国营企业。

学习研讨

背景描述	全球首发车数量的多少，衡量着车展在业内的地位和影响力的高低。2021 年，在上海车展上的全球首发车共 128 辆。其中，自主品牌之光比亚迪更是隆重推出了唐 DM-i，已经正式上市，售价为 18.98 万～21.68 万元，正式迈入二十万级 SUV 市场。唐 DM-i 的出现代表着传统燃油车即将迎来颠覆式变革
讨论主题	盘点近两年中国汽车厂商在国际汽车展览会上展示的前端科技
成果展示	小组采用 PPT 等方式展示成果

学习评价

内容组织	素养提升			评价结果
内容全面且组织有条理：详细从品牌的车载技术、智能出行、新材料等设计亮点全面展示厂商的前沿技术	语言通顺简洁、思路清晰、重点突出	熟练运用 PPT、视频、动画等信息化技术手段	很好体现正确的价值观、审美观和消费观，展现科技创新理念	优秀□

续表

内容组织	素养提升			评价结果
内容较全面且组织比较有条理：从品牌的车载技术、智能出行、新材料等设计亮点展示厂商的前沿技术	语言较通顺简洁、思路较清晰、重点突出	较熟练运用PPT、视频、动画等信息化技术手段	较好体现正确的价值观、审美观和消费观以及科技创新理念	良好☐
内容不全面且组织条理不清：简单从品牌的车载技术、智能出行、新材料等设计亮点展示厂商的前沿技术	不能够很好组织语言、思路不清晰	不能熟练运用视频、动画等信息化技术手段	没有很好体现正确的价值观、审美观和消费观以及科技创新理念	一般☐

习题测试

1.（　　）是最高级别、最精彩、最刺激的比赛，与“奥运会”“世界杯足球赛”并称为世界三大体育运动。

A. F1　　B. 房车大赛　　C. 达喀尔拉力赛

2.（　　）是世界现存的最艰苦的场地赛事，由三位车手轮流驾驶同一辆赛车在一条封闭赛道上连续奔跑24小时，完成里程最多的车队赢得冠军。

A. 勒芒24小时耐力赛　　B. F1

C. 达喀尔拉力赛

3.（　　）是德国著名的F1车手，在职业生涯中曾经获得过7届F1世界冠军。

A. 迈克尔·舒马赫　　B. 埃尔顿·塞纳

C. 胡安·曼纽尔·范吉奥

4. 目前被公认的国际著名五大车展有（　　）。

A. 法兰克福车展　　B. 日内瓦车展　　C. 巴黎车展　　D. 北美车展

5.（　　）车展被誉为“亚洲汽车风向标”，单数年展出轿车，双数年展出商用车。

A. 东京　　B. 丰田　　C. 大阪

6.（　　）是奔驰、保时捷、博世等世界知名公司总部所在地。

A. 慕尼黑　　B. 狼堡　　C. 斯图加特

拓展阅读

2021年举办的上海车展是历史上最热闹的一届车展，无论是规模还是含金量，均已超越其他西方国家举办的车展。不少人认为，这标志着以汽车发明和领导为中心的西方汽车历史开始落下帷幕，而以凭借智能电动优势出场的新能源汽车为中心的东方汽车开始崛起。按照惯例，跨国车企发布全球车型时，通常从本土发布开始，到中国发布结束。此次上海车展成为很多跨国车企新车的全球首发“福地”。包括奔驰、宝马、日产在内的跨国巨头，都将这次车展作为年度重磅车型的全球首发平台。更值得重视的是，在上海车展前夜的梅赛德斯-EQ之夜上，曾经的“汽车发明者”奔驰没有出现燃油车的身影，亮相的4款车型全部为电动车。这在奔驰百年历史上也是首次，可谓意义深远。

扫描下方二维码，了解更多汽车运动和汽车展览相关知识。

中国传祺邂逅法国巴黎车展　　奥迪重返勒芒 24H 耐力赛

学习单元二 汽车模型及收藏

情境导入

无论多么爱车，很少有人能够收藏几十上百辆汽车。场地、资金、维护保养等问题都限制了爱车人士的热情。不妨退而求其次，买点儿汽车模型如何？据不完全统计，近90年来，全世界的汽车生产厂共推出了数万种款式的汽车模型，还打破了欧美生产制作和收藏车模一统天下的垄断局面。因此，收藏汽车模型逐渐发展成为一种风行于全世界的收藏和投资项目。

学习目标

1. 能够正确区分汽车模型与汽车玩具；
2. 能够分析不同比例汽车模型的收藏价值；
3. 能够讲述不同世界汽车博物馆的特点；
4. 坚定文化自信传承历史文化；
5. 树立正确的价值观、审美观和消费观；
6. 提升材料组织和语言表达能力；
7. 提升信息化技术应用能力。

相关知识

一、汽车模型

（一）汽车模型及发展

1. 汽车模型定义

汽车模型是完全依照真车的形状、结构、色彩，甚至内饰部件而制作出的比例模型。

认识汽车模型，首先要知道，汽车模型不是玩具，它是严格按照真车比例缩小制成的，有知识产权和收藏证书，有的还限量发行，通常比例为1：12、1：18、1：24、1：43、1：64、1：72、1：87等。汽车模型的用途是装饰居室、馈赠和收藏，同时也是汽车生产厂的广告和礼品。图7-2-1所示为2013款宾利飞驰汽车模型。

模型PK真车

图 7-2-1　2013 年宾利飞驰汽车模型（1：18）

2. 汽车模型的发展

世界上第一批汽车模型诞生于 1914 年。当时，福特汽车公司在销售新出品的 T 型车的同时，还赠送给购车者一个精致的 T 型车模型（图 7-2-2），福特汽车公司的本意纯粹是为了和通用汽车公司竞争。这种被用于赠送的汽车模型一经问世，便很快受到爱车人士的青睐。各汽车公司继而争相效仿，在推出新车的同时，也纷纷制作出了汽车模型。

图 7-2-2　福特 T 型车模型

3. 汽车模型外形特点

（1）汽车模型必须有它所表现的原车型，是原车型按照一定的标准比例缩小。与原车比例的精度是衡量一款车模制造水平的重要标准之一。

（2）为了忠实再现真实的汽车，汽车模型制造者不会对原型车的外观进行丝毫的修改和夸张。除了整体外观，汽车模型在细节上也应该是高度仿真的；整个汽车模型往往由几百个甚至更多的部件构成，各个部件都是对原车型相应部件的缩小；汽车模型部件越多、部件分得越细，说明这款汽车模型的制作工艺越高。

（3）汽车模型选用高档次的金属、塑料或树脂材料制成，加工工艺要求较高，喷漆的要求几乎要达到真车的水平。

（4）汽车模型制造厂商要制作某款汽车的模型，必须得到原厂的授权，否则就是侵犯了知识产权，为此，汽车模型厂商可能需支付一定的费用。为了制造高精度的汽车模型，制造者还需要得到原厂的技术支持和准确的数据资料。

（二）汽车模型日常保养及收藏

1. 汽车模型日常保养

汽车模型有较高的观赏价值和装饰作用，它由高档次的金属材料和塑料制成，加工工艺要求较高，喷漆的要求几乎要达到真车的水平，所以在保养方面也是有严格要求的。

（1）要经常给漆面打蜡。一般汽车模型在摆放 2~3 年时，就要对漆面进行保养。在每次打蜡时，蜡不能太多，而且要注意车模的缝隙，不能将蜡滴到缝隙里。

（2）摆放时注意防灰尘。将汽车模型摆放在办公桌或者一般的台面上，应该套一个有机玻璃罩，防止灰尘进入。摆放在展示柜里，如果想营造一个比较好的氛围，可以在展示柜里打一些灯光。但是一定要在展示柜里放一小杯水，因为射灯灯光温度比较高，会让车模的漆面干裂，放一杯水可以保持柜子里的湿度。

（3）汽车模型怕潮湿、暴晒，遇到雨雪天要打开盒子通风干燥，但是不要在太阳下暴晒或者用电吹风吹干，这样容易使油漆和金属车身分离，缩短汽车模型的保存时间。

（4）轻拿轻放，不要使汽车模型与硬物碰撞。

2. 收藏汽车模型的意义

（1）收藏汽车模型可以帮助人们了解汽车知识。

通过汽车模型可以使对汽车各部件陌生的人逐渐懂得这些部件的外观特征和功能。就收藏汽车模型的过程来说，为了收藏汽车模型，爱好者势必更加关注国内外汽车工业的信息，及时掌握动态；对于汽车的品牌背景、设计师的设计风格、汽车发展的历史等汽车文化将会越来越了解，这是收藏汽车模型最主要的意义。

（2）汽车模型有较高的观赏价值和装饰作用。

精致的汽车模型放在家居中可以体现主人的个性和爱好，为生活增添情趣；放在办公桌上可以体现成功人士的品位与眼光；放在真车的仪表台上又可以营造出别具一格的氛围。

（3）具有一定的保值、增值的功能。

汽车模型和其他收藏品一样，具有一定的保值、增值的功能，尤其是名厂出品的、绝版发行的精致汽车模型，由于物以稀为贵而倍增其价值。普通汽车模型即使是在短时期内没有明显升值，也会随着时间的推移而逐渐显示出它的价值。

3. 如何收藏汽车模型

人的个性、兴趣爱好各不相同，即使都是喜欢收藏车模的人，往往也会选择不同比例和不同种类的汽车模型。

（1）模型比例。

①1∶18 模型尺寸比较大，这种大的尺寸给细节的刻画提供了空间，在 1∶18 的汽车模型上可以看到更细小的部件和更多可以活动的地方。从市场上看，生产 1∶18 汽车模型的厂家比较多，收藏者选择的余地比较大。另外，1∶18 的汽车模型是最紧跟世界汽车工业潮流的，往往某款真车出现没多久，就可以买到 1∶18 的模型。1∶18 汽车模型比较适合主要出于玩赏目的的玩家。

②1∶24 的车模是一个折中的比例，是比较适合收藏的。该比例汽车模型的品质具有

“两极分化”的特点，质量一般的价格较便宜。然而，许多令收藏者梦寐以求的精品乃至极品却往往也出自这个比例，其细节的精细程度比起 1∶18 的汽车模型有过之而无不及，不少款式还是限量发行的。

③在市场上，1∶43 的比例可以说是涵盖车型面最广、品种最为丰富的。有时花 10 多元就可以买一款 1∶43 模型，但有些 1∶43 的价格比体积大许多的 1∶18 和 1∶24 还贵。另外，1∶43 的汽车模型中限量发行的版本很多。1∶43 的汽车模型适合想收藏更多车型品种而缺乏空间存放或没有太多时间打理的收藏者。

除了上述 3 种比例外，1∶12 的汽车模型体积十分庞大，可以把细节做得很到位，放在家中装饰性很强，不适合喜欢大量收藏的爱好者。1∶50 和 1∶67 是卡车、巴士模型的常见比例。1∶87 是火车模型的常见比例。

（2）汽车模型的收藏类型。

收藏汽车模型的收藏者。需要对自己的收藏范围作一个界定，或者说为自己定一个收藏的主题，不同的收藏品可以体现主人的不同性格和爱好。

①时尚先锋型：此类收藏者对国际车坛的风云变幻了如指掌，经常上网和阅读杂志了解最新的汽车信息。对于国际上推出了什么新车、展出了哪些新的概念车，他们都能如数家珍。如果对一款新车产生兴趣，他们便会寻觅这种新车的模型，渴望能够在第一时间拥有它。

②经典怀旧型：收藏者只对汽车发展史上特别著名的经典车型感兴趣。经典车型未必都是“老爷车”，它既可以是年代比较久远，但魅力留存至今的汽车；也可以是当代比较著名或比较有意义的，魅力将延续至未来的车型。

③品牌专一型：收藏者是某个著名汽车品牌的忠实发烧友，拥有这个品牌历史上所有汽车的模型是他们的梦想。

④爱国主义型：中国的汽车工业已经经历了 60 多年的风风雨雨，在发展过程中涌现了许多曾经令国人引以为自豪的经典车型，比如红旗轿车、解放牌大货车等。尤其是加入 WTO 后，建立了许多大型合资汽车制造企业，这些企业已成为今天中国汽车工业的龙头。

二、汽车博物馆

世界著名汽车博物馆包括宝马汽车博物馆、奔驰汽车博物馆、保时捷汽车博物馆，等等。

（一）宝马汽车博物馆

在德国南部慕尼黑市奥林匹克公园附近，耸立着一座雄伟壮观的 22 层现代银灰色高楼，这便是宝马汽车公司总部大厦。宝马总部大厦主体是由四个圆柱形塔楼组成的，象征着发动机的四个汽缸，旁边有一座碗状建筑物就是宝马汽车博物馆（图 7-2-3），宝马汽车博物馆是汽车爱好者的天堂，它的碗状建筑的屋顶是一个圆形平面，屋面上描着蓝白相间的 BMW 宝马圆形徽记。

宝马博物馆展厅设计为环绕式的空间，按照不同年代和时期，展示出历年来所产的各类宝马汽车、宝马摩托车、轻骑和一些特殊用途的汽车样品；并运用现代声、光、电、多媒体等高科技手段及图片音像资料，提升产品展示的艺术空间，全面演绎了宝马汽车公司的成长

图 7-2-3　宝马汽车博物馆

与发展。

宝马博物馆展厅共三层，按照历史顺序盘旋而上，陈列着各类汽车和摩托车，每一件展品都可以通过对应的耳机收听英语解说。宝马博物馆分为七个主题展区，总结并介绍了宝马的典型车型与重要理念。另外，参观者在小电影院里还可以回顾宝马辉煌的历史。

（二）奔驰汽车博物馆

奔驰汽车博物馆（图 7-2-4）是一座经典的博物馆、一座奇妙的建筑物、每一位汽车爱好者的圣殿、每一位工业设计师一生必须去的地方……奔驰汽车博物馆坐落在德国斯图加特郊区，整个建筑是不规则的三棱圆柱形，于 2006 年 5 月 20 日正式向世界各地游人开放，已成为斯图加特标志性建筑，是当地著名的景区。

图 7-2-4　奔驰汽车博物馆

该博物馆建筑的双螺旋结构带来了独特的妙处，那就是“两条线”的参观路线设置。沿着第一条参观路线，有七个“传奇区域”按年代顺序讲述品牌故事；在第二条参观路线中，大量的展车在五个“收藏区域”中展示了梅赛德斯—奔驰品牌产品的多样性。另外，该博物馆也首次展示了梅赛德斯—奔驰商用车 100 多年来的历史，而且参观者可以随时在两条参观路线之间转换。整个博物馆就像一部传奇的汽车，其独特的构造仿佛就是一个收藏品的陈列柜，将技术性、冒险的经历、吸引力、差异融于一体。

（三）保时捷汽车博物馆

保时捷汽车博物馆分为旧馆和新馆。旧馆有大量的展品车辆和照片，展示着欧洲汽车制造界的历史。新馆除有关汽车的展览外，还包括商店、游客餐厅、咖啡吧和餐厅等。另外，还可以在此举办大型活动，如车展、会议等。

保时捷旧馆虽然展品不多，但件件都是精品，比较值得称赞的是，这里也是学习汽车知识的好地方，不少部件甚至整车都被抛开展览，内部结构看得一清二楚，而且都是保时捷的原件，由此也能看出德国车尤其是保时捷这个品牌的内在品质。

2007 年，新保时捷博物馆被定义为独立而又动态组合的单一体。整个博物馆仿佛凌驾于地面之上。新保时捷博物馆新展馆分为三个主要区域：Workshop（工作车间）、Exhibition Area（陈列区）、Archive（档案馆）。

新保时捷博物馆（图 7-2-5）的特色是展出了各种世界著名跑车，展览大厅展示公司至 1948 年的历史。在那里，参观者可以直接前往主展览区。主展览区展览的是 1948 年后的展品，而且按年代顺序排列。主展览区中还设有一个“模块岛”，展示了 20 来辆老爷车。

图 7-2-5　保时捷汽车博物馆

（四）北京汽车博物馆

北京汽车博物馆于 2011 年建成开放，集博物馆、展览馆、科技三位一体，是中国国家公益性汽车主题博物馆。博物馆建筑造型创意为一只明亮的“眼睛”，寓意博物馆放眼世界，面向未来的理念。

北京汽车博物馆

北京汽车博物馆设有汽车博览、主题展览、汽车科普、汽车娱乐、学术交流等功能展示区。一方面通过中国国内、国外不同历史时期的汽车、汽车用品、汽车艺术品和汽车衍生品来体现不同时代的生活和文化；另一方面通过知识性、参与性、娱乐性的科普娱乐项目来展现汽车科技的魅力和乐趣。北京汽车博物馆作为以汽车为主题的博物馆，不管是印证着汽车工业悠久历史的经典馆藏车，还是诠释着人类汽车文明进程的各类主题展馆，身处其中时刻都有“汽车改变人类生活”的感受。

学习研讨

背景描述	从收藏的本质来讲，任何物品都有价值，汽车模型也是如此。一个1∶64的汽车模型的价值可能超过很多个1∶18的汽车模型，这主要因为原型车本身的历史价值、稀有的颜色、限量生产（原型车和模型都限量）、模型的制造厂家、精细程度，甚至一些联名或者名人签名等，随着时间的推移，价格会越来越高
讨论主题	谈谈中国汽车模型品牌 Almost Real 的产品定位与发展历程
成果展示	小组采用 PPT 等方式展示成果

学习评价

内容组织	素养提升			评价结果
内容全面且组织有条理：详细介绍 Almost Real 的产品定位与发展历程	语言通顺简洁、思路清晰、重点突出	熟练运用 PPT、视频、动画等信息化技术手段	很好体现正确的价值观、审美观和消费观，坚定文化自信	优秀□
内容较全面且组织比较有条理：较详细介绍 Almost Real 的产品定位与发展历程	语言较通顺简洁、思路较清晰、重点突出	较熟练运用 PPT、视频、动画等信息化技术手段	较好体现正确的价值观、审美观和消费观，坚定文化自信	良好□
内容不全面且组织条理不清：简单介绍 Almost Real 的产品定位与发展历程	不能够很好组织语言、思路不清晰	不能熟练运用视频、动画等信息化技术手段	没有很好体现正确的价值观、审美观和消费观，坚定文化自信	一般□

习题测试

1. 世界上第一批汽车模型是福特（　　）。

A. T型车　　B. A型车　　C. 野马

2. 人们所说的金属汽车模型，都是（　　），也是多数汽车模型外壳所用的材料。

A. 3#锌合金　　B. 铝合金　　C. 镁合金

3. 从市场上看，生产比例为（　　）的汽车模型的厂家比较多，收藏者的选择余地比较大。

A. 1∶12　　B. 1∶18　　C. 1∶43

4. 在德国慕尼黑市一座22层的四个圆柱形塔楼旁边有一座碗状建筑物是（　　）。

A. 奔驰汽车博物馆 B. 宝马汽车博物馆 C. 保时捷汽车博物馆

5. 汽车模型必须符合以下（　　）特点，否则就只能算汽车玩具。

A. 标准比例　　B. 真实车型　　C. 精细制作　　D. 原厂授权

拓展阅读

近年来，随着汽车文化在国内的日益普及，收藏汽车模型也逐渐成为国内车迷的新爱好。在第十七届中国国际模型博览会上，国内资深汽车媒体人许群与广东顺林模型联合发布了全新汽车模型品牌 Almost Real 汽车模型。汽车模型也分为不同品牌并针对不同阶层，入门级玩家会选择低价位的玛莎图等品牌，中、高级玩家则青睐于京商、奥拓或迷你切这几个品牌的汽车模型。随着喜爱人数的增加，中、高端的汽车模型品牌如京商、奥拓、迷你切等的价格也是水涨船高，而像 CMC、BBR 和 Peako 等高端品牌汽车模型售价更是高高在上，而这些海外汽车模型品牌的产品大多由国内工厂代工。

扫描下方二维码，了解更多汽车模型相关知识。

一汽红旗 H9 合金模型　　BENTLEY GT3-R 合金模型

学习单元三 汽车广告与影视

情境导入

正如车与电影之间的联系，似乎汽车自诞生以来，就是大屏幕上的常客，且作为影片情节和主角光环的一部分，早已成为电影以外最大的噱头。而汽车制造商也最喜欢在商业大片中植入自家车的广告，甚至让人们将车与影片主角绑定在一起，比如当你看到詹姆斯·邦德就必然会想到阿斯顿·马丁；看到大黄蜂就会想起雪佛兰；而看到劳斯莱斯，第一反应就是可靠又保险的“极尽荣华”……

学习目标

1. 能够熟知汽车媒体的种类及特点；
2. 能够了解汽车广告创意的内涵；
3. 能够了解汽车广告定位策略的灵活运用；
4. 会分析影视作品中的汽车广告植入案例；
5. 树立正确的价值观、审美观和消费观；
6. 提升材料组织和语言表达能力；
7. 提升信息化技术应用能力。

相关知识

一、汽车广告

随着汽车家庭化浪潮的到来，汽车媒体越来越成为人们关注的对象，而汽车广告更是以其无限的创意吸引着人们的眼球。在这种形势下，汽车文化语境中的汽车宣传语日益成为引人注目的“社会方言”。

（一）汽车媒体

汽车产业的发展过程中出现过无数精彩纷呈的汽车广告，承载着我们用高科技描绘的梦想。无论汽车广告表现的主题是什么，总要通过一个信息传播平台来实现，这个信息传播的平台就是汽车媒体。没有通过汽车媒体播发的广告，即使非常有创意，也不能起到良好的宣传效果。

1. 汽车电视媒体

电视媒体完美地将声音、图像、文字融为一体，加之节目主持人富有感染力的渲染，增强了电视媒体形象的表现力。电视媒体往往赋予品牌或产品以人格，营造一种生活情趣，表达一种价值观念，建立一种新的生活方式，通过人性化的表达方式达到“以情感人”的目的。

因为电视广告的投放成本较高而且投放时间受限，30s 的电视广告不能传播完整的产品信息。汽车追求的速度感，在速度感基础上建立的活力和舒适感及超乎一般的生活品质等卖点，只能通过突出的视觉形象、华丽的动态画面完美展现，更多地从人性的角度挖掘消费者的情感诉求。

2. 汽车平面媒体

无论是从情感角度还是从理性角度来看，汽车是消费者必然投入足够的金钱、时间和精力等成本，经过严格考察和慎重的选择之后才做出购买决策的。《汽车杂志》《汽车之友》《中国汽车画报》《汽车导购》等专业化杂志，正是这样一种可以提供深度分析评估信息的平台，消费者通过平面媒介上刊登的广告对所要购买的产品深入了解，仔细研读汽车的复杂配置和功能，进行细致的分析。

3. 汽车广播媒体

电视的兴起分走了大批广播广告客户，曾经有人担忧地说：“广播广告注定会消失。”然而从多年的发展趋势上看，广播广告的影响力仍然很大，它有着其他媒体无法比拟的独特魅力。广播广告互动性强，传播速度快，费用相对低廉，而且只占领单一信道（听觉），却能给听众留下相当大的想象空间。

广播覆盖按其功率来说，虽然有一定的范围和区域，但从实际的收听情况来看，广播的覆盖却无法划定明确的界限，加之地形、气候和磁场等方面的因素和作用，广播的覆盖以及延伸意义上的信息传送可以说是无限的。广播广告的费用远比同等级别媒体如报纸和电视的低很多。

4. 汽车网络媒体

互联网被称为继报纸、广播、电视三大传统媒体之后的“第四媒体”。基于互联网的网络媒体集三大传统媒体的诸多优势为一体，是跨媒体的数字化媒体。网络媒体新闻传播除了具有三大传统媒体新闻传播的“共性”特点之外，还具有鲜明的“个性”，即时性、海量性、全球性、互动性、多媒体性、新媒体性。这些显著的优势使互联网汽车广告迅速成为消费者获取汽车品牌和产品信息的重要渠道。

网络媒体的内容包括文字、视频、音频和图像等多种元素，经过整合可以为消费者提供深入、完整的产品信息全景，便于消费者全面了解汽车产品。网络实现了严格的消费者分众，使得广告的投放具有空前的选择性和互动性。网络的搜索功能方便消费者定位目标产品和所需信息，使广告的效果易于监测，通过网站的访问率和点击率可以准确估计消费者的消费特点并依此建立相关的营销数据库。

5. 汽车直邮广告

直邮（Direct Mail，DM）是指将具有个人资讯功能的广告，通过 DM 媒体寄递来吸引消费者的一种方式。直邮的特点在于“直接、快速”，还有成本低、认知度高等优点，为商家宣传自身形象和商品提供了良好的载体。

对于汽车广告来说，直邮广告是针对性最强的媒体样式。这种点对点的刺激是非常有效的，特别是在提醒潜在消费者试车、参与汽车俱乐部活动和对车型、售后服务提出意见等方面，效果非常明显。2012年，一个加拿大代理机构代表保时捷经销店创造了一种全新的宣传活动，发出了世界上第一个即时的以及完全个性化的直邮广告。

6. 液晶电视联播网

液晶电视联播网的优势就是要被受众“看见”，吸引受众的注意力。分布在大卖场、连锁店、超市、便利店联播网及高级美容店、高尔夫球场、机场联播网等不同场所的液晶电视联播网，专门针对特定的目标受众群体投放不同的广告内容，是细分目标受众走出家门后接触到的最立体的音视频广告媒体，是比卖场更接近消费者的终端。

7. 汽车展览会

汽车展览会（以下简称“车展”）是对汽车工艺的呈现，也是对汽车产品的广告。消费者可以通过车展场所展示的汽车或汽车相关产品，把握汽车制造工业的发展动向与时代脉动。汽车厂商则可以通过车展对外宣传产品的设计理念，发布产品信息，了解世界汽车发展方向。

车展日渐成为企业展示产品（新产品上市）、收集信息（同行采购等的信息）、洽谈贸易（交易）、交流技术、拓展市场的桥梁和纽带。车展在企业市场营销战略中的地位日益提高，在发达国家，车展营销已经成为很多汽车企业的重要宣传、营销手段。

8. 汽车试驾会

试驾会这种广告宣传或促销活动在重视体验经济的时代是非常必要和有效的。试驾会除了汽车试驾驶外，一般还会包括其他相关的配套活动，有的活动甚至会赠送丰厚的礼品，以提升参与度。消费者可以通过试驾会来切身体验，并产生对于产品和品牌的美好印象，是一种最直接、最持久的宣传手段。

（二）汽车广告

1. 汽车广告的作用

汽车广告的立足点是企业，做广告是汽车企业向广大汽车消费者宣传其品牌用途、产品质量，展示其企业形象的商业手段。在这种商业手段的运营中，企业和消费者都能够受益。企业靠广告推销产品，消费者靠广告指导自己的购买行为。不论是传统媒介，还是网络传播，传达给人们的广告信息，为人们提供了非常方便的购物指南。

汽车广告语最能体现汽车的个性和内涵，很多汽车都是靠一句响亮别致的广告语打入市场的。例如凯迪拉克的“敢为天下先”、沃尔沃S40的“绝对掌控力自我超越”、奥迪的“突破科技 启迪未来”、捷豹S型的“贵族血统 名门风范”红旗的“统领时代、驾驭未来”等。

汽车广告中的画面是汽车常给消费者的第一印象，只有那些设计新颖的画面才能抓住消费者的眼球。汽车广告无论在画面内容，还是色彩和音乐上，都必须别出心裁，否则就不能在日益激烈的广告大战中获得胜利。洗练的广告语，精美的画面，言简意赅、充满人性化和诱惑力的文字说明，传递给消费者一个品牌独特的品质、价值及文化内涵。

2. 汽车广告的定位

恰当的汽车广告定位应包含两方面内容。一方面对于汽车品牌而言，必须贴合汽车的属性，提出与众不同的、具有竞争优势的重要因素；另一方面，对于消费者而言，必须满足他们的心理需求和实际需要，广告定位应该是产品属性和消费者心理需求的统一。

首先，对于汽车广告而言，应该注意定位策略的灵活运用。常用的定位方法主要有求异策略、求隙策略、求先策略以及求次策略等。求异策略往往提出与众不同的消费观念或消费主张，可以使产品“一枝独秀”；求隙策略可占据消费者心中需求的但又尚未被满足的空缺；求先策略则是首先将一种理念或产品的独到之处灌输给消费者，起到先声夺人和先入为主的作用；求次策略是指退而求其次，也可以因势利导，获得主动权。总之，在汽车广告的定位实践中，必须遵循科学的定位策略。著名的大众“甲壳虫”汽车定位在“小”上，大作“小”文章，充分抓住消费者对“小车”心理需求的空当，从而使“甲壳虫”誉满全球，成为经典名车。这便是典型的求隙策略的运用。

其次，汽车广告定位要突出车与人的统一。广告定位不仅要从产品的属性出发，挖掘产品的独到之处，而且还要迎合消费者的心理需求。因此，在汽车广告的定位中，车、人必须并重。

3. 汽车广告创意

汽车广告创意是一种创造性的思维活动，需要我们运用各种思维方式在对事物由表及里地审视和剖析过程中，发现事物全新的含义并赋之以全新的表现形式和新的生命力。

当今的广告受众，多为理性的消费者，尤其是对于汽车这类较为特殊的商品，消费者在购买时更会以理智的态度加以对待。汽车广告创意要充分调动理性思维，使广告创意在理性的轨道上影响消费者。汽车广告创意应着眼于汽车本身的质量、性能、档次与科技含量，使创意与车的实际情况相协调，最终使创意能合情合理地回归到产品自身，达到创意为汽车服务的目的。

上海通用别克在广告中传递的就是一种温情，一种人性化的贴心服务。在寒冷的深秋，别克的温暖围绕着您，让您觉得舒心。广告将汽车座位设想成人，用围巾来比喻别克的人性化关怀，寓意着有了别克，您的汽车生活将会更加舒心。广告的主色为黄色，这种典型的暖色调让浏览者仿佛感觉到了丝丝暖意。而落叶则恰到好处地点明了季节。因此，别克所要传达的精神——人性化关怀，很直接地进入消费者的内心，如图 7-3-1 所示。

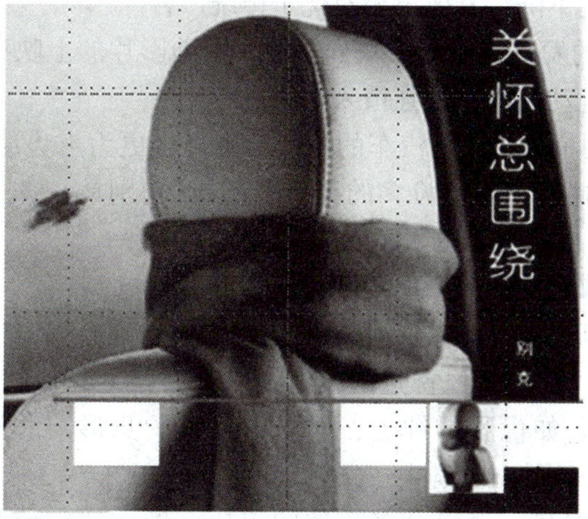

图 7-3-1 “别克关怀”围巾篇

4. 汽车广告语言

汽车广告语言是展示汽车的重要载体，汽车广告语言要遵循真实性、文学性与艺术性统一的原则，把汽车品牌相关信息完整地展现给消费者。

汽车广告

真实是汽车广告的生命，广告语言必须如实地反映汽车的本来面目，而不能游离于汽车的属性。同时，广告语言的特殊性，要求汽车语言必须紧紧抓住消费者的心理，营造出应有的广告氛围，促使消费者对汽车广告的内容印象深刻，从而产生购买行为。

“尊崇第二排新一代大型 MPV”是马自达 8 的广告语。“无敌第二排”集中体现豪华舒适的商务价值。内部空间设计灵活，第二排的两个独立座椅可以实现前后 255 mm 的长距离移动，腿部空间至少有 400 mm，拉下座椅下方右侧的把手还能实现左右滑动，为用户提供灵活多变的单人床、双人床式座椅组合。

二、汽车影视作品

（一）在影视作品中植入广告的好处

影视作品中的广告植入，是普通老百姓了解汽车最简单、最直观的方法。抓住消费者的眼球从来就是商家的制胜法宝之一。如何巧妙地将产品融入剧情之中，让观众在欣赏影片的同时，对其产生兴趣将成为关键的问题。

越来越多的汽车品牌及汽车改装品牌开始通过极具影响力的影视作品来宣传产品，植入广告的优势凸显。下面介绍电影中的植入广告的好处。

（1）传播时间长，总体曝光次数多。电影的多元发行渠道和发行周期，从地域上可以覆盖国内外，从时间上可以延续 2~3 年。

（2）借助电影剧情的无意识暗示和使用场景。这种潜在的暗示是植入广告的特性，也是其他广告形态所不具备的。

（3）容易记忆。产品与剧情、明星使用场景相结合，特点明确，印象深刻，容易被观众记住。

（4）广告干扰少。在影院封闭的观影环境中植入广告能有效地避免因观众注意力的转移而导致的广告到达率的下降，其效果相对优于传统广告。

（5）容易结合电影的发行规律形成联合营销。借助影片的上映，利用影片的媒体要素，产品可以设计和电影的互动活动，增强植入效果。

相对比日常消费品的植入广告，汽车的植入广告显得更为声势浩大，突出性能，展示新品，提高曝光度。汽车的植入广告在众多的产品植入中显得别具一格，而且充满魅力。

（二）列举影视作品中的汽车植入广告

1. 影视作品：《非诚勿扰》系列电影

被植入品牌车型：斯巴鲁傲虎、奔驰 GLK。

《非诚勿扰 1》中，“细雨带风拂过的北海道乡间公路上，伴随着悠扬的音乐声，一辆斯巴鲁汽车慢慢驶过，它如优雅的绅士，那靓丽迷人的身形与北海道乡村曼妙的景色融为一体……”，这是冯小刚执导的电影《非诚勿扰 1》（图 7-3-2）中非常优美的镜头，而后傲虎便以傲视群雄之势，赢得众多粉丝的追捧。傲虎的定位是介于旅行车和越野车之间，它一方面继承了力狮的优雅外形；另一方面融合了 SUV 的优秀通过性，加上斯巴鲁引以为傲的水平对置发动机和左右对称的全时四驱系统，无论是在公路还是在崎岖路段上，都能操控自如。在《非诚勿扰 1》中，斯巴鲁的植入无疑是成功的，让所有中国人认识了斯巴鲁。

《非诚勿扰 2》（图 7-3-3）中，奔驰 GLK 取代了《非诚勿扰 1》中的斯巴鲁傲虎，成为片中男主角秦奋的专属座驾。如果说在《非诚勿扰 1》中，斯巴鲁演绎出了旅行的随性与浪漫，那么在《非诚勿扰 2》中，奔驰则演绎出了生活的安逸与等待。虽然相对于第一部电影少了一丝激情，但追求安逸的人生才是电影的主线。因此，奔驰 GLK 则当仁不让地成了主角。

图 7-3-2 《非诚勿扰 1》斯巴鲁傲虎

图 7-3-3 《非诚勿扰 2》奔驰 GLK

GLK 的前脸跟奔驰 C 级在很像，昭示一个真理——越来越多的年轻人正在成为消费主力军。S 级固然经典而尊贵，但是对于那些十年内都不可能用司机的新生代老板或精英们来说，宽大的后排、奢华的配置完全是画蛇添足，而过于沉着稳健的外表也不是他们所喜爱的。GLK 将消费人群锁定为 30 岁左右的年轻人，俊朗的外观让这款车颇有沉稳的商务气息。此外，奔驰家族的所有车型基本均在影片中亮相。

无论从品牌影响力还是从品牌质量来说，奔驰的认知度都要远远大于斯巴鲁。影片的火爆和汽车品牌的高知名度也是一次成功的营销合作。

2. 影视作品：《裸婚时代》

被植入车型品牌：东南汽车 V3 菱悦。

影视剧《裸婚时代》女主角童佳倩是东南汽车某 4S 店的职员，东南汽车 V3 菱悦在剧中的高出镜率以及男女主角结婚的东南 V3 菱悦车队让很多刚步入社会的年轻人心动不已，如图 7-3-4 所示。

图 7-3-4 《裸婚时代》东南汽车 V3 菱悦车队

东南汽车V3菱悦借《裸婚时代》的播出，推出了1.5 L幸福版，售价最低仅为5.78万。运动感十足的外观，较低的定价，加之成功的广告植入营销，让这款国产车的销量大增。

学习研讨

背景描述	在汽车发展史上，纵然品牌的实力是其发展的主要原因，但广告是否能够打得响亮，能否给人们留下深刻印象，甚至让消费者在多年以后还都津津乐道，也对车辆的销量起到了相当重要的影响作用。几乎所有汽车品牌都有一个非常知名的广告语，其中有些非常有名的汽车广告语甚至成了人们日常生活用语的一部分
讨论主题	通过一则汽车广告分析品牌要表达的产品信息和产品特性
成果展示	小组采用PPT等方式展示成果

学习评价

内容组织	素养提升			评价结果
内容全面且组织有条理：详细分析汽车广告要表达的产品信息和产品特性	语言通顺简洁、思路清晰、重点突出	熟练运用PPT、视频、动画等信息化技术手段	很好体现正确的价值观、审美观和消费观	优秀□
内容较全面且组织比较有条理：较详细分析汽车广告要表达的产品信息和产品特性	语言较通顺简洁、思路较清晰、重点突出	较熟练运用PPT、视频、动画等信息化技术手段	较好体现正确的价值观、审美观和消费观	良好□
内容不全面且组织条理不清：简单分析汽车广告要表达的产品信息和产品特性	不能够很好组织语言、思路不清晰	不能熟练运用视频、动画等信息化技术手段	没有很好体现正确的价值观、审美观和消费观	一般□

习题测试

1.（　　）被称为继报纸、广播、电视三大传统媒体之后的“第四媒体”。

A. 汽车网络媒体　　B. 汽车电视媒体　　C. 汽车广播媒体

2. 著名的大众甲壳虫汽车定位在“小”上，这是典型的（　　）的运用。

A. 求异策略　　B. 求隙策略　　C. 求先策略

3. 汽车广播媒体的优势有（　　）。

A. 互动性强　　B. 传播迅速　　C. 成本低

4. 汽车广告常用的定位策略方法有（　　）。

A. 求异策略　　B. 求隙策略　　C. 求先策略　　D. 求次策略

5. 汽车网络媒体具有的鲜明的个性特点是（　　）。

A. 即时性　　B. 海量性　　C. 全球性　　D. 互动性

拓展阅读

著名电影中出现的著名车型，会像其中的著名人物一样，受到人们的喜爱。由于厂商可以从这里发掘出打造品牌文化的商机，不惜斥巨资让代表着企业形象的概念车或改装车频频在电影中亮相。有些是品牌跟随某个系列电影现身，比如兰博基尼和蝙蝠侠；有些则是品牌固定追随某个影星，让该影星的形象无形中成为品牌的代表。比如从 20 世纪开始，三菱公司就一直跟随着成龙。

在《速度与激情 8》中，车是拯救世界的小分队联系现实生活的纽带，小分队成员可以通过酷炫的车技来换取生存空间，释放融化在血液中的血性与激情……

扫描下方二维码，了解更多汽车广告相关知识。

马自达睿翼汽车植入广告　　路虎揽胜汽车植入广告

模块八

汽车驾驶与礼仪

消费者在购车之前通常会为买到一辆适合自己的爱车而查看各种汽车品牌宣传资料，向亲友咨询，货比三家，等等。由于汽车的购买和使用具有知识性、技术性较强的特性，消费者毕竟不是汽车专家，等到把心爱的车开回家后，即使想给它最好的呵护，也常会力不从心，甚至过犹不及，以致陷入用车观念上的误区。合理用车、安全行车已成为人们关注的问题。为了防止交通事故的发生，除了要加大交通法规的宣传力度，增强人们的交通安全意识，还要遵守一些文明的行车规范及养成合理的用车习惯。

本模块主要介绍汽车驾驶与礼仪，内容包括汽车驾驶知识、良好的用车习惯和文明的行车礼仪。通过对本模块的学习，学生能够熟知机动车驾驶证的驾考要求，能够养成科学合理的用车习惯，能够树立安全文明的行车意识，遵纪守法共同构筑和谐社会。通过学习研讨和学习评价的训练，提升学生的组织能力、语言表达能力和信息化技术应用能力。

学习单元一　汽车驾驶知识

情境导入

作为一名合格的汽车驾驶人，您对《中华人民共和国道路交通安全法》（以下简称《道路交通安全法》）、《中华人民共和国道路交通安全法实施条例》（以下简称《实施条例》）和修订后的《机动车驾驶证申领和使用规定》（以下简称《规定》）了解多少呢？另外，您对已经实施的《中华人民共和国刑法修正案（八）》（以下简称《刑法修正案（八）》）中关于“醉驾入刑”和“危险驾驶罪”的定罪量刑又知道多少呢？

学习目标

1. 能够熟知常见的易忽视、易违反的交通法规；
2. 能够了解道路交通安全违法行为记分管理办法；
3. 能够熟知机动车驾驶证的驾考要求；
4. 增强遵纪守法意识，构筑和谐社会；
5. 提升材料组织和语言表达能力；
6. 提升信息化技术应用能力。

相关知识

一、易忽视、易违反的法条解读

（一）机动车号牌

《道路交通安全法》第九十五条第二款规定“故意遮挡、污损或者不按规定安装机动车号牌的，依照本法第九十条的规定予以处罚。”

解读：《道路交通安全法》第九十条规定“机动车驾驶人违反道路交通安全法律法规关于道路通行规定的，处警告或者20元以上200元以下罚款。本法另有规定的，依照规定处罚。”因此，对频繁出现的故意遮挡、污损或者不按规定安装机动车号牌的违法行为将处罚款200元。另外，《道路交通安全违法行为记分管理办法》规定，视具体情况对驾驶未悬挂机动车号牌或者故意遮挡、污损机动车号牌的机动车上道路行驶的交通违法行为予以一次性扣除9~12分的处罚。

（二）车速

（1）《实施条例》第四十五条规定“机动车在道路上行驶不得超过限速标志、标线标明的速度。在没有限速标志、标线的道路上，机动车不得超过下列最高行驶速度：没有道路中心线的道路，城市道路为每小时30公里、公路为每小时40公里；同方向只有1条机动车道的道路，城市道路为50 km/h、公路为每小时70公里。”

（2）《实施条例》第四十六条规定“机动车行驶中遇有下列情形之一的，最高行驶速度不得超过每小时30公里，其中拖拉机、电瓶车、轮式专用机械车不得超过每小时15公里：进出非机动车道，通过铁路道口、急弯路、窄路、窄桥时；掉头、转弯、下陡坡时；遇雾、雨、雪、沙尘、冰雹，能见度在50米以内时；在冰雪、泥泞的道路上行驶时；牵引发生故障的机动车时。”

（3）《实施条例》第七十八条规定“高速公路应当标明车道的行驶速度，最高车速不得超过每小时120公里，最低车速不得低于每小时60公里。在高速公路上行驶的小型载客汽车最高车速不得超过每小时120公里，其他机动车不得超过每小时100公里，摩托车不得超过每小时80公里。同方向有2条车道的，左侧车道的最低车速为每小时100公里；同方向有3条以上车道的，最左侧车道的最低车速为每小时110公里。中间车道的最低车速为每小时90公里。道路限速标志标明的车速与上述车道行驶车速的规定不一致的，按照道路限速标志标明的车速行驶”。

解读：根据《道路交通安全违法行为记分管理办法》公安部令第163号的规定，驾驶校车、中型以上载客载货汽车、危险物品运输车辆以外的机动车在高速公路、城市快速路以外的道路上行驶超过规定时速20%以上未达到50%的，一次记3分；驾驶校车、中型以上载客载货汽车、危险物品运输车辆以外的机动车在高速公路、城市快速路上行驶超过规定时速20%以上未达到50%，或者在高速公路、城市快速路以外的道路上行驶超过规定时速50%以上的，一次记6分；驾驶其他机动车行驶超过规定时速50%以上的，一次记12分，对于此种情形，还应根据《实施条例》第二十三条的有关规定予以扣留机动车驾驶证，驾驶人还应按规定参加道路交通安全法律法规的学习并接受考试，考试合格后方才发还驾驶证。此外，根据公安部2012年最新的机动车交通违章罚款标准，在一般道路上超速20%不足50%的，罚款200元；超过50%的，罚款1 000元；在高速路上超速50%以上的，罚款2 000元。

（三）酒后驾车

《道路交通安全法》第九十一条规定“饮酒后驾驶机动车的，处暂扣6个月机动车驾驶证，并处1 000元以上2 000元以下罚款。因饮酒后驾驶机动车被处罚，再次饮酒后驾驶机动车的，处10日以下拘留，并处1 000元以上2 000元以下罚款，吊销机动车驾驶证。醉酒驾驶机动车的，由公安机关交通管理部门约束至酒醒，吊销机动车驾驶证，依法追究刑事责任；5 年内不得重新取得机动车驾驶证。饮酒后驾驶营运机动车的，处 15 日拘留，并处 5 000 元罚款，吊销机动车驾驶证，5 年内不得重新取得机动车驾驶证。醉酒驾驶营运机动车的，由公安机关交通管理部门约束至酒醒，吊销机动车驾驶证，依法追究刑事责任；10 年内不得重新取得机动车驾驶证，重新取得机动车驾驶证后，不得驾驶营运机动车。饮酒后或者醉酒驾驶机动车发生重大交通事故，构成犯罪的，依法追究刑事责任，并由公安机关交通管理部门吊销机动车驾驶证，终生不得重新取得机动车驾驶证”。

解读：该法条提及的“饮酒后驾车”和“醉酒后驾车”有明确的判断标准，即公安机关交通管理部门依据技术手段检测机动车驾驶员血液中酒精浓度。“饮酒后驾车”的判断标准为大于或者等于20 mg/100 mL，小于80 mg/100 mL；“醉酒后驾车”的判断标准为大于或者等于80 mg/100 mL。根据专家估测，排除个人体重、体温、性别、年龄、人体脂肪含量、是否经常饮酒等因素，一般喝2/5瓶普通瓶装啤酒，或半两① 50°左右的白酒，或2两12°左右的红酒，就能达到“饮酒后”标准。

饮酒后驾驶通常会给驾驶员造成以下几方面危害。

（1）触觉能力降低。

由于酒精会对驾驶员的中枢神经起麻醉抑制作用，饮酒后踩制动踏板时软弱无力，方向盘掌握不稳，车辆易失控，此时驾驶员踩制动踏板已慢了 1~2 s，而车辆时速达到 60 km/时，每秒可驶出 16. 67 m；若时速为 100 km/时，每秒则可驶出 27. 78 m，后果相当危险。

（2）判断能力和操作能力降低。

饮酒后，对光、声刺激反应时间延长，本能反射动作的时间也相应延长，感觉器官和运动器官（如眼、手、脚）之间的配合功能发生障碍，因此，无法正确判断距离、速度。驾驶员在微醉状态下开车时，其发生事故的可能性为没有饮酒情况下开车的16倍。

（3）视觉能力变差。

饮酒首先使驾驶员感觉能力降低，尤其是色彩感觉和视觉能力降低。人获取外界信息时，80%靠视觉，驾驶员对车内外感知也不例外。因此，驾驶人饮酒后色彩感觉能力降低，视像不稳，辨色能力降低。因此不能发现和正确领会交通信号、标志和标线。酒精还会使驾驶人视觉敏锐度下降，难以看清运动物体，空间知觉能力和眼睛对光的适应能力下降。

（4）心态不正常。

在酒精的刺激下，驾驶员酒后往往过高估计自己的能力，判断能力、分析能力、操作能力明显迟钝，对周围人的劝告常不予理睬，往往做出力不从心的事。

（5）身心易疲劳，注意力降低。

酒精对脑组织有较强的亲和力，饮酒后会麻醉和抑制人的中枢神经，造成驾驶员注意力涣散，反应能力下降。

由于饮酒驾车的危害巨大，所以我国立法从严从重处罚饮酒后驾车尤其是醉酒驾车行为，对于饮酒、醉酒后驾驶机动车的尚未造成重大交通事故、构成犯罪的，根据《规定》附件2《道路交通安全违法行为记分分值》的规定，对机动车驾驶员一次记12分，暂扣或吊销机动车驾驶证并处以1 000~2 000元的罚款甚至拘留；构成犯罪的，依法追究刑事责任。

---

① 1两=50克。

（四）危险驾驶罪

《刑法修正案（八）》第二十二条规定“在《刑法》第一百三十三条后增加了一条，作为第一百三十三条之一，在道路上驾驶机动车追逐竞驶，情节恶劣的，或者在道路上醉酒驾驶机动车的，构成危险驾驶罪，处拘役，并处罚金。有前款行为，同时构成其他犯罪的，依照处罚较重的规定定罪处罚”。

解读：本款中将分析追逐竞驶如何构成危险驾驶罪。追逐竞驶及其情节恶劣的认定：追逐竞驶就是驾驶车辆相互竞赛、追赶，指两辆以上机动车飙车或非法赛车。就刑法的意义而言，追逐竞驶的特征有二：一是超速驾驶，这是形成追逐竞驶的前提条件；二是有不顾他人和自身生命财产安全竞赛性超速驾驶、追赶且情节恶劣的行为。

追逐竞驶情节恶劣的认定：应当通过司法解释予以明晰。目前结合实际认为有下列情形之一的，可以认定为情节恶劣：因追逐竞驶而发生交通事故并造成较大人身财产损失（尚未构成交通肇事罪）的；追逐竞驶车速达到或超过行驶路段规定车速的1.5倍的；在闹市区或车流量较大的路段追逐竞驶造成交通阻塞半个小时以上的；有其他恶劣情节的。

因危险驾驶而构成其他犯罪的认定与处理：《刑法修正案（八）》第二十二条第二款规定“有前款行为，同时构成其他犯罪的，依照处罚较重的规定定罪处罚”。因危险驾驶导致严重后果可能触犯的罪名主要有以下几项。

（1）交通肇事罪。机动车驾驶人因在道路上追逐竞驶或醉酒驾驶而致人重伤、死亡或使公私财产遭受重大损失的，依法可构成交通肇事罪。而对于交通肇事罪的刑事处罚明显高于危险驾驶罪，故在这种情况下应按交通肇事罪追究刑事责任。

（2）故意杀人罪或故意伤害罪。主要是指因危险驾驶致交通肇事后，机动车驾乘人员将被害人带离事故现场后隐藏或者遗弃，致使被害人因得不到救助而死亡或者严重残疾的，依法可构成故意杀人罪或故意伤害罪。

（3）以危险方法危害公共安全罪。机动车驾驶人在道路上追逐竞驶或醉酒驾驶足以危害公共安全的，依法可构成以危险方式危害公共安全罪。

此外，危险驾驶罪中的“道路”是指公路、城市道路和虽然在单位管辖范围但允许社会机动车辆通行的地方，包括广场、公共停车场等用于公众通行的地方。按其使用特点把道路分为公路、城市道路、厂矿道路、林区道路及乡村道路。公路是指连接城市、乡村和工矿基地等，主要供汽车行驶，具备一定条件和设施的道路；城市道路是指在城市范围内供车辆及行人通行的，具备一定技术条件和设施的道路；厂矿道路主要为工厂、矿山运输车辆通行的道路，通常分为厂内道路、厂外道路和露天矿山道路；林区道路是指修建在林区的主要供各种林业运输工具通行的道路；乡村道路是指修建在乡村、农场，主要供行人及各种农业运输工具通行的道路，由县级单位统一规划。危险驾驶罪中所指的道路必须在公共交通管理的范围内，即纳入公安交通管理机关管理范围内的道路，故勿将该罪中的道路简单理解为公路。

二、驾考科目与要求

（一）驾考内容与合格标准

2022年3月，中华人民共和国公安部发布《机动车驾驶人考试内容和方法》，自2022年4月1日起实施。本标准规定了机动车驾驶人考试内容、操作要求和评判，适用于申领机动车驾驶证考试、满分学习考试和恢复驾驶资格考试。

科目一的考试内容：驾驶证和机动车管理规定、道路通行条件及通行规定、道路交通安全违法行为及处罚、道路交通事故处理相关规定、机动车基础知识、地方性法规。

科目二（小型汽车、低速载货汽车准驾车型）考试内容：倒车入库、坡道定点停车和起步、侧方停车、曲线行驶、直角转弯。（小型自动挡汽车、残疾人专用小型自动挡载客汽车准驾车型）考试内容：倒车入库、侧方停车、曲线行驶、直角转弯。

科目三（小型汽车、小型自动挡汽车、低速载货汽车、残疾人专用小型自动挡载客汽车准驾车型）道路驾驶技能考试内容：上车准备、起步、直线行驶、加减挡位操作、变更车道、靠边停车、直行通过路口、路口左转弯、路口右转弯、通过人行横道线、通过学校区域、通过公共汽车站、会车、超车、掉头、模拟夜间灯光使用。

各科目考试的合格标准为：科目一考试满分为100分，成绩达到90分的为合格；科目二考试满分为100分，成绩达到80分的为合格。科目三道路驾驶技能和安全文明驾驶常识考试满分分别为100分，成绩分别达到90分的为合格。

说明：以上内容中不包括大中型客货车、轮式专用机械车、有轨电车和无轨电车驾驶人。

（二）驾考要求

考试顺序按照科目一、科目二、科目三依次进行，前一科目考试合格后，方允许参加后一科目的考试。科目三的道路驾驶技能考试合格后，才批准参加安全文明驾驶常识考试。

初次申请机动车驾驶证或者申请增加准驾车型的，科目一考试合格后，车辆管理所应当在1日内核发驾驶技能准考证明。驾驶技能准考证明的有效期为三年，申请人应当在有效期内完成科目二和科目三考试。未在有效期内完成考试的，已考试合格的科目成绩作废。

报考小型汽车、小型自动挡汽车、低速载货汽车、三轮汽车、残疾人专用小型自动挡载客汽车、轮式自行机械车、无轨电车、有轨电车准驾车型的申请人，在取得驾驶技能准考证明满10日后，可预约考试科目二。

报考小型汽车、小型自动挡汽车、残疾人专用小型自动挡载客汽车准驾车型的申请人，在取得驾驶技能准考证明满30日后，可预约科目三考试。

学习研讨

背景描述	为充分发挥记分制度的管理、教育、引导功能，提升机动车驾驶人交通安全意识，减少道路交通安全违法行为，预防和减少道路交通事故，中华人民共和国公安部根据《中华人民共和国道路交通安全法》及其实施条例，制定了《道路交通安全违法行为记分管理办法》，自2022年4月1日起施行
讨论主题	作为一名持有C证的机动车驾驶员如何做到安全驾驶不违章
成果展示	小组采用PPT等方式展示成果

学习评价

内容组织	素养提升			评价结果
内容全面且组织有条理：通过案例从安全和违章等方面详细介绍机动车驾驶员应如何做到安全驾驶	语言通顺简洁、思路清晰、重点突出	熟练运用 PPT、视频、动画等信息化技术手段	很好体现安全有序、遵纪守法的良好风尚	优秀□
内容较全面且组织比较有条理：能通过案例从安全和违章等方面介绍机动车驾驶员应如何做到安全驾驶	语言较通顺简洁、思路较清晰、重点突出	较熟练运用 PPT、视频、动画等信息化技术手段	较好体现安全有序、遵纪守法的良好风尚	良好□
内容不全面且组织条理不清：从安全和违章等方面简单分析机动车驾驶员应如何做到安全驾驶	不能够很好组织语言、思路不清晰	不能熟练运用视频、动画等信息化技术手段	没有很好体现安全有序、遵纪守法的良好风尚	一般□

习题测试

1. 故意遮挡、污损或者不按规定安装机动车号牌的违法行为将处罚款（　　）元。

A. 100　　B. 200　　C. 400

2. 饮酒后，驾驶员在微醉状态下开车，其发生事故的可能性是在没有饮酒的状态下开车的（　　）倍。

A. 5　　B. 9　　C. 16

3. 驾驶机动车行驶超过规定时速 20%以上未达到 50%的，一次记（　　）分。

A. 2　　B. 12　　C. 6

4. 驾驶技能准考证明的有效期为（　　）年，申请人应当在有效期内完成科目二和科目三考试。未在有效期内完成考试的，已考试合格的科目成绩作废。

A. 2　　B. 3　　C. 5

5. 饮酒后驾驶通常给驾驶员造成（　　）等危害。

A. 触觉能力降低　　B. 判断能力和操作能力降低

C. 视觉能力变差　　D. 身心易疲劳，注意力降低

拓展阅读

道路交通事故是在车辆驾驶员和道路交通环境之间发生不协调、不稳定状态的情况下发生的。车辆、驾驶员和道路是引起道路交通事故的三大基本因素。预防道路交通事故，需强化人、车、路各个环节的治理，以保障道路交通的安全、畅通。具体来说，其主要有下列基本措施：加强对驾驶员的安全管理，提高驾驶员的专业素养；建立健全交通安全相关法规，

深入进行宣传教育，以增强公民的交通安全意识和自觉遵守交通法规的习惯；强化交通安全治理，加强道路交通治理和监控交通违法，及时发现和制止、纠正各种交通违法行为。严格执行各种交通规则和法规，在对交通违法行为进行处罚时，应坚持教育和处罚相结合的原则，使违法人员得到教育和警告；完善汽车安全相关法规等。

扫描下方二维码，了解更多道路交通相关知识。

不常见道路交通标志

辨识易混淆交通标志

学习单元二 良好的用车习惯

情境导入

汽车越来越普及，可是用车时该注意哪些问题，却很少有人关注。说到不良驾驶习惯，新手车主会比老车主更加谨慎，更加爱惜车辆。相反，老车主不知不觉养成了一些不良习惯。这些不良习惯不经意间会对汽车产生细微损伤，时间一长，有可能会加速零件的磨损，从而缩短其使用寿命。所以了解汽车正确的使用方法，养成良好的用车习惯，不仅有助于汽车的养护，也有助于行车安全。

学习目标

1. 能够掌握正确的汽车驾驶方法；
2. 能够坚决杜绝不良汽车驾驶习惯；
3. 能够养成科学合理的用车习惯；
4. 积极倡导绿色环保理念；
5. 弘扬劳动精神创造美好生活；
6. 提升材料组织和语言表达能力；
7. 提升信息化技术应用能力。

相关知识

一、汽车的熟悉和调整

长时间驾驶汽车之后，人体各个部位都反映出诸多不适，比如头晕脑涨、肩颈疼痛、腰酸背痛和腿部不灵活等现象。其实，这些都与我们平时开车的姿势有关，正确的坐姿能让驾驶员和乘客最大限度地减轻伤害；因此，养成良好的驾驶习惯是很有必要的。

汽车的熟悉与调整

（一）调整座椅和头枕

驾驶员驾驶前的第一件事是调整座椅，其中包括高度、前后距离以及椅背倾斜角度；这同时也关系到腿部与制动踏板、油门、离合器的距离，以感觉舒适、可操控性强为宜。调整座椅时一般根据自己的身高，确保脚把油门、制动踏板或者离合器踏板踩到底时，腿部呈自然的微微弯曲状态，此时座椅的前后距离最合适。如果腿部完全绷直，既影响操作的灵活性，又容易在发生碰撞时导致腿部受伤。

头枕的硬度一定要适中，这样才能在复杂地段行车时起到缓冲的作用。另外，头枕的位置应在后脑勺的中心对着头枕的中心点。同时，驾驶员的后脑最好别紧贴头枕，也不能离得太远，保持大约两根手指的距离，可以起到最佳缓冲效果。

（二）校正方向盘

将手臂伸直搭在方向盘顶端，手腕部位刚好能落在方向盘边缘上，这说明方向盘已调整到正确的位置。这时如果双手分别握住方向盘的9点和3点位置，手臂应该刚好呈略微弯曲的自然放松状态。方向盘边缘也不会阻碍视线，可以清楚看到仪表台的各项显示。当驾驶员的目光平视时，视线能够落在前挡风玻璃的中线上，这样就能够保持最佳的视野，如图8-2-1所示。

（三）调整安全带

安全带（图8-2-2）由强度极高的合成纤维制成。系上安全带后，卷收器会自动将其拉紧；当车辆出现紧急制动、正面碰撞或发生翻滚时，安全带会受到快而猛的拉伸，使乘员紧贴座椅，避免由于摔出车外或受到碰撞而受伤。但是由于驾乘人员的身材各不相同（有时差别很大），肩部的高度差异也会很大。可调高度的安全带可以通过调整位于座位旁边的处于最高位置的固定点（通常在B柱上），来适应不同身材驾乘人员的肩部高度，作用于有效位置，从而为他们提供有效的保护。

安全带要系在肩胛骨位置，高度绝对不能低于肩部，最好高出5~10 cm，并保证在系上后，安全带从左侧锁骨中间穿过。注意，男士开车时，一定要把领带放在安全带外面。

图8-2-1　正确校正方向盘

图8-2-2　正确调整安全带

（四）调整反光镜

每辆汽车上都安装了三个后视镜，即左侧后视镜、右侧后视镜和中央后视镜。驾驶员要先把座椅调整到最舒适的驾驶位置，再调整后视镜。

调整好后视镜后，才能减少盲区，降低驾驶风险。调整左侧后视镜上、下位置时，应把远处的地平线置于中央，调整左、右位置时，应将车身占据镜面范围的1/4。由于驾驶座位在车辆左侧，驾驶员较难掌握车身右侧的情况；因此，调整右侧后视镜上、下位置时，使其照出的地面面积应大些，约占镜面面积的2/3，而将左、右位置则同样调整至车身占镜面面积的1/4，如图8-2-3所示。

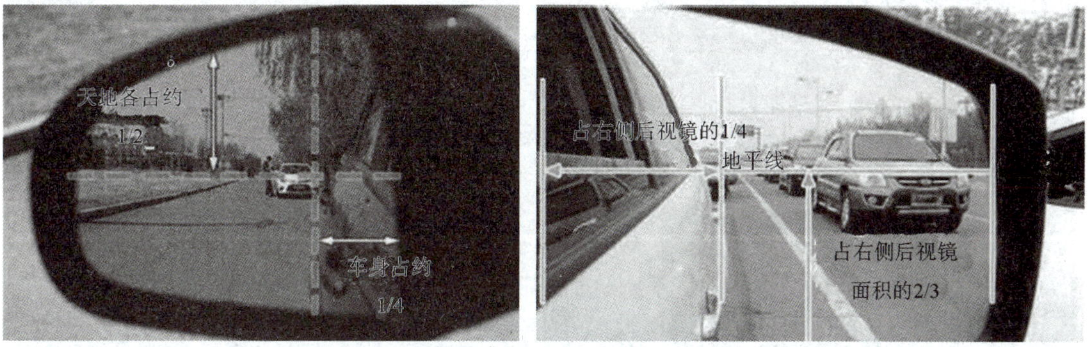

图8-2-3 正确调整左、右后视镜

中央后视镜的调整：一般情况下，从中央后视镜里看不到自己，而上、下位置则是把远处的地平线置于镜面中央。调整要领是：水平摆中间、耳际放左边，即远方的水平线横置于中央后视镜的中线位置，然后再左右移动，把自己右耳的影像放在镜面的左缘，如图8-2-4所示。

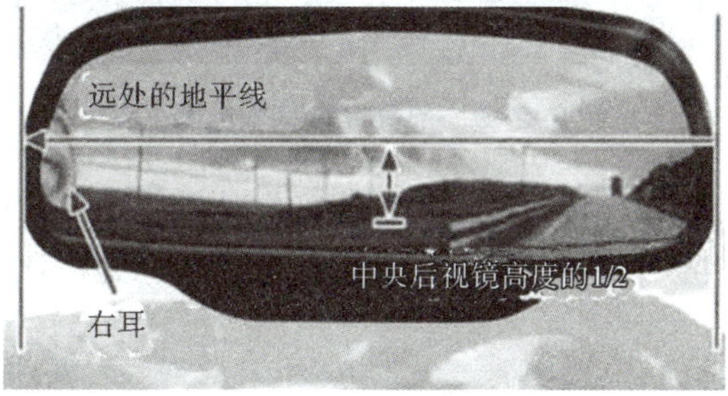

图8-2-4 正确调整中央后视镜

（五）熟悉汽车基本电器开关

在日常生活中，我们难免会接触到新车或者陌生的车型，比如刚买了新车或临时使用朋友的车，这时驾驶舱环境对自己来说多少会有些陌生，自己熟悉的功能及按键一时找不到，导致很多实用性功能成了摆设。部分汽车基本电器开关如图8-2-5所示。

二、汽车的正常驾驶方法

（一）起动发动机

（1）围绕汽车转一圈，主要看汽车的外表和环境，看车前、车后有没有障碍物，停车位置的地面有没有可疑的油渍或水渍，前后灯具总成是否有损坏，轮胎胎压是否足够。

（2）检查发动机的机油、冷却液和制动液是否充足，在发动机起动前应关闭所有用电设备；检查挡位：手动挡车的手制动挡位应处于空挡；自动挡车的手制动挡位应处于P挡或N挡，脚踩紧制动踏板。

（3）将点火钥匙转到开的位置（并不是起动发动机），打开点火开关，等待仪表盘（包括防盗、ABS、气囊、冷却液位等）自检灯熄灭，与此同时发动机控制单元也在进行自检，并指令节气门初始位置，如果自检灯没有熄灭，说明其对应的部件存在问题，应该及时维修排除。

图 8-2-5　部分汽车基本电器开关

在前三项都正常的情况下，转动点火钥匙起动发动机，在发动机起动时应该全神贯注地倾听发动机在起动过程中的声音，一旦发现异常，应立即熄火检查，以免在行驶过程中发生意外。

（二）保持合理车速

在一定范围内，转速越高，功率和利用率越大，燃油的单位消耗量越小。因此，在低速时汽车的油耗较大。当车速过高时其燃油消耗也很大，因为超过发动机最低油耗转速时，燃油消耗随着车速的增加而增加。因此，车速过高或过低都不利于节省燃油。

为了在行车中掌握好经济车速，驾驶员应学会利用发动机转速表和车速表，适当地增加或减少油门的开度，根据路况保持发动机始终工作在 30%～70%转速范围内，并避免行驶中突然加速和突然减速。突然加速要比平稳加速多消耗 1/3 燃油。

（三）正确利用巡航装置

定速巡航装置（Cruise Control System，CCS）是一种利用先进的模糊控制技术，用最简便、最优良的操控方法对汽车的行驶速度进行自动调节，使汽车匀速行驶的控制装置。安装了巡航控制装置的汽车在路面条件较好的路段行驶时，可以利用巡行控制装置，定速时踩下加速装置（加速踏板）至所需行驶速度，稳定约 2 s 松开加速装置即可定速。在定速行驶时，若要设定新的车速，只要踩下油门并稳定 2 s 即可。在定速巡航状态下，汽车匀速行驶时，若控油量精确，可节省燃油 5%～15%，节油效果最佳。

定速巡航开关包括“SET”（设定速度）、“-或 COAST”（降低设定速度）“RES”（恢复设定速度）、“+或 ACCEL”（增大速度）、“CANCEL”（解除或取消设定速度）、“ON/OFF”（定速巡航总开关）、“CRUISE”（定速巡航）。

（四）合理利用空调制冷系统

当车速低于 85 km/h 时，可视情况关闭空调制冷系统，打开车窗通风；当车速高于 85 km/h 时，则应充分利用空调制冷，不要打开车窗。因高速时开窗，增大风阻所消耗的燃油比空调制冷系统所消耗的燃油更多。若车辆在烈日下停放较长时间，起动后不要立刻使用空调，应先把所有车窗都打开，开启外循环系统，把热气排出去，等车厢内的温度下降后，再关闭车窗，开启空调。

（五）保持车况良好和整洁

保持车况良好，车容整洁，确保制动器、转向器、喇叭、雨刮器、后视镜和灯光等装置齐全而且有效，及时清理车上不必要的物品和底盘上的泥土，以减轻车重。

三、自动变速器的操作

自动变速器的问世，减轻了驾驶员驾驶汽车时的紧张感。由于在驾驶过程中不需要换挡，驾驶员可以全神贯注地观察车辆周围的情况，并且由于采用精确的电控装置，自动变速箱不仅能适应各种行驶条件，而且也可以适应不同的驾驶风格。这意味着换挡时刻取决于驾驶方式、发动机负荷、车速及发动机转速，从而充分利用发动机的有效功率。

一般的自动变速器有 6~7 个挡位，它们从前到后依次排列，分别为 P（停车挡）、R（倒挡）、N（空挡）、D（前进挡），有的前进挡包括 D、3、2、1 挡，有的前进挡只包括 D、2、1 挡。

1、2、3 挡简单来说就是低速挡，速度不快，转矩大，也可以说是爬坡挡。因为自动挡的 D 挡是计算机选择换挡的，当爬陡坡等特殊情况时，可能出现计算机选择的挡位不合适的情况，这时挂 1、2、3 挡，可以强制把挡位锁在低速挡上，常在需要大转矩爬陡坡或者雪地湿滑路面时使用。

直接换挡变速器（Direct-Shift Gearbox，DSG）是目前世界上最先进的、最具有革命性的变速器。2002 年，大众汽车在德国沃尔夫斯堡首次向世界展示了这一技术创新。新一代 DSG 采用双离合器和有 6 个前进挡的传统齿轮变速器作为动力的传送部件，主要与高转矩的发动机配合使用。DSG 变速器旨在满足消费者对驾驶运动感和车辆节油的双重要求，为那些酷爱手动变速器的驾驶员提供了最佳选择。DSG 在带来低油耗的同时，并不会使车辆性能出现任何损失，具有出色的加速性和最高时速，并且与传统自动变速器一样可以实现顺畅换挡，不影响牵引力。

四、避免不良驾驶习惯

（一）少让发动机空转

早晨开车上路前，特别是冷车上路前，适度暖车是很有必要的。一般来说，只要等到水温指针稍稍升起，发动机转速也稳定时就可以上路，接着用较低转速开几分钟，等到水温到达规定点，就可以用正常方式开车了。

（二）“油门—制动—油门”简单的循环操作不可取

初学者和急躁型驾驶员在驾车行驶中，对道路上的交通情况往往不进行预先判断，而是过分依赖制动，形成了一种遇见情况就踩制动，情况一过就急加速的“油门—制动—油门”的循环操作习惯，这不仅增加了使用制动的次数，也会造成制动系统和轮胎过度磨损，使汽车的动力性、经济性下降。

（三）掌握换挡时机

不少人认为手动挡车比较省油，但其实并不一定；手动挡车是否省油，完全取决于驾驶员有没有掌握最恰当的换挡时机，而手动挡车的省油与动力强通常又是相对的，要省油就要牺牲加速性，反之亦然（自动挡车也一样）。

（四）不要拖挡行驶

所谓拖挡就是挂上一个高挡位，而速度却提不上去。比如上坡，或者负载很大的情况下，需要很大的扭力，如果驾驶员挂在高挡，虽然功率增大了，扭力却不够。此时车辆的具体表现如下：发动机声音发闷；踩下油门时，车速变慢；松开油门时，车辆前后窜动。拖挡行驶不是一个良好的驾驶习惯，它会让发动机转速不稳定，功率下降，从而增加油耗。

（五）别总踩着离合器

对于使用手动变速器的汽车来说，除了在起动、停车、换挡时，其他时间都应使脚离开离合器。因为长时间踩着离合器会使其处于滑转状态，加速摩擦片的磨损，不但费油，严重时会使离合器压盘烧蚀。更不可经常利用离合器半联动来控制车速，否则容易造成汽车失控。特别是在高速行驶过程中踩制动踏板时，如果同时将离合器踏板踩下去，则无异于在高速行驶时空挡滑行。

（六）避免紧急制动

驾驶员应提前做好准备，尽量不要紧急制动。因为制动是通过车轮与地面的摩擦，将汽油产生的动能转化为摩擦力消耗掉的。不必要的制动次数多了，油耗必然会增加，所以当我们被困在城市道路的车流中走走停停时，要合理控制加速踏板和车速。另外，还要保持合理的车距，随时观察路面状况，提前采取制动措施，以避免紧急制动。

五、汽车的养护

（一）新车首次养护

新车封蜡的作用主要是抵御运输途中海水、剐蹭等因素对漆膜的损伤。一般情况下，汽车生产商不允许封蜡停留在车漆表面的时间超过一年半；否则，封蜡将会因紫外线、大气中酸性物质的助解性而降解成有害物质腐蚀车体。所以新买的车辆都要清除封蜡，这种过程被称为“开蜡”。

（二）汽车使用过程中的养护

1. 油漆层的保养

时间长了，汽车车身上的油漆难免或多或少会出现褪色、泛白、发暗等现象。时下，很多人喜欢金属漆，但金属漆更需要呵护，应经常抛光打蜡。金属漆是指在漆基中加有细微金属粒子的一种常温固化涂料，是目前流行的一种汽车面漆。喷涂了金属漆的汽车外表面由于光线的折射，车色甚至轮廓都会有所变化，让整车外观造型看起来更丰富、更美观。金属漆中添加了金属粉末，因此硬度增大、漆面变硬，使汽车不容易被刮伤。

没有添加金属粉末的素色漆，漆面的硬度会比较软，高速行车受到路面弹起的飞石击中时，漆面比较容易剥落。

汽车漆面保养的方法很多，简单的有打蜡、封釉，好一些的有镀膜，更好一些的有镀晶等。现在一般做得比较多的都是镀晶，镀晶为车漆起到可靠的漆面密封技术，可高效、持久地保护汽车漆面，从而防止其由于环境而受损。

（1）打蜡的作用。

①防水作用：车蜡对水性物质有排斥作用，可使水珠不易附着在车体表面。

②抗高温作用：车蜡对来自不同方向的入射光产生有效的反射，防止漆面老化变色。

③防静电作用：车蜡隔断尘埃与金属表面的摩擦。由于涂覆蜡层的厚度及车蜡本身附着能力不同，故其防静电作用也有一定差别，防静电车蜡在阻断尘埃与漆面摩擦的能力方面优于普通车蜡。

④防紫外线作用：防紫外线车蜡将对车体表面的侵害降到最低。

⑤上光作用：经过打蜡的车辆，能改善表面的光亮度，使车身恢复亮丽本色。

（2）镀晶的作用。

镀晶使用二氧化硅一类的无机物，通过高分子聚合物的作用在施工表面形成一层隔离层，该隔离层具有抵抗紫外线、抗油和疏水等功能，从而保护漆面。

给汽车镀晶主要有以下五点作用。

①耐划痕：镀晶能够保护车辆免受日常轻微划痕的侵扰，就算当外力超出晶体弹性保护范围时，一般也只是在晶体上留下划痕，不会损伤到漆面。

②耐腐蚀：镀晶将漆面与外界隔绝，能有效防止氧化，耐鸟粪、飞虫浆液、酸雨等的腐蚀。

③易清洗：镀晶可以让车漆像镜子般闪亮，使车身易清洗保养。简单清水冲洗就可以光亮如新。

④更光亮：镀晶可以使车面亮度更高、漆面晶莹绚丽，光亮度达95%以上。

⑤具有一定的经济性：镀晶不仅可减少洗车、打蜡费用，而且可使原车漆得到更好保护。

2. 车窗玻璃的养护

汽车玻璃是汽车车身附件中必不可少的，主要起防护作用。其主要分为三类，即夹层玻璃、钢化玻璃和区域钢化玻璃，能承受较强的冲击力。

汽车玻璃按所在的位置可分为前挡风玻璃、侧窗玻璃、后挡风玻璃和天窗玻璃四种。其中前挡风玻璃国家强制规定必须是夹层玻璃侧窗和后窗一般为钢化玻璃。那么我们平时应该怎么保养汽车玻璃呢？一是贴膜；二是合理使用玻璃水。

（1）贴膜：贴膜不仅能防止太阳照射，还能隔热、防紫外线。汽车隔热膜有前、后挡风膜和侧挡风膜之分。其中，对隔热膜要求最高的是前挡风玻璃。按照国家公安部交通安全法规的规定，前挡风玻璃的透光率必须大于70%，以不影响行车安全为前提。前挡风玻璃最忌讳贴深色隔热膜。在选择隔热膜的抗紫外线指数时，越高越好，因为其能保护中控台零部件，防止被太阳长期照射提前老化。此外，隔热膜的隔热效果与颜色深浅并没有直接的关系，隔热膜内的涂层工艺才是决定隔热效果的关键因素。隔热率越高的隔热膜，反光越厉害。

（2）合理使用玻璃水：当感觉前挡风玻璃透明度较差时，喷一喷玻璃水，就能够给你带来明朗的视野。

3. 清洗轮胎

轮胎因直接接触地面，更容易脏。一般的灰尘、泥土用水冲洗一下就行了。但是，如果沥青、油污等沾在上面就冲洗不掉了。现在有一种专用的压力罐式轮胎洗洁剂，只要在轮胎侧面一喷，就能将这些脏东西溶解，并使轮胎焕然一新。

4. 车身内部的养护

车身内部的养护十分重要，它直接关系到乘坐人员的身体健康。车厢内部的空间很小，车身内部不仅要经常通风，补充新鲜空气，而且应经常打扫，清除灰尘等脏物，这些脏物往往带有大量病菌。

车用地毯（或称车垫）要经常拿出来拍打和清洗干净。目前有一些比较好的车用地毯，除了颜色美观、形状合适以外，它还编织成特殊的网格结构，便于将嵌入的沙石、灰土等拍打出来。市面上有专用于织物的喷雾洗涤剂，喷到织物上后，稍稍保留几分钟，就很容易把脏污擦洗掉。

高级轿车多是真皮座椅，对于真皮或人造革要经常用专门的皮革保护剂擦拭，既保持清洁、光亮，又防止龟裂，延长使用寿命。

学习研讨

背景描述	随着人们生活水平的提高，学车开车的人越来越多，有车一族越来越壮大，但其中有些新手驾驶员在开车习惯上仍存在很多不好的习惯，就连部分老驾驶员也出现错误用车的现象。每个人的爱好不一样，用车习惯也不一样，多掌握科学、实用的养车技巧，养成正确的用车习惯，有助于延长爱车的使用寿命，让爱车一直如新
讨论主题	谈谈驾驶汽车时如何做到既省油又有利于环保
成果展示	小组采用 PPT 等方式展示成果

学习评价

内容组织	素养提升			评价结果
内容全面且组织有条理：从使用优质产品、日常维护保养和驾驶习惯等方面详细分析如何做到既省油又环保	语言通顺简洁、思路清晰、重点突出	熟练运用 PPT、视频、动画等信息化技术手段	很好体现科学的用车习惯和绿色环保等理念	优秀□
内容较全面且组织比较有条理：能从使用优质产品、日常维护保养和驾驶习惯等方面分析如何做到既省油又环保	语言较通顺简洁、思路较清晰、重点突出	较熟练运用 PPT、视频、动画等信息化技术手段	较好体现科学的用车习惯和绿色环保等理念	良好□
内容不全面且组织条理不清：从使用优质产品、日常维护保养和驾驶习惯等方面简单分析如何做到既省油又环保	不能够很好组织语言、思路不清晰	不能熟练运用视频、动画等信息化技术手段	没有很好体现科学的用车习惯和绿色环保等理念	一般□

习题测试

1. 在驾驶员位的安全带高度最好高出肩部（　　）cm，并保证系上安全带后，从左侧锁骨中间穿过。

A. 5~10　　B. 10~12　　C. 3-5

2. 在发动机起动前，手动挡车的制动挡位应处于空挡。自动挡车的手制动挡位应处于（　　），脚踩紧制动踏板。

A. D 挡　　B. P 挡或 N 挡　　C. R 挡

3. 定速巡航开关包括“RES”“+或 ACCEL”“CRUISE”等，其中“CRUISE”的意思是（　　）。

A. 解除或取消设定速度　　B. 定速巡航总开关

C. 恢复设定速度

4. 发动机运行时，尽量使发动机大部分时间处于（　　）状态，以节省燃料。

A. 高等转速和较大节气门　　B. 中等转速和较大节气门

5. 驾驶员驾驶自己不熟悉的汽车时，必须先调整驾驶室座椅，座椅调整包括（　　）。

A. 座椅角度与高度　　B. 座椅与方向盘间距　　C. 安全带调整

拓展阅读

奔驰 MBUX 智能人机交互系统不是科幻电影，是能自主学习的 MBUX。通过触摸屏、触控键、触摸板，或者仅仅说一句“你好，奔驰”，你就能随时唤醒智能助手。不仅如此，它还能识别包括普通话与粤语在内的 23 种语言，让你能用自己习惯的方式，与爱车无间沟通。MBUX 智能人机交互系统彻底改变了梅赛德斯-奔驰汽车的操控方式。

扫描下方二维码，了解更多汽车操作按钮相关知识。

荣威 RX5 定速巡航按钮图解　　荣威 RX5 灯光调节图解

学习单元三　文明的行车礼仪

情境导入

随着汽车数量的增加，人、车、路发展不协调的现象出现了，一些不合理的用车行为使交通问题日益严重，并已成为社会性问题。为了营造有序的交通环境，驾驶员在行车时必须严格遵守法律法规，始终坚持文明驾驶。一个合格的驾驶员，不仅应该技术娴熟，更重要的是应该具有良好的驾驶习惯和道德修养，做到安全驾驶、文明驾驶。

学习目标

1. 能够树立安全文明的行车意识；
2. 能够熟知文明行车礼仪规范；
3. 能够避免行车中常见的不文明行为；
4. 遵守道路交通安全法，构建安全畅通的交通环境；
5. 争做文明交通践行者，构筑和谐社会；
6. 提升材料组织和语言表达能力；
7. 提升信息化技术应用能力。

相关知识

一、文明行车的意义

随着汽车的普及，许多不文明的驾驶行为也随之“普及”。比如酒后驾驶、开车看手机、将汽车开进非机动车道、堵车时狂按喇叭、拐弯时惊心动魄、遇见行人不避让、急制动、并线不开转向灯、随意停车等。养成文明的行车礼仪，是驾驶员的一门必修课。

（1）文明行车是构建文明和谐社会的一种交通生活方式的体现，可以使社会更美好，使人们的生活质量更高，使交通更加顺畅。

（2）遵照文明的行车礼仪可以降低交通事故发生的概率。世界上每年死于或者受难于交通事故的人数逐年增加，文明行车既是对自己的生命负责，也是对他人的生命负责。

（3）文明行车也体现了驾驶员的个人素质与修养，在为别人提供方便的同时，也为自己争取了利益。

二、行车常见问题

（一）遇见行人不避让

行人相对于车辆而言是弱势群体，车辆本应该主动为行人让道，如果车辆占了行人的道，不仅会给行人造成很大的不便，还可能引起交通事故。

《道路交通安全法》第四十七条规定，机动车行经人行横道时，应当减速行驶；遇行人正在通过人行横道时，应当停车让行；机动车行经没有交通信号的道路时，遇行人横过道路，应当避让。

（二）随意鸣笛

随着社会的发展，道路上的车辆越来越多，在提示行人、遇到别人违反交通规则等情况下，驾驶人一般会进行鸣笛警示。但越来越多的驾驶员朋友违法鸣笛：在拥堵路段排队等待时鸣笛；鸣笛催促过马路行人或礼让过马路行人的车辆；无视路上的老人、儿童突然鸣笛；在深夜肆意鸣笛；在住宅、医院、学校等场所附近鸣笛召唤他人，等等。这样的做法不仅会给他人带来负面情绪和不良影响，也会造成噪声污染。

（三）开车打手机

汽车是现代文明的标志之一，手机更是当今社会必不可少的通信工具。但是，很多驾驶员却没有意识到，在开车时，手机与汽车是不能“共存”的。统计数据显示，近年来，中国交通事故案件 10.56%为开车玩手机造成。开车玩手机时交通事故的发生率是普通状态下的 23 倍。看一眼手机最少需要 5 秒，假如以 60 km 的时速开车，盲开 3 秒钟，行车大约 50 m，极易诱发交通事故。

（四）强行加塞

目前，强行加塞（图 8-3-1）的现象非常严重，特别是在城市道路上行驶时，驾驶环境十分恶劣，前方已经堵成一条长龙，半天才挪一小步，结果还偏偏有车在加塞。这样的行为，不仅是对别人的安全不负责任，更是对自己不负责任。

图 8-3-1　强行加塞

根据《道路交通安全违法行为记分管理办法》公安部令第 163 号的规定，驾驶机动车遇前方机动车停车排队或者缓慢行驶时，借道超车或者占用对面车道、穿插等候车辆的，每次记3分。

（五）会车时开远光灯

夜晚会车时，远光灯可使对向驾驶员视觉上瞬间致盲，致盲时间根据驾驶员自身视力、周围环境的不同，持续时间也会不同，但最快也要持续2 s左右。在这2 s内，驾驶员如同闭着眼睛开车。同时，对速度和距离的感知力下降，对宽度的判断力也下降，从而会增加危险事故的发生概率，给别人的生命带来威胁，如图8-3-2所示。

《道路交通安全法》第四十八条规定中明确了不能使用远光灯的几种情况。

（1）在没有中心隔离设施和中心隔离线的情况下，夜间，距离对向来车150 m以内，要改用近光灯。

（2）在窄路、窄桥与非机动车会车时不能使用远光灯。

（3）通过交通信号灯控制的交叉路口时，不能使用远光灯。

（4）在没有路灯或者照明条件不好，前车使用远光灯，近距离行驶时，后车不能使用远光灯。

对于违反规定的驾驶员应罚款100元并扣1分。

图8-3-2　会车时开远光灯

（六）停车阻碍公共交通和消防通道

在交通管理工作中，对于在街路上出现的占用盲道、堵塞消防通道、占用公交站点，以及在小街小巷违法停车造成路段拥堵，影响了其他正常停放车辆驶离或进出泊位的违停行为屡见不鲜。消防通道禁止停车，应保证“生命通道”的畅通，如图8-3-3所示。

图8-3-3　停车阻碍公共交通和消防通道

三、文明行车礼仪的基本要求

（一）遵守交通规则

1. 不酒后驾车

2008年，世界卫生组织的事故调查显示，50%～60%的交通事故与酒后驾驶有关，酒后驾驶已经被列为车祸致死的主要原因。在中国，每年由于酒后驾车引发的交通事故达数万起；而造成死亡的事故中 50%以上都与酒后驾车有关，酒后驾车的危害触目惊心，已经成为交通事故的第一大“杀手”。

在《刑法修正案（八）》中，醉酒驾车被认定为犯罪。公安机关严格管理、严格执法，从严查处酒驾、醉驾违法犯罪行为。2015 年，全国因酒驾、醉驾导致交通事故起数和死亡人数比法律实施前三年分别下降 34%和 43.3%。

文明行车礼仪

酒后代驾作为一种新兴职业引起了人们的关注。酒后代驾，就是指由一名专业驾驶员代替驾驶，将喝了酒的驾驶员连人带车送回家。酒后代驾服务为饮酒的有车族朋友提供了一个相对安全的选择空间，也在客观上促进了国家道路交通安全法的实施。

2. 不疲劳驾驶

驾驶疲劳是指驾驶员在长时间连续行车后，产生生理机能和心理机能的失调，而在客观上出现驾驶技能下降的现象。驾驶疲劳会影响驾驶员的注意、感觉、知觉、思维、判断、意志、决定和运动等方面。疲劳后继续驾驶车辆，极易发生道路交通事故，如图 8-3-4 所示。因此，疲劳后严禁驾驶车辆，特别是高速长途行驶。爆胎、疲劳驾车、超速行驶是道路交通的三大杀手。

图 8-3-4　疲劳驾驶危及生命

在驾驶车辆高速行驶时，驾驶员的注意力十分集中，始终处于高度精神紧张的状态，而随着速度的不断提高和驾驶时间的延长，驾驶员会逐渐出现疲劳感觉。在高速公路上行驶，道路环境单一，交通干扰少，速度稳定，行车中的噪声小，振动频率低，易使驾驶员产生单调感而困倦瞌睡，出现“高速公路催眠现象”。由此可见，驾驶车辆高速行驶，容易导致驾驶疲劳。

3. 不超速行驶

超速行驶是指驾驶员在驾车行驶过程中，以超过法律法规规定的速度行驶的行为。例如我国高速公路的汽车行驶速度最快不超过 120 km/h。有道路限速交通标志或路面限速标志时，驾驶员应严格按照标志规定的速度行驶，超过该路段限定速度行驶就是超速行驶。

限速标志是保证车辆安全行驶的标准，考虑了路上存在的多种因素。

超速行驶（图 8-3-5）的危害如下。

（1）超速行驶加剧机件的磨损，使轮胎极易老化和变形，容易发生爆胎事故。

（2）超速行驶影响驾驶员的反应速度，导致不能及时、准确地操作。

（3）超速行驶会影响驾驶员的思维判断能力。

（4）超速行驶给注意力转移带来困难，进而引发事故。

（5）超速行驶减弱了驾驶人对空间的认识能力。

（6）超速行驶时驾驶人不能全面、正确感知车内外的变化。

图 8-3-5　超速行驶的危害

4. 遵守交通标志标线

交通标志标线和交通指示灯是指示车辆和行人各行其道、顺序行驶的基本标志，是保障道路安全和畅通的基本条件，所有道路参与者都应该遵守相关规定。

比如网状线（图 8-3-6）标志表示严禁车辆长时或临时停放。当其前方有车辆停驶时，后车必须在线外等候，直到确认黄色网状线前方有足够空间停驶本车时，方可驶过。

图 8-3-6　网状线标志

5. 不接打手机

驾驶过程中接打手机，会严重影响驾驶者的反应能力。因此，驾驶过程中接打手机（包括收发短信、微信）在我国以及很多国家的交通法规中都是被严格禁止的。

6. 系好安全带

正确地扣上安全带是最重要的交通规则之一。实践证明，安全带是车辆行驶过程中保证车内人员安全的最有效的手段，因此养成驾车先系安全带的好习惯很重要。调整好座椅后，坐直，抓住安全带头部的锁舌，沿着身体往下拉安全带，别让安全带扭结，然后将锁舌扣到搭扣中。

当儿童乘坐车辆时，使用安全带时需要配合专用的儿童座椅（图 8-3-7）；否则，发生交通事故时，安全带不仅不能保护儿童，反而会加重儿童受伤的程度。

（二）遵守行车之礼

1. 相互礼让

开车在道路上行驶时，驾驶员不仅要遵守交通秩序，还要讲究公德，做到文明驾驶、相互礼让，这样才能保证所有人顺畅通行。过斑马线时，驾驶员应该在斑马线外减速，停在 1 m 之外，让行人先走，不要按着喇叭加速，不要和行人抢道。

图 8-3-7　正确使用儿童座椅

2. 不飙车、不开斗气车

开车出行最重要的是安全，只有依法行驶，才能远离“路怒症”，才能享受汽车带来的舒适和便捷，才能消除飙车、别车、开斗气车等“路怒”现象。这需要驾驶员加强自律，文明驾驶，但更重要的还是要坚持教育与惩罚并重，加大依法惩处力度，有效遏制不文明驾驶冲动，让文明和依法行车成为每个驾驶员的习惯，让我们的道路更安全。

3. 合理使用灯光和笛声

当需要示意提醒其他车辆、行人时，驾驶员应先交替使用灯光，在提示无效的情况下可以短时间鸣笛，原则上持续时间不超过 1 s，连续鸣笛不超过两次。遇到牲畜时尽量不要鸣笛，以避免它们受惊。

车灯的使用礼仪：天暗时要开示廓灯；天黑时要开大灯；对面来车时要关闭远光灯；转弯要打转向灯；雾天要开启雾灯，提示前后车辆降低车速；车辆发生故障时要使用双闪指示灯等。

4. 雨天、雪天、雾天要减速慢行

在雨、雪、雾等特殊天气行车规则：要注意保持车距，控制车速；对于路边打伞或穿雨衣的行人，要注意其突然摔倒而影响行车；转弯处要多加注意，避免车辆侧滑或失控；涉水时制动系统的控制能力下降，应缓慢通过，不能将积水溅到路边的行人身上。

（三）遵守停车礼仪

1. 选择适当的停车位置

挑选平整坚实、视距较远和不影响与他车交会的安全地址，按行进方向靠路途右侧停放。如与他车临近停放，最少保持 2 m 的间隔，不得与他车在路途侧边并排停放。若途中由于紧急状况必须泊车，应设法将车辆移至路途的右边，避免阻碍交通和引发磕碰事故。如因故有必要暂停在弯道上或隐蔽位置时，应在前后 30 m 以外设置明显提示，以引起其他驾驶员的注意，避免因此而发生事故。

驾驶员泊车前，车辆在靠向路边右侧时，应留意与前后的车辆和行人保持一定间距，以确保安全。另外，不能逆向泊车，避免影响正常行进的车辆。车辆停稳后，打开车门前，驾驶员应先调查车前后情况，确认安全后再打开车门，不得阻碍其他车辆和行人通行。设有禁停标志、标线的路段，在机动车道与非机动车道、人行道之间设有隔离设备的路段以及人行横道、施工地段禁止停车。

2. 照顾乘员上下车

驾驶员一般应先下后上，以照顾其他乘员，尤其当乘员是长者、女士、贵宾时，驾驶员要主动为他们开关车门。

（四）车辆日常“护理”礼仪

1. 车内部环境的清洁礼仪

车内部环境不但影响乘坐的舒适性，还反映了主人的修养，脏乱的车辆会严重影响车主的形象，所以要保持车内环境整洁。驾驶员在开车时，不要突然把包装纸、烟头等从车窗扔出去，也不要在泊车后，收拾完垃圾直接扔在地上。

2. 车身的清洁礼仪

盐、尘土、昆虫、鸟粪、油烟等杂物附着在车身上的时间越长，对车漆面的破坏性就越大，应及时进行清洗。车身沾有沥青、油渍、工业尘垢或昆虫等，如果时间过长，会损坏油漆。可使用沥青清除剂、昆虫去除剂等去掉污点。

汽车已走入了越来越多的家庭，遵照行车礼仪不仅体现了我们的道德修养，也展现了一个国家的公民素养，是一个民族文明的缩影。遵守行车礼仪，在为他人提供便利的同时，也为自己创造了更多的方便。

学习研讨

背景描述	汽车已成为人们的生活必需品，私家车辆和营运性车辆逐年增多，然而各类交通陋习导致城市交通压力越来越大，也由此而产生了安全隐患。交通安全来自文明、有序的交通环境。平常的小事却折射出驾驶员的素质及修养。每个交通参与者都应该做文明出行的楷模，让文明出行成为生活常态，让“关爱生命，文明出行”的意识扎根于每个人的心中
讨论主题	“文明行车，从我做起”，我们如何做一个文明的驾驶者
成果展示	小组采用 PPT 等方式展示成果

学习评价

内容组织	素养提升			评价结果
内容全面且组织有条理：从安全和遵纪守法等方面详细分析如何做一个文明的驾驶者	语言通顺简洁、思路清晰、重点突出	熟练运用 PPT、视频、动画等信息化技术手段	很好体现安全畅通的交通环境，争做文明交通践行者	优秀□
内容较全面且组织比较有条理：能从安全和遵纪守法等方面分析如何做一个文明的驾驶者	语言较通顺简洁、思路较清晰、重点突出	较熟练运用 PPT、视频、动画等信息化技术手段	较好体现安全畅通的交通环境，争做文明交通践行者	良好□
内容不全面且组织条理不清：从安全和遵纪守法等方面简单分析如何做一个文明的驾驶者	不能够很好组织语言、思路不清晰	不能熟练运用视频、动画等信息化技术手段	没有很好体现安全畅通的交通环境和争做文明交通践行者	一般□

习题测试

1. 按照最新《道路交通安全违法行为记分管理办法》的规定，驾驶其他机动车在高速公路、城市快速路上行驶超过规定时速 50%以上的扣（　　）。

A. 12 分　　B. 6 分　　C. 3 分

2. 驾驶机动车在道路上行驶时，未按规定系安全带的机动车驾驶员扣（　　）。

A. 1 分　　B. 2 分　　C. 3 分

3. 遵守行车之礼包括（　　）。

A. 相互礼让　　B. 不飙车

C. 合理使用灯光　　D. 雨天减速慢行

4. 机动车需礼让行人，否则将（　　）的处罚。

A. 扣 3 分，罚款 200 元　B. 扣 3 分，罚款 50 元　C. 扣 2 分，罚款 200 元

拓展阅读

礼让造福，抢行肇祸。让则畅，抢则堵。2015 年，一段成都男驾驶员将女驾驶员逼停后当街殴打的视频引起热议。男驾驶员车载记录仪显示，女驾驶员曾强行并道导致其紧急制动，双方此后多次斗气别车。随意变道、斗气别车、乱开远光灯……相信每一位驾驶员都曾遇到过不文明驾驶情景。如果我们不那么较真，礼让别人，也许愤怒就会变成温暖。“文明行车，从我做起”。

扫描下方二维码，了解更多文明交通相关知识。

驾车防“水花”雨伞穿“外套”　　地下红绿灯让文明行车避开死角

参 考 文 献

[1] 曲金玉．汽车文化［M］．北京：机械工业出版社，2006.
[2] 陆忠东．汽车文化［M］．上海：华东师范大学出版社，2013.
[3] 杨妙梁，王祖珉．老爷汽车［M］．上海：上海科学普及出版社，1999.
[4] 谷正气，罗煜峰，莫志姣．古董老爷车［M］．长沙：湖南人民出版社，2002.
[5] 陈新亚．汽车是怎样设计制造的［M］．北京：机械工业出版社，2015.
[6] 陈新亚．汽车为什么会跑［M］．北京：机械工业出版社，2016.
[7] 青岛英谷教育科技股份有限公司．车联网导论［M］．西安：西安电子科技大学出版社，2016.
[8] 赵晓东．汽车法律法规［M］．北京：北京理工大学出版社，2014.
[9] 罗灯明．汽车构造（上册）［M］．北京：北京大学出版社，2015.
[10] 宋作军．汽车电气系统检修［M］．北京：北京大学出版社，2014.
[11] 鲍远通．汽车构造（下册）［M］．北京：北京大学出版社，2015.
[12] 凌永成．汽车文化［M］．北京：中国人民大学出版社，2008.